文部科学省学習指導要領準拠

学級活動を核とした中学校キャリア教育

埼玉県中学校進路指導研究会　編

実業之日本社

「キャリア教育」の捉え方

埼玉県中学校進路指導研究会
専門委員長　名取　敬

1　キャリア教育について

　平成23年1月31日「今後の学校におけるキャリア教育・職業教育の在り方について」（中央教育審議会答申）で，キャリア教育の新たな定義が示された。

> 「キャリア教育」の定義
> 　「一人一人の社会的・職業的自立に向け，必要な基盤となる能力や態度を育てることを通して，キャリア発達を促す教育」

　「キャリア教育」は，特定の活動や指導方法に限定されるものではなく，さまざまな教育活動を通して実践されるものであり，一人一人の発達や社会人・職業人としての自立を促す視点から，学校教育を構成していくための理念と方向性を示すものである。その視点として2点が述べられている。

> キャリア教育の基本的方向性
> ①幼児期の教育から高等教育まで体系的にキャリア教育を進めること。その中心として，基礎的・汎用的能力（※1）を確実に育成するとともに，社会・職業との関連を重視し，実践的・体験的な活動を充実すること。
> ②学校は，生涯にわたり社会人・職業人としてのキャリア形成を支援していく機能の充実を図ること。

重要な視点　「社会的・職業的自立，社会・職業への円滑な移行に必要な力」の要素

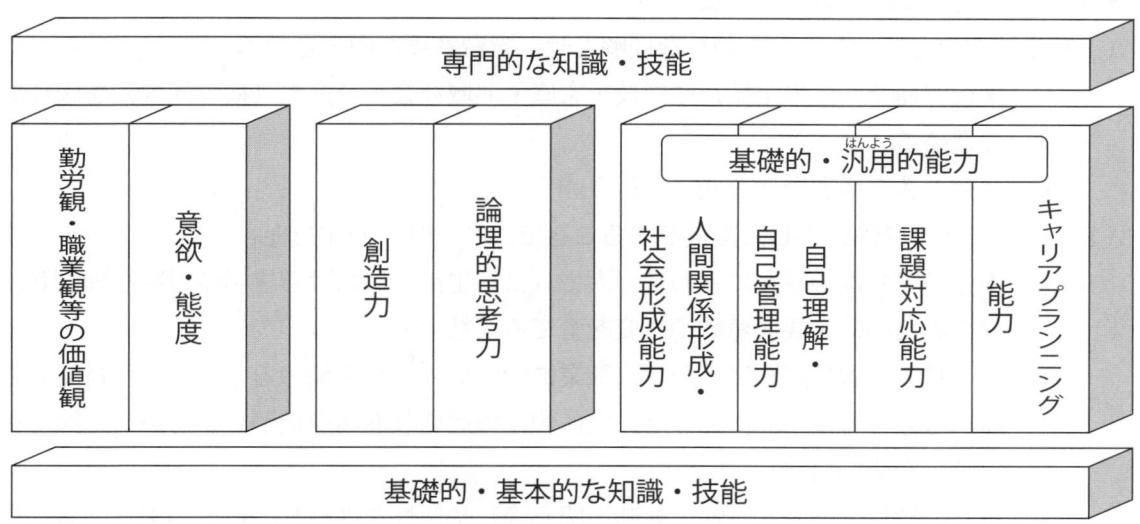

※1　基礎的・汎用的能力：「分野や職種にかかわらず，社会的・職業的自立に向けて必要な基盤となる能力」
　　具体的な内容としては，「仕事に就くこと」に焦点を当て，実際の行動として表れるという観点から，「人間関係形成・社会形成能力」「自己理解・自己管理能力」「課題対応能力」「キャリアプランニング能力」の4つの能力に整理した。能力内容については，P.4～P.5を参照。

2　埼玉県の動向

「キャリア教育推進テキスト」（平成19年1月）
　キャリア教育を「生きること」「学ぶこと」「働くこと」を大切にする教育であると捉えている。これからの新しい時代を生きていく生徒には、「生きる力」をはぐくむ中で、とりわけ、社会人・職業人としての基礎的・基本的な資質や能力を身に付けさせる教育を展開する必要がある。

「埼玉県小・中学校キャリア教育実践事例集」（平成21年2月）
　各教科や道徳、総合的な学習の時間、特別活動におけるキャリア教育の具体的な実践例を提示。

埼玉県教育振興基本計画「生きる力と絆の埼玉教育プラン」（平成21年2月）
　施策の一つに「キャリア教育・職業教育の推進」があげられた。取組内容として、「生徒が明確な目的意識をもって主体的に自己の進路を選択できる能力を身に付けられるよう、発達段階に応じたキャリア教育を推進」、「社会人・職業人として自立できるよう、地域や産業界と連携・協力したキャリア教育の推進」などがあげられている。

3　本研究会の「キャリア教育」の捉え方

『社会的・職業的に自立するために必要な能力や態度等を育て、学校の学びと社会（職業）の接続を円滑に行うための教育』と捉えた。
　（1）学校教育と社会とのつながりを理解させ、学習意欲を向上させる。
　　　① 学校間連携（縦の接続）や学校・家庭・地域社会との連携（横の連携）を図りながら進める。
　　　② 学校の教育活動全体を通して行う。
　（2）一人一人の発達に応じた支援をすることで、キャリア発達を促す。
　　　① キャリア発達の課題に合わせ、人生（日常生活）における立場や役割を理解し、自立するために必要な意欲や態度を育てる（社会的自立）。
　　　② キャリア発達の課題に合わせ、職業についての知識を深めるとともに、技能を高める。自分の将来設計に応じた、主体的かつ適切な進路選択ができる能力や態度を育てる（職業的自立）。
　　　③ 自己の特性（能力・適性、興味・関心等）や個性を理解し、自己実現を図る（自己実現）。

4 本書刊行に至る経緯

　社会人・職業人としての基礎的・基本的な能力や態度を身に付けさせるために，学校・家庭・地域・企業等の横の連携と，幼稚園・小学校・中学校・高校・大学と職業の世界との縦の接続を深めることを通し，教育活動全体で組織的・系統的なキャリア教育を展開する必要がある。そのために，変化する社会と学校教育との関連性を意識しながら学校教育の在り方を見直した。

　本研究会は以前より，進路指導（キャリア教育）は「生き方の指導」としての立場に立ち，研究してきた。また，キャリア教育は学級活動を中心に学校教育活動全体を通して行うものであるという立場を明確にし，全教科・領域等におけるキャリア教育の在り方の研究を推進してきた。そして，平成18年度紀要において『新しい時代の生徒を育てる中学校キャリア教育』の実践研究を行ったが，今回，生徒が将来，社会的・職業的に自立することを念頭に置きながら，新しいキャリア教育の視点，生徒の成長や発達を促進する視点で見直した。また，学校の教育活動全体を通して行うキャリア教育（進路指導）を補充・進化・統合し，3年間を見通して計画的，組織的，継続的に指導・援助できる実践事例集とした。生徒のキャリア発達を促すキャリア教育がすべての学校で展開できることを期待して本書の刊行に至った。

5 取りあげた内容について

（1）取りあげた「題材・単元」は財団法人日本進路指導協会監修の副読本『中学生活と進路』中の，進路指導・キャリア教育に関わりの深い教材や題材を選んで作成した。具体的な展開例は同副読本の活用を前提とするものではないが，併用することにより，理解を一層深められると考える。また，キャリア教育は学級活動を中心に学校教育活動全体を通して行うものであるという立場を明確にし，各教科・領域等におけるキャリア教育の在り方や実践を研究してきた。その成果を「キャリア教育の視点を取り入れた各教科の指導案（例）」として巻末に掲載した。各教科におけるキャリア教育実践の参考にしていただきたい。

（2）本書は1時間ごとに，青年期前期におけるキャリア発達を意識したねらいをあげている。その時間でどのような能力の育成を促すべきなのかを意識しながら授業を展開することで，生徒自身が自己の職業的な発達課題を意識し，自己のキャリア発達を促せるようになっている。本書を活用するとともに各学校において創意工夫をし，小学校・中学校・高校との連携を深めながら，生徒のキャリア発達を促し，社会人・職業人としての基礎・基本を定着できるようにしていただきたい。

（3）各実践については，執筆者が実際に指導し，研究協議を行うなどして，実践の内容を深めたものである。また，前回の紀要と同様に，生徒用のワークシートや資料類，コラムで扱った進路に関することなどを含めて工夫してある。本書を活用し，楽しい学級活動におけるキャリア教育を実践していただきたい。生徒用のワークシートは，基本的にはコピーして使えるので，ご活用願いたい。

中学生に身に付けさせたい基礎的・汎用的能力と

職業的(進路)発達の段階			第1学年
○職業的(進路)発達段階(中学校段階) 　各発達段階において達成しておくべき課題を、進路・職業の進路選択及び将来の職業人として必要な資質の形成という側面から捉えたもの。			・肯定的自己理解と自己有用感の獲得
能力	能力の説明	要素	
人間関係形成・社会形成能力	多様な他者の考えや立場を理解し、相手の意見を聴いて自分の考えを正確に伝えることができるとともに、自分の置かれている状況を受け止め、役割を果たしつつ他者と協力・協働して社会に参画し、今後の社会を積極的に形成することができる力	他者の個性を理解する力、他者に働きかける力、コミュニケーション・スキル、チームワーク、リーダーシップ等	Ⅲ ❶社会のルールと学校の決まり 　　社会のルールと学校の決まりについて考えよう＜ブレインストーミング＞　p.39 Ⅳ ❶悩みや不安を解消しよう 　　悩みや不安を解消しよう＜ピア・カウンセリング＞　p.60 Ⅳ ❷自分を知る、友人を知る 　　自分を知り、友人を知ろう＜クイズ＞　p.67 Ⅳ ❸男女の違いについて考えよう 　　男女の違いについて考えよう　p.73 Ⅴ ❶他者との関わり方を学ぶ 　　他者との関わり方を学ぼう＜アートセラピー＞　p.84 Ⅴ ❸ボランティアから生まれる新しい自分 　　ボランティアから生まれる新しい自分について考えよう　p.94
自己理解・自己管理能力	自分が「できること」「意義を感じること」「したいこと」について、社会との相互関係を保ちつつ、今後の自分自身の可能性を含めた肯定的な理解に基づき主体的に行動すると同時に、自らの思考や感情を律し、かつ、今後の成長のために進んで学ぼうとする力	自己の役割の理解、前向きに考える力、自己の動機付け、忍耐力、ストレスマネジメント、主体的行動等	Ⅱ ❶中学生として身に付けたいこと 　　中学校で身に付けたいことは？　p.20 Ⅱ ❸学習の達人になろう 　　自分に合った学習方法を見つけよう　p.28 Ⅲ ❶社会のルールと学校の決まり 　　社会のルールと学校の決まりについて考えよう＜ブレインストーミング＞　p.39 Ⅳ ❶悩みや不安を解消しよう 　　悩みや不安を解消しよう＜ピア・カウンセリング＞　p.60 Ⅳ ❷自分を知る、友人を知る 　　自分を知り、友人を知ろう＜クイズ＞　p.67 Ⅳ ❹自分を見つめ直そう 　　自分を見つめ直そう　p.79 Ⅴ ❷地域に生きる一員として 　　地域に生きる一員として何ができるだろうか　p.88 Ⅴ ❸ボランティアから生まれる新しい自分 　　ボランティアから生まれる新しい自分について考えよう　p.94 Ⅵ ❹わたしの人生設計をしよう 　　わたしのライフプランを考えよう　p.115
課題対応能力	仕事をする上での様々な課題を発見・分析し、適切な計画を立てて、その課題を処理し、解決することができる力	情報の理解・選択・処理等、本質の理解、原因の追究、課題発見、計画立案、実行力、評価・改善等	Ⅱ ❸学習の達人になろう 　　自分に合った学習方法を見つけよう　p.28 Ⅲ ❷なぜ、わたしたちは働くのだろう(2) 　　＜職業発表会を通して＞　p.51 Ⅲ ❷なぜ、わたしたちは働くのだろう(3) 　　＜インタビューを通して＞　p.54 Ⅳ ❸男女の違いについて考えよう 　　男女の違いについて考えよう　p.73 Ⅴ ❶他者との関わり方を学ぶ 　　他者との関わり方を学ぼう＜アートセラピー＞　p.84 Ⅵ ❷理想と現実を知ろう 　　自分の将来と収入について考えてみよう　p.106
キャリアプランニング能力	「働くこと」の意義を理解し、自らが果たすべき様々な立場や役割との関連を踏まえて「働くこと」を位置付け、多様な生き方に関する様々な情報を適切に取捨選択・活用しながら、自ら主体的に判断してキャリアを形成していく力	学ぶこと・働くことの意義や役割の理解、多様性の理解、将来設計、選択、行動と改善等	Ⅰ ●中学校生活をイメージしよう 　　小学校とどう違うの？　p.15 Ⅱ ❷なぜ、わたしたちは学ぶのだろう 　　なぜ、わたしたちは学ぶのだろう　p.24 Ⅱ ❹夢や希望を大切にしよう 　　みんなの夢や希望について考えてみよう！　p.33 Ⅲ ❷なぜ、わたしたちは働くのだろう(1) 　　＜職業分類カード＞　p.43 Ⅲ ❷なぜ、わたしたちは働くのだろう(2) 　　＜職業発表会を通して＞　p.51 Ⅲ ❷なぜ、わたしたちは働くのだろう(3) 　　＜インタビューを通して＞　p.54 Ⅳ ❹自分を見つめ直そう 　　自分を見つめ直そう　p.79 Ⅴ ❷地域に生きる一員として 　　地域に生きる一員として何ができるだろうか　p.88 Ⅵ ❶将来の自分を考えよう(1) 　　生き方について考えよう　p.98 Ⅵ ❶将来の自分を考えよう(2) 　　あこがれの人の生き方を発表しよう　p.103 Ⅵ ❷理想と現実を知ろう 　　自分の将来と収入について考えてみよう　p.106 Ⅵ ❸20年後の自分を考えてみよう 　　20年後の自分をイメージしてみよう　p.110 Ⅵ ❹わたしの人生設計をしよう 　　わたしのライフプランを考えよう　p.115

活動内容との関連表 （現実的探索と暫定的選択の時期）

※埼玉県中学校進路指導研究会 作成

第2学年	第3学年
・興味・関心等に基づく勤労観・職業観の形成　・進路計画の立案と暫定的選択　・生き方や進路に関する現実的探索	
Ⅳ ❶自分らしさを生かそう 　　　　　　　　　自分の良さを発見しよう　p.162	Ⅰ ●中学校生活の締めくくりの計画を立てよう 　　　　　　中学校生活の締めくくりの計画を立てよう　p.187
Ⅳ ❷人間関係を大切にしよう 　　　　　　　　　異性への理解を深めよう　p.167	Ⅳ ❷学校応援団・コーディネーターから学ぶ 　　　　　　　学校応援団・コーディネーターから学ぶ　p.221
Ⅳ ❸社会に生きる一員として 　　　　　　　　　社会に生きる一員として　p.173	Ⅵ ❷自分の道を切り拓こう（2） 　　　　　　　模擬面接を通して面接の自信を付けよう　p.251
Ⅰ ●2年生の生活をデザインしよう 　　　　　　　＜3年生へのインタビューを通して＞　p.121	Ⅳ ❷学校応援団・コーディネーターから学ぶ 　　　　　　　学校応援団・コーディネーターから学ぶ　p.221
Ⅱ ❶なぜ，人は学ぶのだろう 　　　　　なぜ，人は学ぶのだろうか＜パネルディスカッション＞　p.126	Ⅴ ❶自分の特徴を再確認しよう 　　　　　　　　　自分の特徴を再確認しよう　p.226
Ⅱ ❷自分の学びを考えよう 　　　　　　　　　学習の大切さを確認しよう　p.131	Ⅴ ❷自分に合った進路選択の情報を収集しよう 　　　　　　　　　何が大切？　進路先選び　p.231
Ⅱ ❸自分の学習を振り返ろう 　　　　　学習の悩みを解決しよう＜ピア・カウンセリング＞　p.135	Ⅵ ❶進路の最終決定をしよう（1） 　　　　　　中退者の現状から学ぶ＜ロールプレイ＞　p.237
Ⅱ ❹なぜ，人は働くのだろう 　　　　　なぜ，人は働くのだろう＜話し合い活動＞　p.139	Ⅵ ❶進路の最終決定をしよう（2） 　　　　　自分の進路決定を自己評価し，決意を固めよう　p.242
Ⅲ ❸職場体験学習にチャレンジしよう 　　　　　　　　職場体験学習のねらいを確認しよう　p.153	Ⅵ ❷自分の道を切り拓こう（2） 　　　　　　　模擬面接を通して面接の自信を付けよう　p.251
Ⅳ ❶自分らしさを生かそう 　　　　　　　　　自分の良さを発見しよう　p.162	Ⅶ ❶ストレスと上手に付き合おう 　　　　　　　　　ストレスと上手に付き合おう　p.255
Ⅴ ❷自分の将来をデザインしよう 　　　　　　　　　自分の将来をデザインしよう　p.180	Ⅶ ❷自分を信じて 　　　受験に負けない自分を見つけよう！（自分を信じて前に進もう）　p.260
	Ⅶ ❸10年後のわたしの生活を考えよう 　　　　　　　　10年後のわたしの生活を考えよう　p.265
Ⅱ ❸自分の学習を振り返ろう 　　　　　学習の悩みを解決しよう＜ピア・カウンセリング＞　p.135	Ⅱ ●3年生の学習（1） 　　　　　　　　　学習方法を改善しよう　p.191
Ⅲ ❷職業の特色についてまとめよう 　　　　　職業の特色について考えよう＜話し合い活動＞　p.150	Ⅱ ●3年生の学習（2） 　　　　　　　効果的な1日の学習計画を立てよう　p.195
Ⅲ ❸職場体験学習にチャレンジしよう 　　　　　　　職場体験学習のねらいを確認しよう　p.153	Ⅳ ❶生涯学習の実践者から学ぼう 　　　　　　　　なぜ，人は学び続けるのだろうか　p.217
Ⅲ ❹職業の理解を深めよう 　　　働くことについて，達成できる価値を考えてみよう＜話し合い活動＞　p.157	Ⅴ ❷自分に合った進路選択の情報を収集しよう 　　　　　　　　　何が大切？　進路先選び　p.231
Ⅴ ❶学びの道を調べよう 　　　　　　　＜卒業生からの進路情報の活用＞　p.178	Ⅵ ❶進路の最終決定をしよう（1） 　　　　　　中退者の現状から学ぶ＜ロールプレイ＞　p.237
Ⅰ ●2年生の生活をデザインしよう 　　　　　　　＜3年生へのインタビューを通して＞　p.121	Ⅰ ●中学校生活の締めくくりの計画を立てよう 　　　　　　中学校生活の締めくくりの計画を立てよう　p.187
Ⅱ ❶なぜ，人は学ぶのだろう 　　　　　なぜ，人は学ぶのだろうか＜パネルディスカッション＞　p.126	Ⅱ ●3年生の学習（1） 　　　　　　　　　学習方法を改善しよう　p.191
Ⅱ ❷自分の学びを考えよう 　　　　　　　　　学習の大切さを確認しよう　p.131	Ⅱ ●3年生の学習（2） 　　　　　　　効果的な1日の学習計画を立てよう　p.195
Ⅱ ❸自分の学習を振り返ろう 　　　　　学習の悩みを解決しよう＜ピア・カウンセリング＞　p.135	Ⅲ ❶進路を考えよう（1） 　　　　　　　　卒業生の進路選択から学ぼう　p.200
Ⅱ ❹なぜ，人は働くのだろう 　　　　　なぜ，人は働くのだろう＜話し合い活動＞　p.139	Ⅲ ❶進路を考えよう（2） 　　　　身近な社会人はどんな進路選択をしているのだろうか　p.204
Ⅲ ❶職業について考えよう 　　　　　身近な職業や産業について考えてみよう　p.144	Ⅲ ❷将来の生き方 　　　　　　　希望する職業をデザインしてみよう　p.209
Ⅲ ❷職業の特色についてまとめよう 　　　　　職業の特色について考えよう＜話し合い活動＞　p.150	Ⅲ ❸進路希望先を調べてみよう 　　　　　　　　進路希望先を調べてみよう　p.212
Ⅲ ❸職場体験学習にチャレンジしよう 　　　　　　　職場体験学習のねらいを確認しよう　p.153	Ⅳ ❶生涯学習の実践者から学ぼう 　　　　　　　　なぜ，人は学び続けるのだろうか　p.217
Ⅲ ❹職業の理解を深めよう 　　　働くことについて，達成できる価値を考えてみよう＜話し合い活動＞　p.157	Ⅳ ❷学校応援団・コーディネーターから学ぶ 　　　　　　　学校応援団・コーディネーターから学ぶ　p.221
Ⅳ ❸社会に生きる一員として 　　　　　　　　　社会に生きる一員として　p.173	Ⅴ ❷自分に合った進路選択の情報を収集しよう 　　　　　　　　　何が大切？　進路先選び　p.231
Ⅴ ❶学びの道を調べよう 　　　　　　　＜卒業生からの進路情報の活用＞　p.178	Ⅵ ❶進路の最終決定をしよう（2） 　　　　　自分の進路決定を自己評価し，決意を固めよう　p.242
Ⅴ ❷自分の将来をデザインしよう 　　　　　　　　　自分の将来をデザインしよう　p.180	Ⅵ ❷自分の道を切り拓こう（1） 　　　進学や就職への道を自分で切り拓こう＜ピア・カウンセリング＞　p.247
	Ⅶ ❸10年後のわたしの生活を考えよう 　　　　　　　　10年後のわたしの生活を考えよう　p.265

● 本書の構成と利用の仕方

1　新しい学習指導要領における「学級活動を核とした中学校キャリア教育」

　本書は中学校学習指導要領における「学級活動」及び同解説書に基づいて作成した。また，埼玉県中学校進路指導研究会の平成元年度紀要『進路指導を核とした新しい学級活動の展開』，平成11年度紀要『進路指導を核とした学級活動の展開』，平成18年度紀要『新しい時代の生徒を育てる中学校キャリア教育』，並びにこれまでの研究実践を元に，具体的な資料となるよう，実践事例を中心に示している。

　中学校学習指導要領における「学級活動」については，次の活動内容が示されている。

　　（1）学級や学校の生活づくり　　（2）適応と成長及び健康安全　　（3）学業と進路

　特に（3）に関しては学業生活と進路指導が統合され，**ア．学ぶことと働くことの意義の理解，イ．自主的な学習態度の形成と学校図書館の利用，ウ．進路適性の吟味と進路情報の活用，エ．望ましい勤労観・職業観の形成，オ．主体的な進路の選択と将来設計**などが示されている。

　今回の学習指導要領の改訂の趣旨である「生きる力」の育成と併せて，本書の書名を『学級活動を核とした中学校キャリア教育』としたのはこのためである。

　さらに平成20年1月の中央教育審議会答申では，今回の学習指導要領改訂にあたって，改正教育基本法等で示された教育の基本理念をふまえるとともに，現在の子どもたちの課題への対応の視点から「学習意欲の向上や学習習慣の確立」がポイントとしてあげられている。その中で，キャリア教育について次のように示されている。

> 　観察・実験やレポートの作成，論述などの体験的な学習，知識・技能を活用する学習や勤労観・職業観を育てるためのキャリア教育などを通じ，子どもたちが自らの将来について夢やあこがれをもったり，学ぶ意義を認識したりすることが必要である。

　これらのポイントを生かして学級活動を具体的に展開するために，本書では以下のような特色をもたせて構成した。

2　本書の構成と特色

●**本書の全体構成**
　各学年15時間以上の題材もしくは単元を用意し，キャリア教育に関する重要なテーマを中心に掲載した。各学校の特色に合わせて抜粋し計画を立て，授業を展開されたい。

●**キャリア発達を意識したテーマ・ねらいの設定**
　各単元のテーマを設定し，時間ごとにキャリア発達を意識した本時のねらいを掲載した。ねらいに沿った授業を展開されたい。

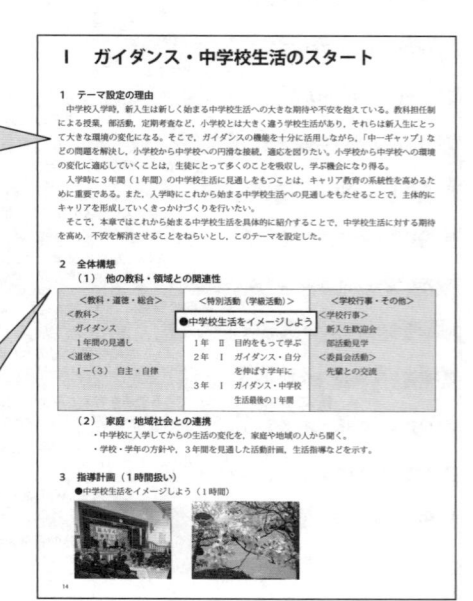

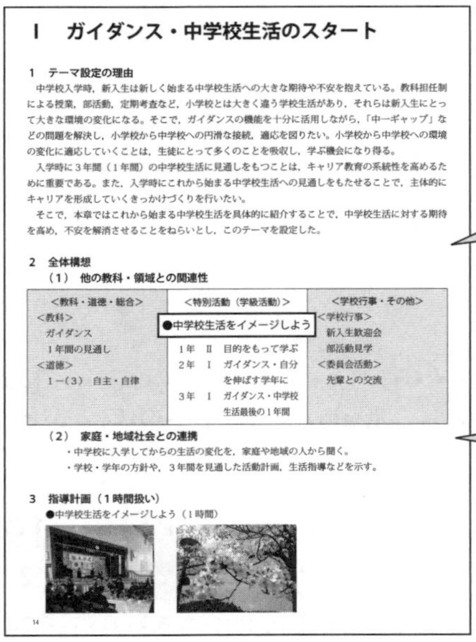

I ガイダンス・中学校生活のスタート

1 テーマ設定の理由

中学校入学時、新入生は新しく始まる中学校生活への大きな期待や不安を抱えている。教科担任制による授業、部活動、定期考査など、小学校とは大きく違う学校生活があり、それらは新入生にとって大きな環境の変化になる。そこで、ガイダンスの機能を十分に活用しながら、「中一ギャップ」などの問題を解決し、小学校から中学校への円滑な接続、小学校から中学校への環境の変化に適応していくことは、生徒にとって多くのことを吸収し、学ぶ機会になり得る。

入学時に3年間（1年間）の中学校生活に見通しをもつことは、キャリア教育の系統性を高めるために重要である。また、入学時にこれから始まる中学校生活への見通しをもたせることで、主体的にキャリアを形成していくきっかけづくりを行いたい。

そこで、本章ではこれから始まる中学校生活を具体的に紹介することで、中学校生活に対する期待を高め、不安を解消させることをねらいとし、このテーマを設定した。

2 全体構想
(1) 他の教科・領域との関連性

<教科・道徳・総合>	<特別活動（学級活動）>	<学校行事・その他>
<教科> ガイダンス 1年の見通し <道徳> 1-(3) 自主・自律	●中学校生活をイメージしよう 1年 Ⅱ 目的をもって学ぶ 2年 Ⅰ ガイダンス・自分を伸ばす半年間 3年 Ⅰ ガイダンス・中学生活最後の1年間	<学校行事> 新入生歓迎会 部活動見学 <委員会活動> 先輩との交流

(2) 家庭・地域社会との連携
・中学校に入学してからの生活の変化を、家庭や地域の人から聞く。
・学校・学年の方針や、3年間を見通した活動計画、生活指導などを示す。

3 指導計画（1時間扱い）
●中学校生活をイメージしよう（1時間）

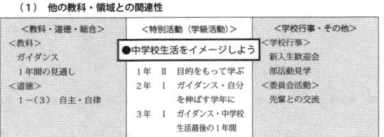

●題材の相互関連がひと目でわかる全体構想
各章ごとに、学級活動の題材だけでなく、教科・道徳・学校行事・その他の活動も含めている。系統的なつながりをもたせて利用されたい。

●家庭・地域社会との連携を掲載
キャリア教育は、学校の中だけでなく、家庭や地域社会との連携や協力を行うことによって成り立つ。どのような視点で、家庭や地域社会との連携を行えば良いかをあげた。

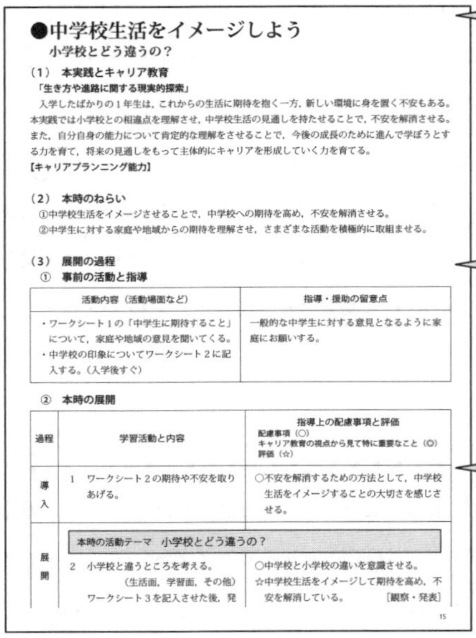

●中学校生活をイメージしよう
小学校とどう違うの？

(1) 本実践とキャリア教育
「生き方や進路に関する現実的探索」

入学したばかりの1年生は、これからの生活に期待を抱く一方、新しい環境に身を置く不安もある。本実践では小中学校の相違点を理解させ、中学校生活の見通しを持たせることで、不安を解消させる。また、自分自身の能力について肯定的な理解をさせることで、今後の成長のために進んで学ぼうとする力を育て、将来の見通しをもって主体的にキャリアを形成していく力を育てる。
【キャリアプランニング能力】

(2) 本時のねらい
①中学校生活をイメージさせることで、中学校への期待を高め、不安を解消させる。
②中学生に対する家庭や地域からの期待を理解させ、さまざまな活動を積極的に取組ませる。

(3) 展開の過程
　事前の活動と指導

活動内容（活動場面など）	指導・援助の留意点
・ワークシート1の「中学生に期待すること」について、家庭や地域の意見を聞いてくる。 ・中学校の印象についてワークシート2に記入する。（入学後すぐ）	一般的な中学生に対する意見となるように家庭にお願いする。

　本時の展開

過程	学習活動と内容	指導上の配慮事項と評価 配慮事項 キャリア教育の視点から見て特に重要なこと（◎） 評価（☆）
導入	1 ワークシート2の期待や不安を取りあげる。	○不安を解消するための方法として、中学校生活をイメージすることの大切さを感じさせる。
	本時の活動テーマ　小学校とどう違うの？	
展開	2 小学校と違うところを考える。 （生活面、学習面、その他） ワークシート3を記入させた後、発	○中学校と小学校の違いを意識させる。 ☆中学校生活をイメージして期待を高め、不安を解消している。 ［観察・発表］

●活動のテーマや技法を明示
本時の活動テーマを大きく表示。技法を用いる場合はその呼称も併記するなど、1時間の活動内容を一読してつかめるように簡潔な表現にした。

●効果を高める事前・事後の活動も提案
生徒が1時間の活動や学習を行うための準備から、授業の成果の生かし方までを細かく表現した。

●評価を重視し、観点と方法を詳細に提示
評価では学級活動の評価（☆）とキャリア教育の視点から見て特に重要なこと（◎）とした。

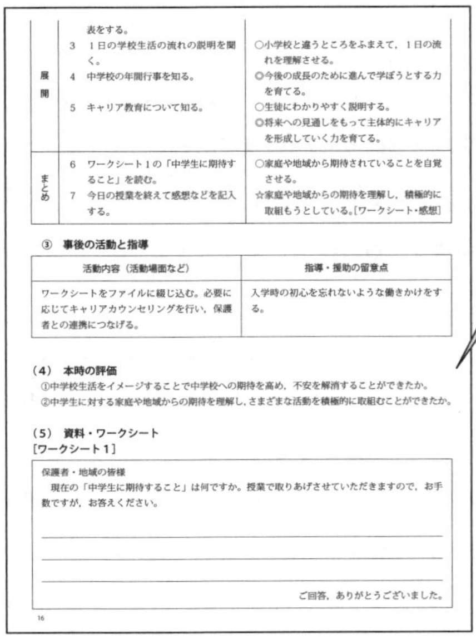

展開	表をする。 3 1日の学校生活の流れの説明を聞く。 4 中学校の年間行事を知る。 5 キャリア教育について知る。	○小学校と違うところをふまえて、1日の流れを理解させる。 ○今後の成長のために進んで学ぼうとする力を育てる。 ○生徒にわかりやすく説明する。 ○将来への見通しをもって主体的にキャリアを形成していく力を育てる。
まとめ	6 ワークシート1の「中学生に期待すること」を読む。 7 今日の授業を終えて感想などを記入する。	○家庭や地域から期待されていることを自覚させる。 ○家庭や地域からの期待を理解し、積極的に取組もうとしている。［ワークシート・感想］

　事後の活動と指導

活動内容（活動場面など）	指導・援助の留意点
ワークシートをファイルに綴じ込む。必要に応じてキャリアカウンセリングを行い、保護者との連携につなげる。	入学時の初心を忘れないような働きかけをする。

(4) 本時の評価
①中学校生活をイメージすることで中学校への期待を高め、不安を解消することができたか。
②中学生に対する家庭や地域からの期待を理解し、さまざまな活動を積極的に取組むことができたか。

(5) 資料・ワークシート
【ワークシート1】

保護者・地域の皆様
　現在の「中学生に期待すること」は何ですか。授業で取りあげさせていただきますので、お手数ですが、お答えください。

　　　　　　　　　　　　　　　　　　　　ご回答、ありがとうございました。

●使いやすい資料
資料のワークシートは、すぐにコピーして使えるようにした。紙幅の関係で必ずしも十分な量を載せられなかったが、内容の充実した資料を掲載した。授業でぜひ活用願いたい。

3 本書の活用に向けて

埼玉県中学校進路指導研究会では、平成13年よりキャリア教育の研究・実践に取組んできた。その成果を「社会的・職業的に自立するために必要な能力や態度等を育成する」視点で見直し、まとめた。本書をキャリア教育の推進に活用されるとともに、各学校で創意工夫され、より各学校の実態に沿ったキャリア教育を展開されることを期待する。

学級活動を核とした
中学校キャリア教育

目次

●第１学年

Ⅰ　ガイダンス・中学校生活のスタート　……………………………………14
　●中学校生活をイメージしよう　………………………小学校とどう違うの？………15

Ⅱ　目的をもって学ぶ　……………………………………………………19
　❶中学生として身に付けたいこと　……………………中学校で身に付けたいことは？………20
　❷なぜ，わたしたちは学ぶのだろう　…………………なぜ，わたしたちは学ぶのだろう………24
　❸学習の達人になろう　…………………………………自分に合った学習方法を見つけよう………28
　❹夢や希望を大切にしよう　……………………………みんなの夢や希望について考えてみよう！………33

Ⅲ　働くことについて知る　………………………………………………38
　❶社会のルールと学校の決まり　…社会のルールと学校の決まりについて考えよう＜ブレインストーミング＞………39
　❷なぜ，わたしたちは働くのだろう（１）　……………………＜職業分類カード＞………43
　　なぜ，わたしたちは働くのだろう（２）　……………………＜職業発表会を通して＞………51
　　なぜ，わたしたちは働くのだろう（３）　……………………＜インタビューを通して＞………54

Ⅳ　自分を知ろう　…………………………………………………………59
　❶悩みや不安を解消しよう　……………………悩みや不安を解消しよう＜ピア・カウンセリング＞………60
　❷自分を知る，友人を知る　……………………自分を知り，友人を知ろう＜クイズ＞………67
　❸男女の違いについて考えよう　………………男女の違いについて考えよう………73
　❹自分を見つめ直そう　…………………………自分を見つめ直そう………79

Ⅴ　集団の中で自分を生かす　……………………………………………83
　❶他者との関わり方を学ぶ　……………………他者との関わり方を学ぼう＜アートセラピー＞………84
　❷地域に生きる一員として　……………………地域に生きる一員として何ができるだろうか………88
　❸ボランティアから生まれる新しい自分　………ボランティアから生まれる新しい自分について考えよう………94

Ⅵ　将来の生き方と進路計画　……………………………………………97
　❶将来の自分を考えよう（１）　………………………生き方について考えよう………98
　　将来の自分を考えよう（２）　………………………あこがれの人の生き方を発表しよう………103
　❷理想と現実を知ろう　…………………………自分の将来と収入について考えてみよう………106
　❸20年後の自分を考えてみよう　………………20年後の自分をイメージしてみよう………110
　❹わたしの人生設計をしよう　…………………わたしのライフプランを考えよう………115

●第2学年

I　ガイダンス・自分を伸ばす学年に ……………………………………120
　●2年生の生活をデザインしよう ……………………＜3年生へのインタビューを通して＞……… 121

II　学ぶことと働くこと ………………………………………………125
　❶なぜ，人は学ぶのだろう ……………………なぜ，人は学ぶのだろうか＜パネルディスカッション＞…… 126
　❷自分の学びを考えよう ……………………………………学習の大切さを確認しよう ……… 131
　❸自分の学習を振り返ろう ……………………学習の悩みを解決しよう＜ピア・カウンセリング＞……… 135
　❹なぜ，人は働くのだろう ……………………………なぜ，人は働くのだろう＜話し合い活動＞……… 139

III　職業について学ぶ …………………………………………………143
　❶職業について考えよう ……………………………身近な職業や産業について考えてみよう……… 144
　❷職業の特色についてまとめよう ……………………職業の特色について考えよう＜話し合い活動＞……… 150
　❸職場体験学習にチャレンジしよう …………………………職場体験学習のねらいを確認しよう……… 153
　❹職業の理解を深めよう ………働くことについて，達成できる価値を考えてみよう＜話し合い活動＞……… 157

IV　自分について考える ………………………………………………161
　❶自分らしさを生かそう ……………………………………自分の良さを発見しよう……… 162
　❷人間関係を大切にしよう ……………………………………異性への理解を深めよう……… 167
　❸社会に生きる一員として ……………………………………社会に生きる一員として……… 173

V　将来の計画を立てる ………………………………………………177
　❶学びの道を調べよう ……………………………………＜卒業生からの進路情報の活用＞……… 178
　❷自分の将来をデザインしよう ………………………………自分の将来をデザインしよう……… 180

学級活動を核とした
中学校キャリア教育

目次

●第3学年

I ガイダンス・中学校生活最後の1年間 ……………………………………… 186
　●中学校生活の締めくくりの計画を立てよう ……………………………………… 187

II 実りある学習 …………………………………………………………………… 190
　●3年生の学習（1）………………………………… 学習方法を改善しよう ……… 191
　　3年生の学習（2）………………………………… 効果的な1日の学習計画を立てよう ……… 195

III 進路決定の日のために ……………………………………………………… 199
　❶進路を考えよう（1）…………………………… 卒業生の進路選択から学ぼう ……… 200
　　進路を考えよう（2）…………………… 身近な社会人はどんな進路選択をしているのだろうか …… 204
　❷将来の生き方 …………………………………… 希望する職業をデザインしてみよう ……… 209
　❸進路希望先を調べてみよう …………………… 進路希望先を調べてみよう ……… 212

IV 学び続ける意義 ……………………………………………………………… 216
　❶生涯学習の実践者から学ぼう ………………… なぜ，人は学び続けるのだろうか ……… 217
　❷学校応援団・コーディネーターから学ぶ …… 学校応援団・コーディネーターから学ぶ ……… 221

V 進路の選択に向けて ………………………………………………………… 225
　❶自分の特徴を再確認しよう …………………… 自分の特徴を再確認しよう ……… 226
　❷自分に合った進路選択の情報を収集しよう … 何が大切？　進路先選び ……… 231

VI 進路の決定 …………………………………………………………………… 236
　❶進路の最終決定をしよう（1）………………… 中退者の現状から学ぶ＜ロールプレイ＞ ……… 237
　　進路の最終決定をしよう（2）………………… 自分の進路決定を自己評価し，決意を固めよう ……… 242
　❷自分の道を切り拓こう（1）………… 進学や就職への道を自分で切り拓こう＜ピア・カウンセリング＞ …… 247
　　自分の道を切り拓こう（2）………………… 模擬面接を通して面接の自信を付けよう ……… 251

VII 将来に向けて ………………………………………………………………… 254
　❶ストレスと上手に付き合おう ………………… ストレスと上手に付き合おう ……… 255
　❷自分を信じて …………………………………… 受験に負けない自分を見つけよう！（自分を信じて前に進もう）……… 260
　❸10年後のわたしの生活を考えよう …………… 10年後のわたしの生活を考えよう ……… 265

●キャリア教育の視点を取り入れた各教科の指導案（例）

- ■ 国語科（第１学年）･････････････････････････････････272
- ■ 社会科（第３学年・公民的分野）･･･････････････････････276
- ■ 数学科（第１学年）･････････････････････････････････281
- ■ 理　科（第２学年・第１分野）･････････････････････････286
- ■ 音楽科（第３学年）･････････････････････････････････291
- ■ 美術科（第２学年）･････････････････････････････････295
- ■ 保健体育科（第１学年・第２学年）･･････････････････････300
- ■ 技術・家庭科（第３学年・技術分野）･････････････････････305
- ■ 技術・家庭科（第３学年・家庭分野）･････････････････････310
- ■ 外国語科（第２学年）････････････････････････････････314

- ● 数字で見る進路の学習①･･････････････････････････････32
- ● 数字で見る進路の学習②･･････････････････････････････50
- ● 数字で見る進路の学習③･･････････････････････････････78
- ● 数字で見る進路の学習④･････････････････････････････267

第1学年

I ガイダンス・中学校生活のスタート

1 テーマ設定の理由

　中学校入学時，新入生は新しく始まる中学校生活への大きな期待や不安を抱えている。教科担任制による授業，部活動，定期考査など，小学校とは大きく違う学校生活があり，それらは新入生にとって大きな環境の変化になる。そこで，ガイダンスの機能を十分に活用しながら，「中一ギャップ」などの問題を解決し，小学校から中学校への円滑な接続，適応を図りたい。小学校から中学校への環境の変化に適応していくことは，生徒にとって多くのことを吸収し，学ぶ機会になり得る。

　入学時に3年間（1年間）の中学校生活に見通しをもつことは，キャリア教育の系統性を高めるために重要である。また，入学時にこれから始まる中学校生活への見通しをもたせることで，主体的にキャリアを形成していくきっかけづくりを行いたい。

　そこで，本章ではこれから始まる中学校生活を具体的に紹介することで，中学校生活に対する期待を高め，不安を解消させることをねらいとし，このテーマを設定した。

2 全体構想
（1） 他の教科・領域との関連性

<教科・道徳・総合>	<特別活動（学級活動）>	<学校行事・その他>
<教科> ガイダンス 　1年間の見通し <道徳> 　1－(3)　自主・自律	●中学校生活をイメージしよう 1年　Ⅱ　目的をもって学ぶ 2年　Ⅰ　ガイダンス・自分 　　　　　を伸ばす学年に 3年　Ⅰ　ガイダンス・中学校 　　　　　生活最後の1年間	<学校行事> 　新入生歓迎会 　部活動見学 <委員会活動> 　先輩との交流

（2） 家庭・地域社会との連携
　　・中学校に入学してからの生活の変化を，家庭や地域の人から聞く。
　　・学校・学年の方針や，3年間を見通した活動計画，生活指導などを示す。

3 指導計画（1時間扱い）
　　●中学校生活をイメージしよう（1時間）

I　ガイダンス・中学校生活のスタート

●中学校生活をイメージしよう
小学校とどう違うの？

（1）　本実践とキャリア教育
「生き方や進路に関する現実的探索」

　入学したばかりの1年生は，これからの生活に期待を抱く一方，新しい環境に身を置く不安もある。本実践では小学校との相違点を理解させ，中学校生活の見通しをもたせることで，不安を解消させる。また，自分自身の能力について肯定的な理解をさせることで，今後の成長のために進んで学ぼうとする力を育て，将来の見通しをもって主体的にキャリアを形成していく力を育てる。

【キャリアプランニング能力】

（2）　本時のねらい
①中学校生活をイメージさせることで，中学校への期待を高め，不安を解消させる。
②中学生に対する家庭や地域からの期待を理解させ，さまざまな活動を積極的に取組ませる。

（3）　展開の過程
①　事前の活動と指導

活動内容（活動場面など）	指導・援助の留意点
・ワークシート1の「中学生に期待すること」について，家庭や地域の意見を聞いてくる。 ・中学校の印象についてワークシート2に記入する。（入学後すぐ）	一般的な中学生に対する意見となるように家庭にお願いする。

②　本時の展開

過程	学習活動と内容	指導上の配慮事項と評価 配慮事項（○） キャリア教育の視点から見て特に重要なこと（◎） 評価（☆）
導入	1　ワークシート2の期待や不安を取りあげる。	○不安を解消するための方法として，中学校生活をイメージすることの大切さを感じさせる。
展開	本時の活動テーマ　小学校とどう違うの？ 2　小学校と違うところを考える。 　　　　（生活面・学習面・その他） ワークシート3を記入させた後，発	○中学校と小学校の違いを意識させる。 ☆中学校生活をイメージして期待を高め，不安を解消している。　　　［観察・発表］

第1学年　第2学年　第3学年　教科

展開	表をする。 3　1日の学校生活の流れの説明を聞く。 4　中学校の年間行事を知る。 5　キャリア教育について知る。	○小学校と違うところをふまえて，1日の流れを理解させる。 ◎今後の成長のために進んで学ぼうとする力を育てる。 ○生徒にわかりやすく説明する。 ◎将来への見通しをもって主体的にキャリアを形成していく力を育てる。
まとめ	6　ワークシート1の「中学生に期待すること」を読む。 7　今日の授業を終えて感想などを記入する。	○家庭や地域から期待されていることを自覚させる。 ☆家庭や地域からの期待を理解し，積極的に取組もうとしている。[ワークシート・感想]

③　事後の活動と指導

活動内容（活動場面など）	指導・援助の留意点
ワークシートをファイルに綴じ込む。必要に応じてキャリアカウンセリングを行い，保護者との連携につなげる。	入学時の初心を忘れないような働きかけをする。

（4）　本時の評価
①中学校生活をイメージすることで中学校への期待を高め，不安を解消することができたか。
②中学生に対する家庭や地域からの期待を理解し，さまざまな活動を積極的に取組むことができたか。

（5）　資料・ワークシート
［ワークシート1］

保護者・地域の皆様

　現在の「中学生に期待すること」は何ですか。授業で取りあげさせていただきますので，お手数ですが，お答えください。
_____
_____
_____

　　　　　　　　　　　　　　　　　　　ご回答，ありがとうございました。

Ⅰ　ガイダンス・中学校生活のスタート

[ワークシート2]

中学校生活をイメージしよう（1）

1年_____組_____番　氏名_____

1　興味・関心があるものを○で囲んでみよう。（複数可）
　　授業　・　友人　・　制服　・　部活動　・　学校行事　・　その他（　　　　　　　）

2　あなたが中学校に入学して楽しみにしていることや期待していることは何ですか。

3　あなたが中学校に入学して心配していることや不安に思っていることは何ですか。

4　中学校に入学してがんばりたいことは何ですか。

[ワークシート３]

中学校生活をイメージしよう（２）

1年＿＿＿組＿＿＿番　氏名＿＿＿＿＿＿＿＿＿＿＿＿

1　中学校が小学校と違うところは何だろう。

-
-
-
-
-
-
-

2　今日の授業を終えて，感想を書こう。

キャリア教育とは

　一人一人の社会的・職業的自立に向け，必要な基盤となる能力や態度を育てることを通して，キャリア発達を促す教育。
　キャリア教育は，子ども・若者がキャリアを形成していくために必要な能力や態度の育成を目標とする教育的働きかけである。そして，キャリアの形成にとって重要なのは，自らの力で生き方を選択していくことができるよう，必要な能力や態度を身に付けることにある。

キャリアとは

　人が，生涯の中でさまざまな役割を果たす過程で，自らの役割の価値や自分との役割との関係を見出していく連なりや積み重ね。

II 目的をもって学ぶ

1 テーマ設定の理由

前章「I ガイダンス・中学校生活のスタート」では，中学校生活についてのガイダンスを行い，今後の中学校生活への見通しをもたせる取組を行った。本章では，今後の中学校生活を充実させるために，学習や部活動，学校生活などの目標を具体的にもたせ，より良い生き方を創造できることを目的としたい。

まず，本章の実践において，学ぶことの意義について考えさせることにより，現在学んでいることと，将来へのつながりを見出させる。また，今後自分自身に必要な情報を適切に選択・活用する力を育てる。これらの活動をふまえ，次章「III 働くことについて知る」の働くことへの意識を高めさせる。

次に，生徒は中学校で初めて定期テストを経験する。日々の学習を定期テストに向けて目標をもち，意欲的に取組む態度を育成する。学ぶことの必要性や大切さについて考えさせ，授業への取組みや家庭などにおける学習の方法を振り返らせる。その際，他の人の学習方法やアドバイスなどを聞き，自分に取り入れることで，さまざまな学習方法の中から，自分に合う学習方法を見出させる。

また，多くの人々の意見から人は興味・関心に基づく夢をもっていることを知り，夢や希望を設定する重要性を理解させる。より良い生き方について考え，今から将来への展望をもつことの重要性を伝え，今後の進路学習を意欲的に取組む姿勢や態度を育てる。

以上のことを通して，日々の学習活動に目的をもって取組ませるため，このテーマを設定した。

2 全体構想
（1） 他の教科・領域との関連性

<教科・道徳・総合>	<特別活動（学級活動）>	<学校行事・その他>
<道徳> 1－(2) 強い意志 1－(4) 理想の実現 1－(5) 自己理解，個性の伸長 4－(5) 勤労の意義と尊さ，奉仕の精神	1年 I ガイダンス・中学校生活のスタート ❶中学生として身に付けたいこと ❷なぜ，わたしたちは学ぶのだろう ❸学習の達人になろう ❹夢や希望を大切にしよう 1年 III 働くことについて知る 2年 II 学ぶことと働くこと 3年 IV 学び続ける意義	<学校行事> オリエンテーション 新入生歓迎会 <その他> 定期テスト

（2） 家庭・地域社会との連携
- 保護者や身近な人にアンケート調査などにご協力いただき，実態を把握する。
- 生徒が立てた目標や感想など，変容や成長したところを伝える。

3 指導計画（4時間扱い）

❶中学生として身に付けたいこと（1時間）
❷なぜ，わたしたちは学ぶのだろう（1時間）
❸学習の達人になろう（1時間）
❹夢や希望を大切にしよう（1時間）

❶中学生として身に付けたいこと
中学校で身に付けたいことは？

（1） 本実践とキャリア教育
「肯定的自己理解と自己有用感の獲得」

前章の「Ⅰ ガイダンス・中学校生活のスタート」をふまえて，中学校生活や，自分が関わる役割についての見通しがもてた。本実践では中学校生活を充実させるために，学習や部活動，学校生活などの目標を具体的にもたせ，より良い生き方を創造できるようにする。また，他の生徒と話し合うことにより，自己理解を高め，意欲の向上を図る。

【自己理解・自己管理能力】

（2） 本時のねらい
①自ら身に付けたい力を考え，具体的な理由を述べさせる。
②発表を通じて自己理解を高め，学校生活への意欲を向上させる。

（3） 展開の過程
① 事前の活動と指導

活動内容（活動場面など）	指導・援助の留意点
ワークシート1の「中学校生活で身に付けてほしいこと」について，家庭や地域の人にアンケートをお願いする。	年度初めの保護者会，または，学級（学年）通信などでアンケートの協力をお願いし，授業日までに集計する。

② 本時の展開

過程	学習活動と内容	指導上の配慮事項と評価 配慮事項（○） キャリア教育の視点から見て特に重要なこと（◎） 評価（☆）
導入	1 アンケートの集計結果を見て，自分自身はどんな力を付けたいかまとめる。　　　　　　　　（ワークシート2）	○結果を見て考えを変えてもかまわない。項目にとらわれることなく，自分の考えを素直にまとめるように助言する。

Ⅱ　目的をもって学ぶ

展開	本時の活動テーマ　中学校で身に付けたいことは？	
	2　班内で順番に発表する。	◎学習や部活動，学校生活などの目標を具体的にもたせ，より良い生き方を創造できるようにする。 ☆自ら身に付けたい力を考え，具体的な理由を述べている。 ［行動観察］ ◎他の生徒と話し合うことにより，自己理解を高め，意欲の向上を図る。
	3　質問，意見交換を行い，自分の考えを深める。	○話し合いの結果，身に付けたいことを増やしてもかまわない。また，理由を変えてもかまわないことを助言する。
まとめ	4　班を代表して学級全体で発表する。今「身に付けたい」と思っていることをすべて理由とともに発表する。	☆発表をしたり，聞いたりすることで自己理解を高め，学校生活への意欲を向上させている。 ［発表・感想］

③　事後の活動と指導

活動内容（活動場面など）	指導・援助の留意点
班で話し合った内容を生かし，個人目標を作成する。	教室に個人目標を掲示し，普段から意識させる。

（4）　本時の評価
①自ら身に付けたい力を考え，具体的な理由を述べることができたか。
②発表を通じて自己理解を高め，学校生活への意欲向上に結び付けることができたか。

（5） 資料・ワークシート
［ワークシート１］

「中学校生活で身に付けてほしいこと」アンケート

中学校で特に身に付けてほしい項目を次の項目から５つ選んで○印を付けてください。
（５つ以上でもかまいません）

1　基本的な生活習慣

2　自ら学ぼうとする意欲

3　自ら考え判断する力

4　読み，書き，計算など日常に必要な力

5　生命や人権を尊重する心や態度

6　豊かな個性や創造力

7　国際社会の中で活躍する力

8　健康で安全な生活をおくる力

9　情報を活用する力

10　環境や自然を大切にする心

11　自らを律する心

12　他人と協調し，他人を思いやる心

13　自己の個性や興味，関心に基づいて，進路を選択しようとする態度

14　その他（　　　　　　　　　　　　　　　　　　　　　　　　　　　　）

15　わからない

Ⅱ　目的をもって学ぶ

[ワークシート２]

中学校で身に付けたいことは？

1年_____組_____番　氏名_____

1　中学校で身に付けたいことをまとめよう。

①	理由
②	理由
③	理由
④	理由
⑤	理由

2　今日の話し合いで参考になったことを書き留めよう。

3　話し合いを経て今の自分が「身に付けたいこと」を３つ以内に絞ってまとめよう。

①	理由
②	理由
③	理由

❷なぜ，わたしたちは学ぶのだろう

（1） 本実践とキャリア教育
「生き方や進路に関する現実的探索」

普段の教科等の授業では，学んでいることが今後どのように関わってくるのか考える機会が少ない。そこで，本実践において学習する意義を考えさせることにより，現在学んでいることと，将来へのつながりを見出させたい。また，今後の自分に必要な情報を適切に選択・活用する力を育てるとともに，本実践をふまえることで，次章の働くことへの意識を高めさせたい。

【キャリアプランニング能力】

（2） 本時のねらい
①中学校における学習について，その意義を理解させ，積極的に取組ませる。
②生涯学習の視点から学ぶ意義を広い視野で捉え，将来に向けて学び続ける意欲をもたせる。

（3） 展開の過程
① 事前の活動と指導

活動内容（活動場面など）	指導・援助の留意点
保護者に「今学んでいること，学ぶ意味」を聞いてくる。	保護者に「学び」について子どもがインタビューをすることを伝える。

② 本時の展開

過程	学習活動と内容	指導上の配慮事項と評価 配慮事項（○） キャリア教育の視点から見て特に重要なこと（◎） 評価（☆）
導入	1 「あなたは，何のために学校で勉強しているのですか」に記入する。 （ワークシート1）	○自分の気持ちを素直に記入させ，理由についても考えさせる。 ☆中学校における学習について，その意義を理解し，積極的に取組んでいる。 ［ワークシート・行動観察］ ◎現在学んでいることと，将来へのつながりを見出させる。

Ⅱ 目的をもって学ぶ

展開	本時の活動テーマ　なぜ，わたしたちは学ぶのだろう	
	2　自分の意見を発表する。 3　他の人の発表を聞いての感想を記入し，班内で話し合う。 　　　　　　　　（ワークシート2） 4　改めて自分はなぜ学ぶのかを考える。　　　　（ワークシート2） 5　自分の考えを班内で発表する。	○ワークシートに記入しているときに先生が目を通し，発表者を班で一人決めておく。 ○人は年齢にかかわらずさまざまな場で学ぶという「生涯学習」の観点を押さえる。 ☆学ぶ意義を広い視野で捉え，将来に向けて学び続ける意欲をもっている。 　　　　　　　　[観察・ワークシート] ◎今後の自分に必要な情報を適切に選択・活用する力を育てる。
まとめ	6　班の代表が「なぜ学ぶのか」を発表する。 7　全体の発表を聞き，本時を振り返る。	○授業内に発表者を決めておく。 ○本時の最初の気持ちと授業を終えた今では，学ぶことに対してどのように気持ちが変わったかも確認する。

③　事後の活動と指導

活動内容（活動場面など）	指導・援助の留意点
今後，目的や学ぶ意義を理解して授業などに取組む。	生活との関わりをふまえ，各教科の授業を展開する。

（4）　本時の評価
　①中学校における学習について，その意義を理解し，積極的に取組むことができたか。
　②生涯学習の視点から学ぶ意義を広い視野で捉え，将来に向けて学び続ける意欲をもつことができたか。

(5) 資料・ワークシート
［ワークシート１］

あなたは，何のために学校で勉強しているのですか？

1年＿＿＿組＿＿＿番　氏名＿＿＿＿＿＿＿＿＿＿

　下の答えの中から，自分の考えに近いものに○印を付けてみよう。また，自分の考えと違うものに×印を付けてみよう。その理由も記入しよう。

①中学生は勉強するのがあたりまえだと思うから。
　□　　理由（　　　　　　　　　　　　　　　　　　　　　　　　　　　　　　）
②みんなが勉強しているから。
　□　　理由（　　　　　　　　　　　　　　　　　　　　　　　　　　　　　　）
③家族が勉強しなさいと言うから。
　□　　理由（　　　　　　　　　　　　　　　　　　　　　　　　　　　　　　）
④先生が勉強しなさいと言うから。
　□　　理由（　　　　　　　　　　　　　　　　　　　　　　　　　　　　　　）
⑤勉強することや学ぶことが好きで，楽しいから。
　□　　理由（　　　　　　　　　　　　　　　　　　　　　　　　　　　　　　）
⑥テストで良い成績を取りたいから。
　□　　理由（　　　　　　　　　　　　　　　　　　　　　　　　　　　　　　）
⑦高校や大学などに進学したいから。
　□　　理由（　　　　　　　　　　　　　　　　　　　　　　　　　　　　　　）
⑧やってみたい職業に就くために必要だと思うから。
　□　　理由（　　　　　　　　　　　　　　　　　　　　　　　　　　　　　　）
⑨自分の能力を伸ばしたいから。
　□　　理由（　　　　　　　　　　　　　　　　　　　　　　　　　　　　　　）
⑩将来の夢をかなえるために必要だと思うから。
　□　　理由（　　　　　　　　　　　　　　　　　　　　　　　　　　　　　　）
⑪勉強は大切なものだと思うから。
　□　　理由（　　　　　　　　　　　　　　　　　　　　　　　　　　　　　　）
⑫その他
　□　　理由（　　　　　　　　　　　　　　　　　　　　　　　　　　　　　　）

○記入したときの自分の考え

| |
| |
| |
| |

Ⅱ 目的をもって学ぶ

[ワークシート2]

なぜ，わたしたちは学ぶのかまとめてみよう

1年_____組_____番 氏名_____

○他の人の学びについての発表を聞いての感想。

○なぜ，わたしたちは学ぶのか。

○保護者から。

○先生から。

❸学習の達人になろう
自分に合った学習方法を見つけよう

（1） 本実践とキャリア教育
「生き方や進路に関する現実的探索」

　生徒は中学校で初めて経験する定期テストに向けて目標をもち，意欲的に取組む時期である。本実践では，前時に学んだ学習の必要性や大切さについて考え，授業への取組や家庭などにおける学習方法を振り返らせる。また，生徒は他の人の学習方法やアドバイスなどを聞き，自分に取り入れることで，さまざまな学習方法の計画の中から，自分に合った学習方法を考えさせる。

【自己理解・自己管理能力】【課題対応能力】

（2） 本時のねらい
①学校や家庭などでの学習の現状と課題を認識し，さまざまな学習方法を知るなかで，改善すべき点を見出させる。
②これからの学習方法や学習計画を立て，実行していこうとする意欲をもたせる。

（3） 展開の過程
① 事前の活動と指導

活動内容（活動場面など）	指導・援助の留意点
学習調査（ワークシート1）を事前に記入する。（家庭）	・保護者に学習調査実施の趣旨を説明し，学習に対する意識・状況を調査する。 ・平均学習時間や各教科の学習方法などをまとめる。

② 本時の展開

過程	学習活動と内容	指導上の配慮事項と評価 配慮事項（○） キャリア教育の視点から見て特に重要なこと（◎） 評価（☆）
導入	1　調査結果とP.32を参考に，自分の学習状況と比較して課題を見つける。　　　　　　　（ワークシート2）	○多様な意見を肯定的に受け止めさせる。 ○ワークシート1を返却する。 ◎学ぶことの必要性や大切さについて考え，授業への取組や家庭などにおける学習の方法を振り返らせる。

II　目的をもって学ぶ

	本時の活動テーマ　自分に合った学習方法を見つけよう	
展開	2　班でそれぞれの課題（学習についての悩み）について話し合う。 3　班での話し合いの結果をまとめる。　　　　　　（ワークシート2） 4　各班での話し合いの内容を発表する。	○否定的な言葉を言わないよう注意を促してから班での話し合いをさせる。 ○生徒からの学習方法に関する意見が少ない場合，先生から学習方法の紹介をしても良い。 ☆さまざまな学習方法を理解し，自分に合った学習方法を見つけようとしている。 　　　　　　　　　　［観察・ワークシート］ ○発表内容を整理し，今後の学習に生かしやすいよう補足する。
まとめ	5　自分の今後の学習方法について考える。　　　　　　（ワークシート2） 6　自分の新たな学習方法について発表する。	○ワークシート2の記入状況を確認し，指名できるように準備する。 ◎自分に合った学習方法を考えさせる。 ☆学習方法や学習計画を立て，実行していこうとする意欲をもっている。　［ワークシート］

③　事後の活動と指導

活動内容（活動場面など）	指導・援助の留意点
授業を大切にする意識を高め，自分に合った学習方法で学習を意欲的に行う。	お互いの良い学習方法を学級通信などで紹介するとともに，学級全体として授業や家庭学習に真剣に取組む雰囲気をつくる。

（4）　本時の評価

①学校や家庭などでの学習の現状と課題を認識し，さまざまな学習方法を知るなかで，改善すべき点を見出すことができたか。

②これからの学習方法や学習計画を立て，実行していこうとする意欲をもつことができたか。

（5） 資料・ワークシート
［ワークシート１］

自分の学習を振り返ろう

1年＿＿＿組＿＿＿番　氏名＿＿＿＿＿＿＿＿＿＿

◎学習についてのアンケート調査です。正直に答えよう。

1　授業中の学習について，それぞれ当てはまるものに○を付けよう。

　　チャイム着席………… よくできている　　まあまあできている　　あまりできていない　　できていない

　　授業の準備…………… よくできている　　まあまあできている　　あまりできていない　　できていない

　　宿題…………………… よくできている　　まあまあできている　　あまりできていない　　できていない

　　集中して話を聞く…… よくできている　　まあまあできている　　あまりできていない　　できていない

　　積極的な発言や挙手… よくできている　　まあまあできている　　あまりできていない　　できていない

2　先週１週間の家庭での学習（塾での学習を除く）について記入しよう。

	月	火	水	木	金	土	日
学習時間							
学習した教科							

3　得意な教科と不得意な教科について，今の家庭での学習方法を書こう。

　　得意教科（　　　　　　　　　）勉強方法（　　　　　　　　　　　　　　　　　　　　）

　　不得意教科（　　　　　　　　）勉強方法（　　　　　　　　　　　　　　　　　　　　）

4　保護者から，現在の学習への取組の感想とアドバイスを書いてもらおう。

Ⅱ　目的をもって学ぶ

[ワークシート2]

自分に合った学習方法を見つけよう

1年_____組_____番　氏名_____

1　今の自分の学習について課題を書こう。

2　班での話し合いの内容，班員からのアドバイスをまとめよう。

3　これからの自分の学習方法について考えよう。

4　保護者から。

数字で見る進路の学習①

Q 全国の中学3年生に聞きました。
学校の授業時間以外に，平日（月〜金），1日あたりどのくらい勉強しますか？

A 第1位「1時間以上，2時間より少ない」——————30.8%

第2位「2時間以上，3時間より少ない」——————25.5%

（平成22年度調査結果より）

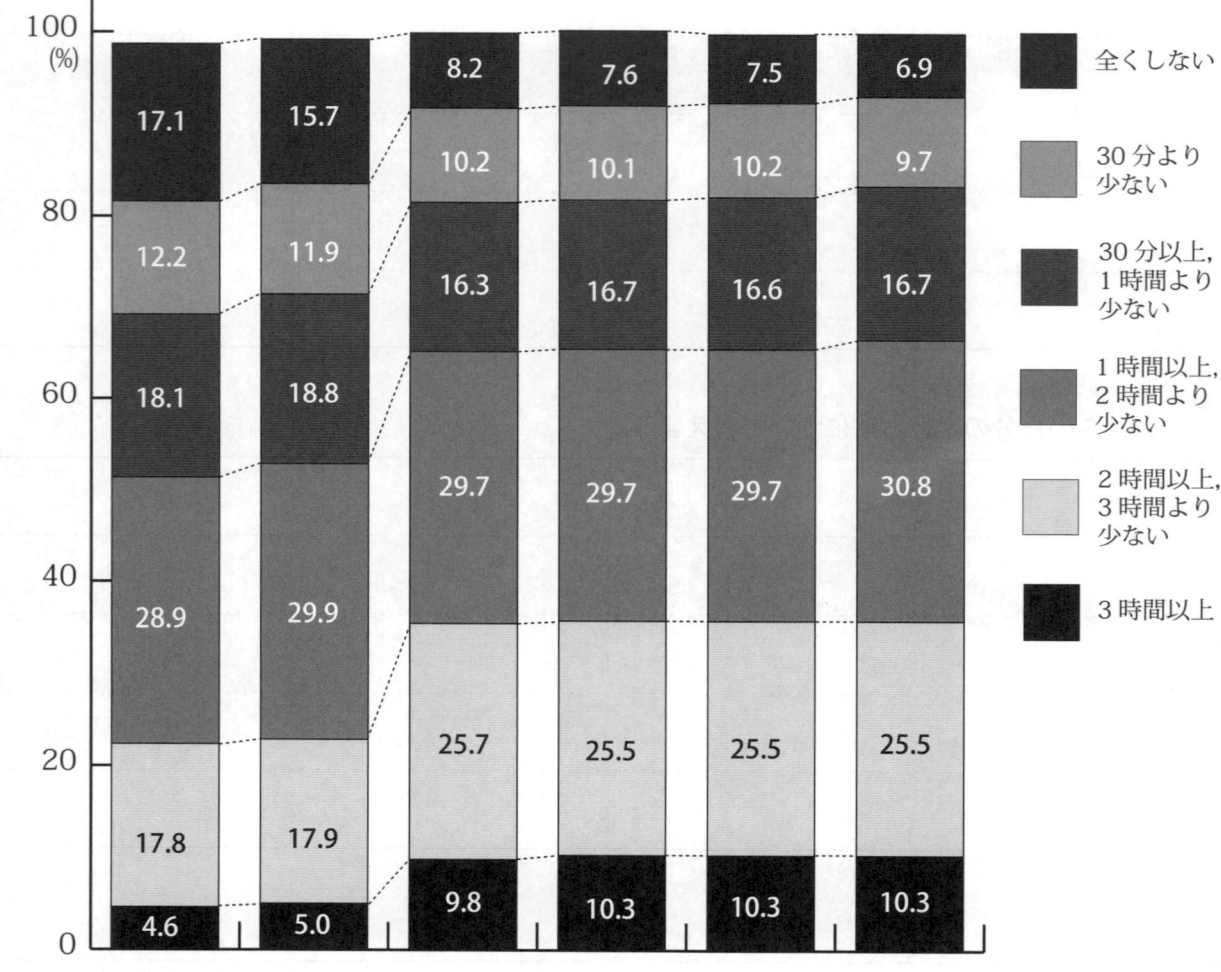

◇出典：文部科学省『平成22年度 全国学力・学習状況調査【中学校】報告書』より。

Ⅱ　目的をもって学ぶ

❹夢や希望を大切にしよう
みんなの夢や希望について考えてみよう！

（１）　本実践とキャリア教育
「生き方や進路に関する現実的探索」

　夢や希望をもつことは，充実した生活を営んでいくために大切なことである。本実践では，多くの人の意見から，それぞれの人が興味・関心に基づく夢をもっていることを知り，夢や希望を設定する重要性を理解させる。また，より良い生き方のために，今から将来の展望を考えることの必要性と大切さを伝え，今後の進路学習を意欲的に取組む姿勢や態度を育てる。

【キャリアプランニング能力】

（２）　本時のねらい
　①保護者や他の生徒などの話から，夢や希望をもつことの重要性を理解させる。
　②今後の展望をもたせ，進路学習への意欲と関心を高めさせる。

（３）　展開の過程
①　事前の活動と指導

活動内容（活動場面など）	指導・援助の留意点
ワークシート１を事前に配付し，保護者や身近な人に「中学生の頃になりたかった職業」を聞くとともに，今まで自分がなりたいと思った職業を記入する。　　　　　　（家庭）	・保護者にアンケート調査の趣旨を説明し，協力を得る。 ・職業を羅列した調査結果一覧を作成する。

②　本時の展開

過程	学習活動と内容	指導上の配慮事項と評価 配慮事項（○） キャリア教育の視点から見て特に重要なこと（◎） 評価（☆）
導入	1　ワークシート１の調査結果から，将来の職業について考える。 2　調査結果を資料として，「なりたいと思った理由」についてまとめる。　　　　（ワークシート２）	○どんな職業が多いか，理由にはどんなものが多いか確認させる。あこがれや，好きだからという理由に着目させる。 ◎夢や希望を設定する重要性を理解させる。

展開	本時の活動テーマ　みんなの夢や希望について考えてみよう！	
	3　夢や希望をもつことの大切さについて，班で意見を述べ合う。 　　　　　　　　（ワークシート２） 4　各班での話し合いの内容を発表する。	○ワークシート２の資料から，夢や希望をもつことの大切さについて考えさせる。 ○互いの意見を認め合いながらまとめさせる。 ○夢や希望は変化するものとして捉えさせつつ，あこがれや好きなものからで良いから，希望の職について考えるように伝える。 ☆保護者や他の生徒などの話から，夢や希望をもつことの重要性を理解している。 　　　　　　　　　　[観察・ワークシート]
まとめ	5　先生の話を聞く。 6　本時の学習を振り返り，自己評価を行う。	◎今から将来の展望を考えることの必要性と大切さを伝え，今後の進路学習を意欲的に取組む姿勢や態度を育てる。 ☆今後の展望をもち，進路学習への意欲と関心を高めている。　　　[観察・ワークシート]

③　事後の活動と指導

活動内容（活動場面など）	指導・援助の留意点
三者面談や二者面談において，保護者や先生に将来の希望や職業について話をする。	日常の会話の中から，将来の夢や希望について話題にできると良い。

（4）　本時の評価
　①保護者や他の生徒などの話から，夢や希望をもつことの重要性を理解することができたか。
　②今後の展望をもち，進路学習への意欲と関心を高めることができたか。

（5） 資料・ワークシート
[資料]

■「進路」の学習とは何だろう？

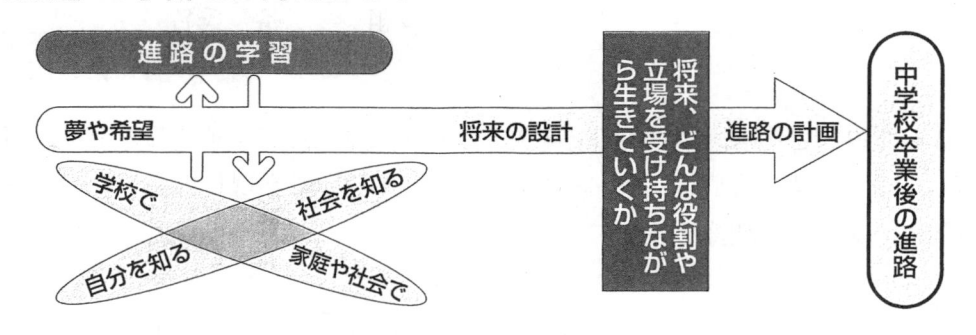

進路の学習 ← 夢や希望／学校で／自分を知る／社会を知る／家庭や社会で　→　将来の設計　→　将来、どんな役割や立場を受け持ちながら生きていくか　→　進路の計画　→　中学校卒業後の進路

中学校では，おもに**学級活動の時間**に，**将来の夢や希望**を実現する力を育てる**進路の学習**を行います。**進路**というのは，私たちが**中学校を卒業したあと，どんな道を選んでいくか**ということです。高校に進学するとか就職するというようなことだけではなく，これからの長い人生を**どのような立場や役割を受けもちながら生きていくか**ということです。

進路の学習は，**教科や道徳，総合的な学習の時間で学んだこと**や，私たちが毎日，**学校や家庭，地域での生活で身につけたさまざまな力**を，自分ののぞむ生き方にむすびつけるための時間です。言いかえれば，**自分が将来どんな生き方をしていきたいか**を考えながら，その自分の希望を実現するためには，**どんな目標をもち，どんな心がまえでさまざまな学習や毎日の生活に取り組めばよいか**を考え，行動につなげていくための時間です。

中学校3年間の「進路の学習」の流れ　☞いま自分がすべきことは何だろう？

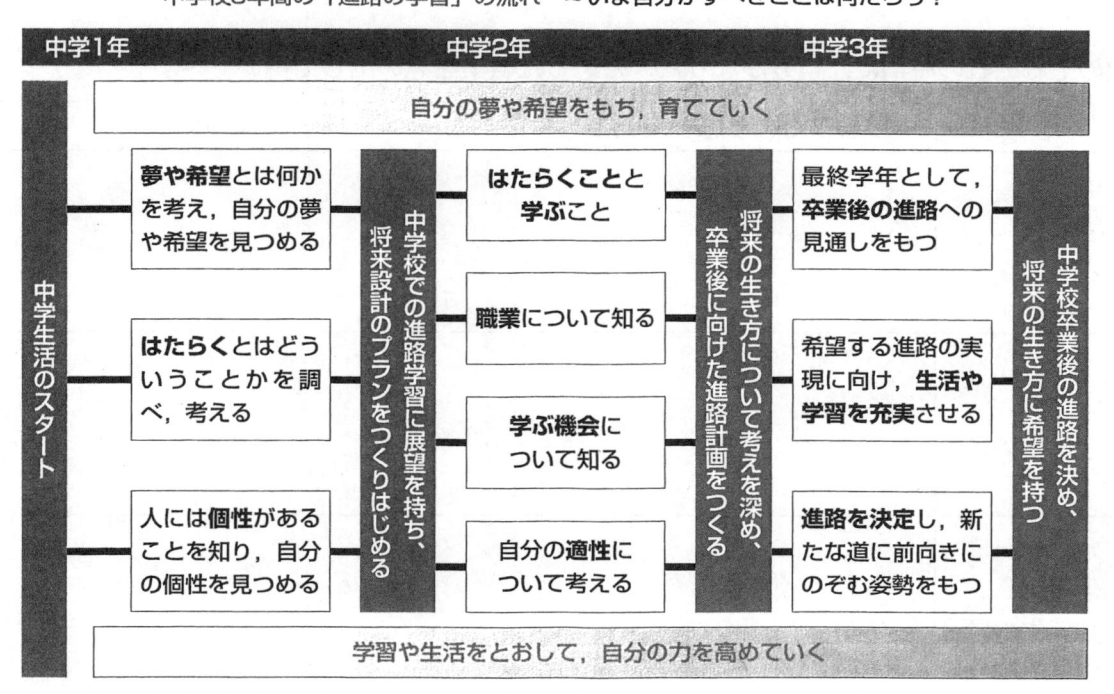

中学1年	中学2年	中学3年
自分の夢や希望をもち，育てていく			

中学生活のスタート	**夢や希望とは何か**を考え，自分の夢や希望を見つめる	中学校での進路学習に展望のプランをつくりはじめる	**はたらくことと学ぶこと**	将来の生き方について考えを深め、卒業後に向けた進路計画をつくる	最終学年として，**卒業後の進路への見通しをもつ**	中学校卒業後の進路を決め、将来の生き方に希望を持つ
	はたらくとはどういうことかを調べ，考える		職業について知る		希望する進路の実現に向け，**生活や学習を充実**させる	
	人には**個性がある**ことを知り，自分の個性を見つめる		**学ぶ機会**について知る		**進路を決定し**，新たな道に前向きにのぞむ姿勢をもつ	
			自分の適性について考える			

学習や生活をとおして，自分の力を高めていく

◇出典：『中学生活と進路』（実業之日本社）

[ワークシート1]

なりたい職業調査

1年＿＿＿組＿＿＿番　氏名＿＿＿＿＿＿＿＿＿＿

　中学生になったみなさんは，これから2年生，3年生と進級して卒業するまでに，何回か進路について学習していきます。今回は，「将来の夢や希望」について学習します。この授業の中で使うために，事前にアンケート調査をします。

<例>

聞いた人	なりたかった職業	理由
父親	大工	親の仕事を継ごうと思ったから。
母親	アイドル歌手	歌うことが好きだったから。
近所の知り合い	プロ野球選手	プロ野球選手にあこがれていたから。

1　身近な人に，「中学生の頃になりたかった職業」をインタビューしよう。

聞いた人	なりたかった職業	理由

その職業に就くことができましたか？　…………………　はい　・　いいえ

2　次のそれぞれの時期に，自分がなりたいと思った職業を思い出して書いてみよう。

時期	なりたいと思った職業	理由
小学校入学前		
小学校1～3年生の頃		
小学校4～6年生の頃		

Ⅱ 目的をもって学ぶ

[ワークシート2]

夢や希望を大切にしよう

1年_____組_____番 氏名_____

　先日，なりたい職業についてみなさんに調査してもらいました。その調査をもとに，みなさんの夢や希望について考えていきましょう。

1　調査結果を見て，なりたいと思った理由にはどんなものが多いか，まとめてみよう。

身近な人	生徒

2　次のグラフは新成人に聞いたアンケート結果です。この結果について，班で話し合ってみよう。

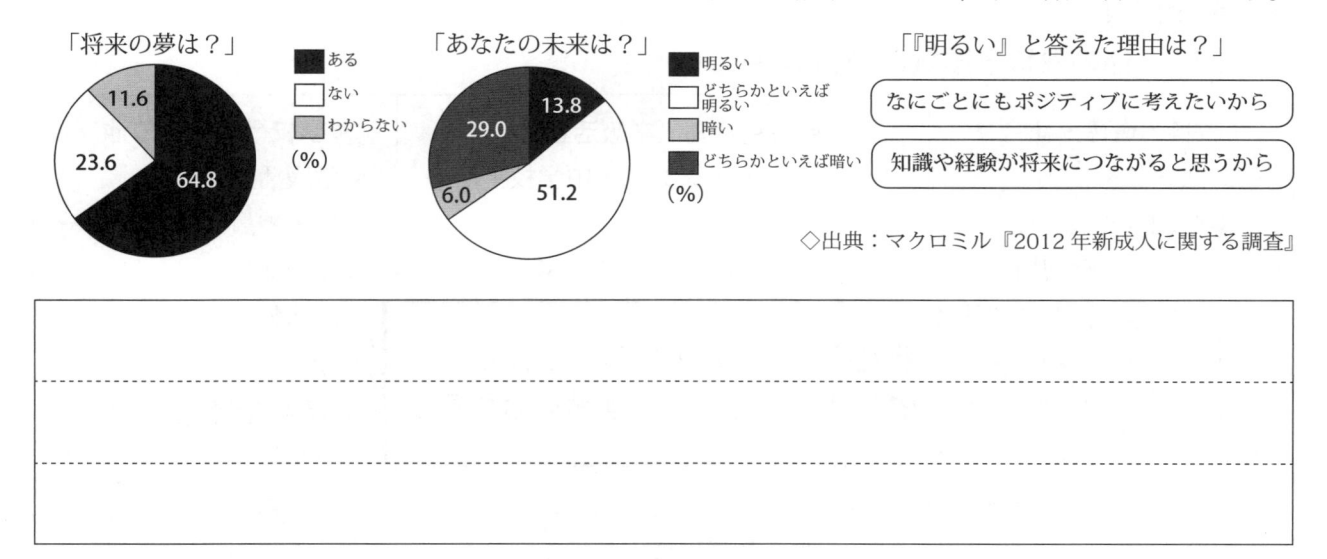

「将来の夢は？」
- ある 64.8
- ない 23.6
- わからない 11.6
(%)

「あなたの未来は？」
- 明るい 13.8
- どちらかといえば明るい 51.2
- 暗い 6.0
- どちらかといえば暗い 29.0
(%)

「『明るい』と答えた理由は？」
- なにごとにもポジティブに考えたいから
- 知識や経験が将来につながると思うから

◇出典：マクロミル『2012年新成人に関する調査』

3　各班の発表や先生の話を聞いての感想と，これからの進路学習への意気込みを書こう。

Ⅲ　働くことについて知る

1　テーマ設定の理由

　中学校生活にはいろいろな生活の決まり，学校，学年，学級の決まり，授業の決まり，その他の活動での決まりがある。そしてそれらはみな，実社会での決まりや，人と人，家族や仲間がともに生活を営んでいく上でのルールやマナーにつながるものである。これから「働く意義」や「職業について」を学習していくが，初めに社会のさまざまなルールと学校の決まりについて，その意義や内容，重要性を考えさせたい。

　また，身のまわりの人々の職業調べや近隣の企業・事業所の方の講話，インタビュー，職業調べなどを行い，勤労観・職業観にふれることを通して，働くことの意義，働くことの喜びや厳しさを知る機会としたい。

　さらに，自分の目指す職業や働くことに関心をもたせ，学ぶ意欲をもたせる。また，職業調べを通して働く意義や働くことについて知り，自身の生活に生かす姿勢をもたせることが重要であり，このテーマを設定した。

2　全体構想
（1）　他の教科・領域との関連性

<教科・道徳・総合>	<特別活動（学級活動）>	<学校行事・その他>
<道徳> 1-(1)　望ましい生活習慣 1-(3)　自主・自律 4-(1)　権利，義務 4-(5)　勤労の意義と尊さ，奉仕の精神 <社会> 公民「法の遵守」	1年　Ⅰ　ガイダンス・中学校生活のスタート 　　　Ⅱ　目的をもって学ぶ 　　　❶社会のルールと学校の決まり 　　　❷なぜ，わたしたちは働くのだろう 2年　Ⅱ　学ぶことと働くこと 　　　Ⅲ　職業について学ぶ 3年　Ⅲ　進路決定の日のために	<学級活動> 係・委員会活動 <その他> 部活動 <学校行事> 職場体験 職業調べ

（2）　家庭・地域社会との連携
　　　・身のまわりの人の職業調べが実施できるよう，家庭・地域と連携する。
　　　・近隣の企業・事業所などと連携をとり，職業調べやインタビューなどが行えるようにする。

3　指導計画（4時間扱い）
　　❶社会のルールと学校の決まり（1時間）
　　❷なぜ，わたしたちは働くのだろう（3時間）

Ⅲ　働くことについて知る

❶社会のルールと学校の決まり
社会のルールと学校の決まりについて考えよう〈ブレインストーミング〉

（1）　本実践とキャリア教育

「肯定的自己理解と自己有用感の獲得」

　中学校生活には生活の決まりや学校・学級の決まり，授業の決まりなどさまざまな決まりがある。それらは，人と人，家族や仲間がともに社会生活を営んでいく上で必要となるルールやマナーにつながるものである。本実践では，社会のルールと学校の決まりを照らし合わせ，その意義や重要性に気付かせる。そして，自らの思考や感情を律し，今後の成長のためにより良く生きていく方法について考えさせる。【人間関係形成・社会形成能力】【自己理解・自己管理能力】

（2）　本時のねらい

①社会のルールと学校の決まりを照らし合わせ，その意義や重要性に気付かせる。
②今後の学校生活や自身の進路に対し，より良く生きていく方法を考えさせる。

（3）　展開の過程

①　事前の活動と指導

活動内容（活動場面など）	指導・援助の留意点
社会や家庭内でのルールや決まりについて調べ，ワークシート１にまとめておく。　　　　　　（学級活動・家庭）	・身のまわりや，関心のある社会のルールや決まりについてあげさせる。 ・事前に学級通信などで家庭の協力を仰ぎ，本時における意義をふまえ，可能なものについて情報を集める。

②　本時の展開

過程	学習活動と内容	指導上の配慮事項と評価 配慮事項（○） キャリア教育の視点から見て特に重要なこと（◎） 評価（☆）
導入	1　自分の知っている社会のルールや決まり，身近な人の職場での決まりや家庭内でのルールについてあげ，「ルールや決まり」について簡単に考える。 2　社会のルールについて例示し，その意義，重要性についてあげる。	○自由に発表させ，ルールや決まりについて簡単に考えさせる。 ○例えばある職場の勤務開始時刻が定められていることについて，なぜ定められているのか，定めないとどんな不都合が生じるのかについて考えさせる。 ○以前に行った「身近な人の職業調べ」などから事例を引用したり，ある企業などの具体例を活用したりしても良い。

		本時の活動テーマ　社会のルールと学校の決まりについて考えよう ＜ブレインストーミング＞	
展開	3	生徒手帳の中から学校の決まりを調べ，ワークシートにまとめる。 （ワークシート１）	○学校の決まりについて，できるだけたくさん，自由にあげさせる。 ○学校の決まりについて，その決まりの意義，重要性だけにとどまらず，社会や職業との関連について十分に考えるよう配慮する。
	4	班ごとに，まとめた中から一つだけ学校の決まりを選択し，その決まりの意義，重要性，社会とのつながりについて意見をあげる。 （ワークシート２）	☆社会のルールと学校の決まりを照らし合わせ，その意義や重要性に気付いている。 ［観察・ワークシート］ ◎社会のルールと学校の決まりを照らし合わせ，その意義や重要性に気付かせる。
	5	各班から，「学校の決まりとその意義，重要性，社会とのつながり」について発表する。	○班でまとめた内容について自由に発表させる。また，プレゼンテーションの手段などを工夫する。
まとめ	6	授業の感想を記入し，発表する。 （ワークシート１）	○自由に感想や気付いた点を発表させる。 ☆今後の学校生活や自身の進路に対し，より良く生きていく方法を考えている。 ［発表・観察・ワークシート］ ◎自らの思考や感情を律し，今後の成長のためにより良く生きていく方法について考えさせる。
	7	各班からあがった「社会のルールと学校の決まり」について，職業との関連をふまえて考える。	○次時の授業につながるよう，各班からあげられた内容を，職業や職場体験との関連を十分にふまえ，整理する。

③　事後の活動と指導

活動内容（活動場面など）	指導・援助の留意点
学級通信を読み，社会のルールと学校の決まりには共通点があることを，あらためて知る。	学級通信を通して，生徒，保護者への啓発を図る。

（４）　本時の評価
①社会のルールと学校の決まりを照らし合わせ，その意義や重要性に気付くことができたか。
②今後の学校生活や自身の進路に対し，より良く生きていく方法を考えることができたか。

Ⅲ　働くことについて知る

（5）　資料・ワークシート
［ワークシート１］

社会のルールと学校の決まりについて考えよう

1年_____組_____番　氏名_____

1　身のまわりや社会で見られるルールや決まりについて書いてみよう。

[   ]

2　身近な人の職場での決まりについて書いてみよう。
　　身近な人の職場（　　　　　　　　）
　　決まり：

[   ]

3　家庭内でのルールについて書いてみよう。

[   ]

4　『〇〇中学校』の先生方は皆，毎朝８時15分までに出勤しているそうです。
　（１）　なぜそうしていると思いますか。

[   ]

　（２）　そうしないと，どんな不都合が起こると思いますか。

[   ]

5　△△中学校の生徒手帳には，どんな決まりがありますか。

[   ]

6　今日の授業の感想を書いてみよう。

[   ]

[ワークシート2]

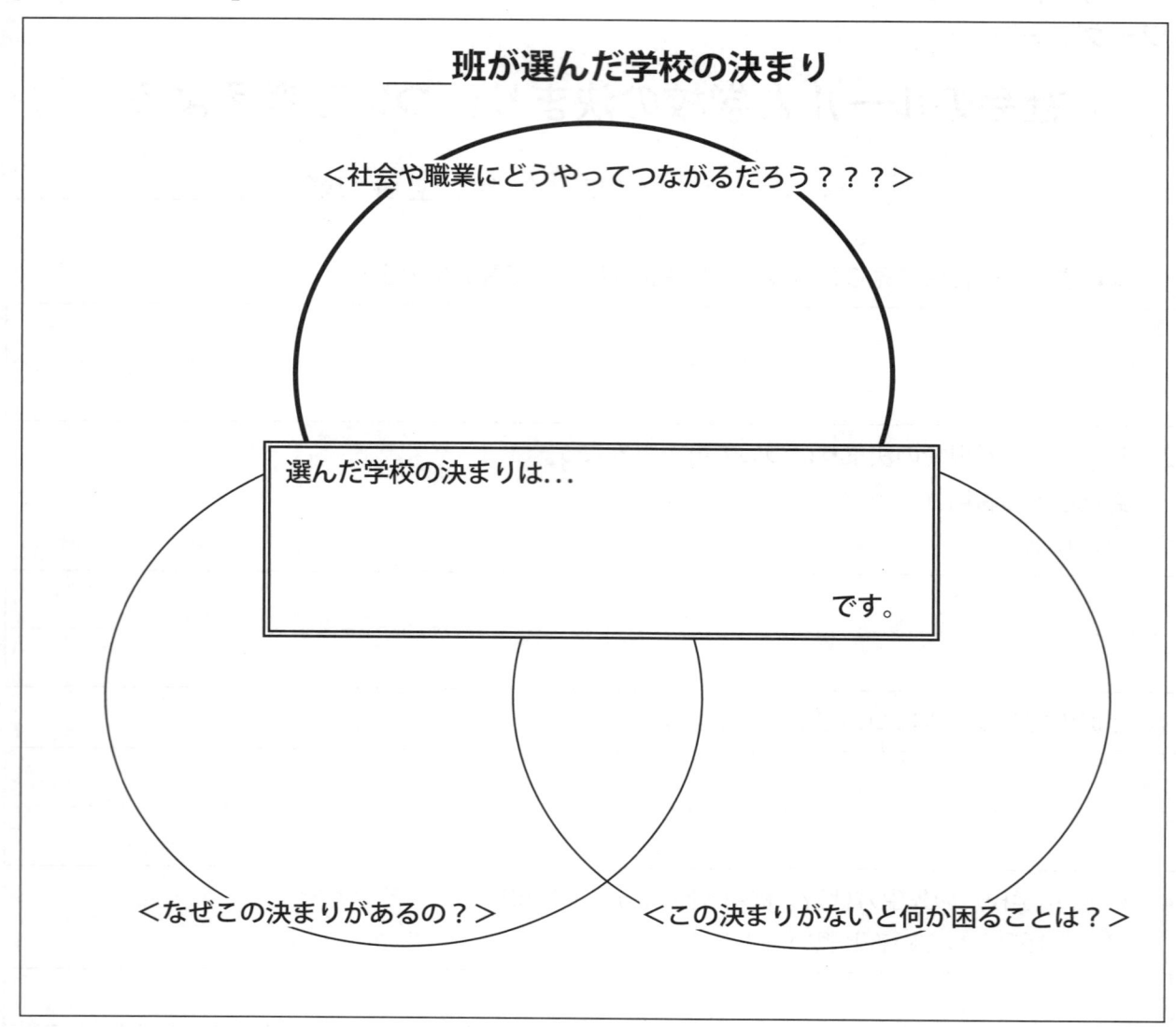

＿＿＿班が選んだ学校の決まり

＜社会や職業にどうやってつながるだろう？？？＞

選んだ学校の決まりは…

です。

＜なぜこの決まりがあるの？＞　　＜この決まりがないと何か困ることは？＞

ブレインストーミングとは

　ブレインストーミングは，リーダーを入れて，普通5～7人ぐらいで行います。話し合いの最低限のルールは，次の4点です。

① **自由奔放**：自由に意見を述べ合います。多少，目的からそれていても，奇抜なアイデアでも構いません。
② **質より量**：質を考えずに，とにかく数多くの意見を出すようにします。
③ **批判禁止**：自由な意見が出ているのに，批判されたら，以後自由な意見を出しづらくなります。他人の意見を批判してはいけません。
④ **統合・改善**：他人の意見を批判・評価することはいけませんが，他人の意見を改良したり，組み合わせたりすることは構いません。

　ブレインストーミングは，自由な雰囲気で，楽しく，たくさんの考えが出せることをねらいとしています。必要なものは，アイデアを記録する模造紙（カードや付箋でも良い），マジック，各自の考えを書くメモと鉛筆です。役割分担として，司会（リーダー），記録係が必要です。

Ⅲ　働くことについて知る

❷なぜ、わたしたちは働くのだろう（１）
〈職業分類カード〉

（１）　本実践とキャリア教育
「興味・関心等に基づく勤労観・職業観の形成」

　将来、自分や家族、社会のために働かなければならないという考えは生徒の中にある。しかし、その意義や役割について考える機会は少なく、将来設計とのつながりが不十分であることが多い。また、職業について関心をもっている生徒は多いが、実際に知っている職業は少なく、仕事内容や就くための方法については理解しきれていない。

　本実践ではさまざまな職業の社会的役割や意義を理解させるとともに、自分の目指す職業や働くことに関心をもたせる。また、インタビューなどを通して職業の多様性、仕事内容の多面性を見出させ、自己の生き方を考えさせる。

【課題対応能力】【キャリアプランニング能力】

（２）　本時のねらい
①自分の目指す職業や働くことに関心をもたせ、自己の生き方を考えさせる。
②職業の多様な面を知り、その内容や多面性があることに関心をもたせる。

（３）　展開の過程
①　事前の活動と指導

活動内容（活動場面など）	指導・援助の留意点
ワークシート１に将来自分が就きたい職業についてまとめる。　　　　（学級活動・家庭）	具体的な職業名があげられなくても、分野などでも良いことを伝える。

②　本時の展開

過程	学習活動と内容	指導上の配慮事項と評価 配慮事項（○） キャリア教育の視点から見て特に重要なこと（◎） 評価（☆）
導入	１　本時の課題を聞く。 ２　班員の就きたい職業を聞き、ワークシートにまとめる。 　　　　　　　（ワークシート１） ３　「わたしの就きたい職業カード」を作成する。　（ワークシート２）	○各自の調査と比較しながら発表を聞くように指示する。 ○学級全体で紹介することが可能であれば、「わたしの身近な人の職業カード」も作成させる。

	本時の活動テーマ　なぜ，わたしたちは働くのだろう＜職業分類カード＞	
展開	4　3で作成したカードを，黒板の表の所定の欄に貼る。 　①人を相手にする職業 　②生き物を相手にする職業 　③自然を相手にする職業 　④乗り物に関する職業 　⑤スポーツや趣味に関する職業 　⑥芸術や芸能に関する職業 　　　　　　　（ワークシート3） 5　黒板に分類された結果を，ワークシート1に記録する。 6　ワークシート4の写真の職業名を調べ，①～⑥の分類に分ける。	○生徒から仕事の分類を出されたときは，それも書き出す。 ○他の生徒が書いた職業を批判するような雰囲気にならないよう配慮する。 ☆自分の目指す職業や働くことに関心をもち，自己の生き方を考えている。　　　　［観察］ ◎さまざまな職業の社会的役割や意義を理解させ，その内容や多面性があることに関心をもたせる。 ☆職業の多様な面を知り，その内容や多面性があることに関心をもっている。［発表・観察］ ◎自分の目指す職業や働くことに関心をもたせ，自己の生き方を考えさせる。
まとめ	7　今日の授業の感想を，ワークシート1に記入する。	○興味，関心をもった職業について，次時までに調べておくよう指示する。

③　事後の活動と指導

活動内容（活動場面など）	指導・援助の留意点
・身近な人の職業や書籍などで調べた職業についても，本時のように調査して分類する。 　　　　　　　　　　　　（学級活動） ・ワークシート5にさらに興味のわいた職業について調べる。　　　（学級活動）	図書や放送番組，インターネットの職業検索サイトなどで適切なものを紹介できると良い。

（4）　本時の評価

　①自分の目指す職業や働くことに関心をもち，自己の生き方を考えることができたか。
　②職業の多様な面を知り，その内容や多面性があることに関心をもつことができたか。

Ⅲ　働くことについて知る

（5）資料・ワークシート
［ワークシート１］

なぜ，わたしたちは働くのだろう

1年＿＿＿組＿＿＿番　氏名＿＿＿＿＿＿＿＿＿＿

1　自分の就きたい職業を書いてみよう。

No	職業名	その職業に就きたい理由
1		
2		
3		

2　班員の就きたい職業を聞いて書いてみよう。

3　職業を分類してみよう。

①人を相手にする職業
②生き物を相手にする職業
③自然を相手にする職業
④乗り物に関する職業
⑤スポーツや趣味に関する職業
⑥芸術や芸能に関する職業

4　今日の授業の感想を書いてみよう。

第1学年

第2学年

第3学年

教科

[ワークシート2]
○わたしの就きたい職業カード（自分の希望する仕事を書いて表の所定の欄に貼る）

職業の名前
名　前

○わたしの身近な人の職業カード（わたしの身近な人の仕事を書いて表の所定の欄に貼る）

職業の名前

[ワークシート3]
○拡大して黒板に貼る。

①人を相手にする職業	②生き物を相手にする職業	③自然を相手にする職業	④乗り物に関する職業	⑤スポーツや趣味に関する職業	⑥芸術や芸能に関する職業

Ⅲ　働くことについて知る

［ワークシート４］

働くとは？　職業とは？
○写真を見て，職業名を書いてみよう。

1年＿＿組＿＿番　氏名＿＿＿＿＿＿＿＿

○写真を見て，職業名を書いてみよう。

❶	❷	❸
❹	❺	❻
❼	❽	❾
❿	⓫	⓬
⓭	⓮	⓯
⓰	⓱	⓲
⓳	⓴	

分類の条件	当てはまる仕事
①人を相手にする職業	
②生き物を相手にする職業	
③自然を相手にする職業	
④乗り物に関する職業	
⑤スポーツや趣味に関する職業	
⑥芸術や芸能に関する職業	

Ⅲ　働くことについて知る

（解答例）

❶ 看護師	❷ 音楽プロデューサー	❸ 菓子職人（パティシエ）
❹ 救急救命士	❺ 薬剤師	❻ 自動車整備士
❼ パン店販売員	❽ 貴金属店経営者	❾ 医師
❿ 農業従事者	⓫ 落語家	⓬ 鮮魚店販売員
⓭ 美容師	⓮ 税理士	⓯ 建設作業者
⓰ 船長	⓱ 生花店販売員	⓲ 調理人
⓳ 彫刻家	⓴ 獣医師	

［ワークシート5］　　　　1年＿＿＿組＿＿＿番　氏名＿＿＿＿＿＿＿＿＿＿

○今日の授業で新しく興味をもった職業について調べてみよう。

職業名	興味を感じた点

こんな仕事です。

数字で見る進路の学習②

Q 中学生に聞きました。
将来，職業や仕事の選択にあたって特に重視することは？

A 第1位 「自分の能力や適性が生かせること」
　　　　　　　　　　　　　　　　　　　　61.8%

（2つまで回答）

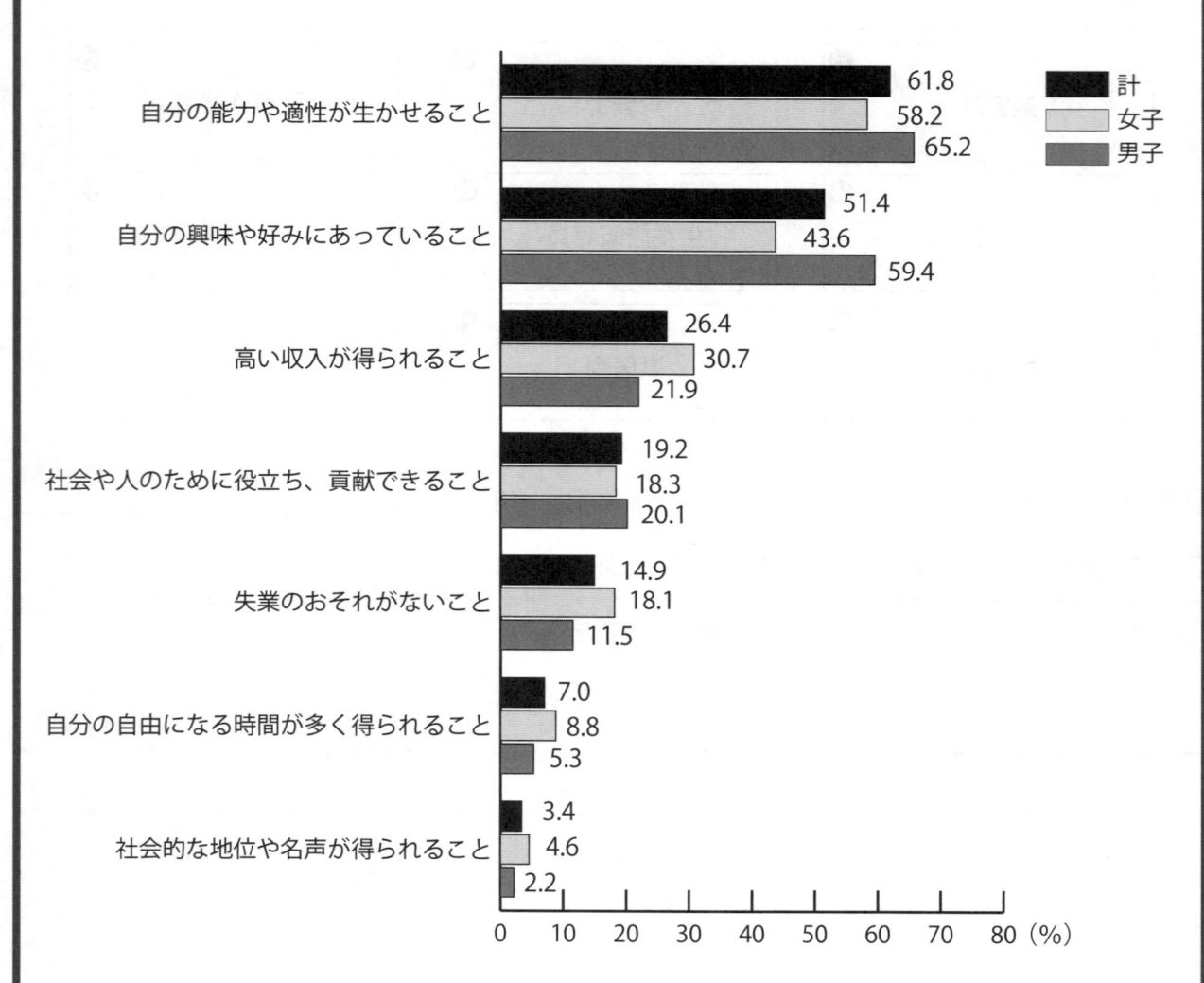

項目	計	女子	男子
自分の能力や適性が生かせること	61.8	58.2	65.2
自分の興味や好みにあっていること	51.4	43.6	59.4
高い収入が得られること	26.4	30.7	21.9
社会や人のために役立ち、貢献できること	19.2	18.3	20.1
失業のおそれがないこと	14.9	18.1	11.5
自分の自由になる時間が多く得られること	7.0	8.8	5.3
社会的な地位や名声が得られること	3.4	4.6	2.2

◇出典：『中学校・高等学校における進路指導に関する総合的実態調査報告書（平成16，17年度文部科学省委託事業）』平成18年3月　財団法人日本進路指導協会刊。
本設問は中学3年生に「将来，職業や仕事の選択にあたって特に重視する事柄」を聞いたもの。

Ⅲ　働くことについて知る

❷なぜ，わたしたちは働くのだろう（２）
〈職業発表会を通して〉

（１）　本時のねらい
①図書やインターネットの活用，発表を通じて，職業についての理解を深めさせる。
②職業調べを通じて，働く意義について考えさせる。

（２）　展開の過程
①　事前の活動と指導

活動内容（活動場面など）	指導・援助の留意点
・ワークシート１に図書やインターネットを用いて調べた職業や，昨日一日で出会った職業について調べる。　　　　　　（家庭） ・事前に調査の方法を考えておく。（学級活動）	生徒やその家庭のプライバシーに関する内容を含むものについては，プライバシーへの配慮をする。

②　本時の展開

過程	学習活動と内容	指導上の配慮事項と評価 配慮事項（○） キャリア教育の視点から見て特に重要なこと（◎） 評価（☆）
導入	1　本時の課題を聞く。 2　自分が調べた内容について，発表の準備をする。（ワークシート）	○班ごとの発表が円滑に進むよう，発表する内容，手順などを十分に確認しておく。
展開	本時の活動テーマ　なぜ，わたしたちは働くのだろう＜職業発表会を通して＞ 3　同じ班の人に対して，職業について調べた内容を発表する。 　・仕事の内容 　・資格 　・収入	○発表を聞いて疑問に感じた点などをメモさせておき，発表に対して積極的に質問できるようにする。 ☆図書やインターネットの活用，発表を通じて，職業についての理解を深めている。 　　　　　　［発表，観察，ワークシート］ ○収入の多少など，その職業の一側面にとらわれずに，仕事内容，勤務時間，適性，やりがい，余暇の時間など，多面的にその職業についてとらえられるよう支援する。

展開	4　同じ班の人に対して、「昨日一日で出会ったいろいろな職業の種類」の発表をする。(ワークシート) 5　実際にインタビューしたい職種について、班ごとに検討する。 　　　　　　　　（ワークシート）	◎職業の種類、仕事内容、勤労の意義などに関心をもち、進んで学んでいる。 ○実際にインタビューしたい職種として生徒の家族の方などの職種を選択した場合には、生徒本人や家族の方々などのプライバシーに対し、十分に配慮する。
まとめ	6　働く意義や自分の職業観についてワークシートにまとめる。	☆職業調べを通じて、働く意義について考えている。　　　　　　　　　　　　　　［ワークシート］

③　事後の活動と指導

活動内容（活動場面など）	指導・援助の留意点
次時のインタビューに向け、各班から出た意見、インタビュー内容などをまとめる。	学級での班長、学習係などがアンケートの集計、次時の授業での企画、運営の準備などを行えると良い。

（3）　本時の評価
①図書やインターネットの活用、発表を通じて、職業についての理解を深めることができたか。
②職業調べを通じて、働く意義について考えることができたか。

Ⅲ　働くことについて知る

(4)　資料・ワークシート
［ワークシート］

職業発表会

1年＿＿＿組　＿＿＿番　氏名＿＿＿＿＿＿

1　図書やインターネットを用いて，いろいろな職業について調べてみよう。

班名	調べた仕事名	仕事の内容	資格	収入

2　昨日一日で出会ったいろいろな職業を，思い出して書こう。

職業名				
出会った場所				
仕事の内容				
感じたこと				

3　どんな職種の方にインタビューしたいと思いますか。

職種
インタビューしたい内容
理由

4　なぜ人は職業に就くのだろうか，考えてみよう。

5　あなたはどのような職業に就きたいか，あらためて考えてみよう。

就きたい職業	理由

❷ なぜ，わたしたちは働くのだろう（3）
〈インタビューを通して〉

（1） 本時のねらい
① 身近な人の職業について，仕事内容や働くことについて考えさせる。
② 働くことの意義や職業について知り，自身の生活に生かす姿勢をもたせる。

（2） 展開の過程
① 事前の活動と指導

活動内容（活動場面など）	指導・援助の留意点
・事前準備の活動として，班ごとにインタビューする方へ来校の依頼をする。 ・インタビューする内容，予想される答え，質問の仕方などを考える。	・身近な人へのインタビューについては，プライバシーに配慮する。 ・質問内容や言葉遣いに失礼な点がないか確認しておく。

② 本時の展開

過程	学習活動と内容	指導上の配慮事項と評価 配慮事項（○） キャリア教育の視点から見て特に重要なこと（◎） 評価（☆）
導入	1 本時の課題を聞く。 2 働く人へのインタビューの意義について，先生の説明を聞く。 ・インタビューでわかること ・インタビューのマナー 3 インタビューの準備をする。	○インタビューする相手が社会人であることを意識付ける。
展開	本時の活動テーマ　なぜ，わたしたちは働くのだろう〈インタビューを通して〉 4 身近な人に，職業に関するインタビューをする。	○司会，質問，記録など，インタビュー活動が円滑に進むよう適宜支援する。 ○インタビューを依頼する方や生徒の自己紹介などを内容に組み込むと，場が和み，活動が円滑に行われる。 ○社会人の方に対するインタビューであることを十分に念頭に置かせる（態度，言葉遣いなど）。

Ⅲ 働くことについて知る

展開	5 インタビューした内容について、ワークシートにまとめる。	○インタビューの最後には、依頼した方への感謝の言葉などを伝えさせる。 ◎インタビューを通して職業の多様性、仕事内容の多面性を知り、自己の生き方を考えさせる。 ☆身近な人の職業について、仕事内容や働くことについて考えている。 ［観察・ワークシート］
まとめ	6 インタビューの結果をまとめる。 ・適切に質問できたか ・確実に記録できたか ・感謝の気持ちを表現できたか	○インタビュー後の自分の職業観を記入する。 ☆働くことの意義や職業について知り、自身の生活に生かす姿勢をもっている。 ［ワークシート］

③ 事後の活動と指導

活動内容（活動場面など）	指導・援助の留意点
・自分の目指す職業について、仕事内容や諸条件、その仕事に就くための道筋や必要な資格などを調べる。　　　　　（学級活動） ・職業に対する家族の希望と自分の希望を話し合う。　　　　　　　　　　（家庭・面談）	・進路の手引きに記載されている資料などを参考にすると良い。 ・三者面談などで話題として取りあげると良い。

（3） 本時の評価
①身近な人の職業について、仕事内容や働くことについて考えることができたか。
②働くことの意義や職業について知り、自身の今後の生活に生かす姿勢をもつことができたか。

(4) 資料・ワークシート
[ワークシート]

インタビューを通して

1年____組____番　氏名_____

1　職業についている人へのインタビューで質問することを書いてみよう。

	質問	予想される答え	答え
質問1			
質問2			
質問3			

Ⅲ　働くことについて知る

| 質問 | 予想される答え | 答え |

質問4

質問5

質問6

2 インタビューを振り返って，当てはまる数字に○を付けよう。

	はい	まあまあ	あまり	いいえ
（1） 考えていた質問は，適切に質問できたか。	4	3	2	1
（2） 答えていただいた内容を，確実に記録することができたか。	4	3	2	1
（3） インタビューさせていただいた方への感謝の気持ちをきちんと表現できたか。	4	3	2	1

（4） インタビューを終えての感想を書いてみよう。

3 なぜ，わたしたちは働くのだろう。

Ⅳ 自分を知ろう

1 テーマ設定の理由

　自分を知ることは，将来の自分の進路を考える上で欠かせないことである。しかし，自分を知るということは容易ではない。自分の中に抱える悩みを，自分では明確に把握できずに苦しんだり，解決策を見出せずに悩んだりすることがある。また，自分の内面について他人は知らないことを自分だけがわかっていたり，逆に他人にはわかっているが自分はわかっていないことがあったりする。さらに少しずつ明確に現れてくる男女の違いを理解しきれなかったりする。

　そこで，ピア・カウンセリングや，話し合い，ゲームなど，友人とふれ合う活動を通して，他者を理解させるとともに，自分の考えを相手に伝えさせることで，自己理解を深め，自身を知る機会になると考え，このテーマを設定した。

2 全体構想
（1） 他の教科・領域との関連性

<教科・道徳・総合> <道徳> 1－(3) 自主・自律 1－(5) 自己理解，個性の伸長 2－(2) 思いやり 2－(4) 異性理解	<特別活動（学級活動）> 1年　Ⅰ　ガイダンス・中学校生活のスタート 　　　Ⅱ　目的をもって学ぶ ❶悩みや不安を解消しよう ❷自分を知る，友人を知る ❸男女の違いについて考えよう ❹自分を見つめ直そう 1年　Ⅴ　集団の中で自分を生かす 2年　Ⅳ　自分について考える 3年　Ⅴ　進路の選択に向けて	<学校行事・その他> <学校行事> 入学式 体育祭 職場体験

（2） 家庭・地域社会との連携
・保護者や身近な人に中学当時の悩みや不安，また，生徒自身についてのインタビューを行う。
・社会生活，職場における男女の違いを聞く。

3 指導計画（4時間扱い）
　❶悩みや不安を解消しよう（1時間）
　❷自分を知る，友人を知る（1時間）
　❸男女の違いについて考えよう（1時間）
　❹自分を見つめ直そう（1時間）

❶悩みや不安を解消しよう
悩みや不安を解消しよう〈ピア・カウンセリング〉

（1） 本実践とキャリア教育
「肯定的自己理解と自己有用感の獲得」

　悩みや不安は誰にでもある。しかし，多くの生徒は家族や友人，先生に相談できないためにさらに不安をつのらせる場合がある。本実践では，他者の悩みを知り，解決策を考えることを通して，自分の悩みと向き合い，自分の悩みを解決する手段を見出させる。そしてこれらの活動を通して，自分を知り，他者を知ることで互いにかけがえのない存在であることを理解させる。
【人間関係形成・社会形成能力】【自己理解・自己管理能力】

（2） 本時のねらい
　①自分だけでなく，誰もが悩みをもち，生活していることに気付かせる。
　②他者と悩みを共有し，ともに考えることで自分と向き合い，自身の悩みの解決方法を考えさせる。

（3） 展開の過程
① 事前の活動と指導

活動内容（活動場面など）	指導・援助の留意点
・保護者や身近な人に今現在，または中学生の頃などに，進路に関する悩みや不安があったかを聞いておく。　　　　　　　（家庭） ・自分の現在の悩みについて，事前に考えておく。　　　　　　　　　　（学級活動・家庭）	学年通信などで保護者に「悩みや不安について」の話題の協力をお願いする。

② 本時の展開

過程	学習活動と内容	指導上の配慮事項と評価 配慮事項（○） キャリア教育の視点から見て特に重要なこと（◎） 評価（☆）
導入	1　担任の先生の中学生時代の進路の悩みや不安についての話を聞く。 2　資料Aを読み，誰にでも悩みや不安があることを知る。	○誰にでも悩みや不安があること，自分なりに解決してきたことなどを伝えられると良い。

IV　自分を知ろう

	本時の活動テーマ　悩みや不安を解消しよう＜ピア・カウンセリング＞	
展開	3　ワークシート1に「わたしの悩み」を記入する。	
	4　ワークシート2に「わたしの悩み」を記入する。（この後，ワークシート2を回収し，再び生徒にアトランダムにワークシート2を配付する。）	○ワークシート2は，誰のものかわからないように名前は書かせず，自分だけがわかるマークを用紙に記入させる。 ○ピア・カウンセリングの約束を徹底させる。 （資料B・D） ○マンダラートは必ず8つ記入させる。
	5　配付された他の生徒のワークシート2の解決マンダラート(a)に，解決策やアドバイスを記入する。	○他者の悩みへの回答を先に記入させることにより，自分の悩みへの解決策も引き出せるようになるので，必ず(a)を書き終えてから(b)のマンダラートを記入させるようにする。 ☆自分だけでなく，誰もが悩みをもち，生活していることに気付いている。 ［観察・ワークシート］
	6　ワークシート2を本人に返却する。ワークシート1の解決マンダラート(b)に，自分の悩みに対する解決策を書く。	◎他者の悩みを知り，解決策を考えることを通して，自分の悩みと向き合い，自分の悩みを解決する手段を見出させる。 ○ワークシート2を本人に返却する時には，マークだけ見えるようにして置き，各自に取らせる。
	7　記入してもらった解決策やアドバイスを読み，感じたことをワークシート2に記入する。（再度ワークシート2を回収し，解決マンダラート(a)を記入した人に渡す。）	○(b)で記入した自分自身の解決策と，(a)に記入してもらった解決策を見比べ，感じたことを記入させる。
	8　アドバイスに対するコメントに対して，励ましのメッセージを書き込む。（ワークシート2を再び本人に返却する。）	○記入してもらった解決策に対して，相手がどのように受け止めたかを読み取らせ，再度励ましやアドバイスを行い，カウンセリングを深めさせる。
	9　記入してもらったアドバイスと励ましを読み，自分が何を感じたかを記入する。	○誰もが悩みや不安をもち，生活していることを知り，また他の人の考えを参考に自分の考えをまとめられるようにする。 ◎自分を知り，他者を知ることで互いにかけ

展開		がえのない存在であることを理解させる。 ☆他者と悩みを共有し，ともに考えることで自分と向き合い，自身の悩みの解決方法を考えている。　　　　　[観察・ワークシート]
まとめ	10　今日の授業で感じたことについて，発表する。 11　先生の話を聞く。	○自分の悩みについてではなく，ピア・カウンセリングによる活動を通じて感じたことについて発表させる。

③　事後の活動と指導

活動内容（活動場面など）	指導・援助の留意点
悩みや不安は誰にでもあることを理解し，その解決方法について，いくつかの方法を考える。　　　　　　　　　　　　　（日常生活）	悩みの解決方法にはいくつかの方法があり，身近な人への相談や専門機関への相談などもあることを押さえる。

（4）　本時の評価

①自分だけでなく，誰もが悩みをもち，生活していることに気付くことができたか。
②他者と悩みを共有し，ともに考えることで自分と向き合い，自身の悩みの解決方法を考えることができたか。

Ⅳ　自分を知ろう

(5) 資料・ワークシート
[資料A]

■中学1年生は、どんな悩みをもっている？
　ある中学校の1年生120人にたずねた、「最近悩んだこと3つ」の上位5項目です。
　①学校の勉強がむずかしい、成績が伸びない　……●●●●●●●●　　（●＝10人）
　②友人が自分をどう思っているか気になる　……●●●●●
　③自分の性格が気に入らない、性格を変えたい　……●●●
　④身長や体重、顔などの見かけを良くしたい　……●●●
　⑤親が勉強や生活のことをあれこれ言う　……●●

[資料B]

「ピア・カウンセリング」の説明

　ピアとは「仲間」のこと、カウンセリングは「相談にのる」ということです。
　仲間同士で悩みや不安について話を聞き合うことで、解決方法をさがします。
　まず、手順を説明します。
①相談用紙に、いま悩んでいることや不安なこと、友人の考えなど聞いてみたいことを書きます。
②相談用紙には名前は書かず、用紙の右上に自分にしかわからないマークを書いておきます。
③相談を書いたら回収します。
④全員分集めて、アトランダムに配ります。
　このとき、紙をまぜ、どの用紙がだれの相談かわからないようにして全員に配ります。
⑤相談に対するアドバイスを書きます。
　相談者の気持ちになり、「こうしてみたらどうかな？」という答えを書きます。
⑥返ってきたアドバイスを読みます。
　自分の相談をどう受け止めてくれたでしょう。それを読んでどう感じましたか？
【ピア・カウンセリングの約束！】
　・誰の相談かを知ろうとしないこと。
　・相手の気持ちになって考えましょう。
　・ふざけた内容を書いてはいけません。
　・相談内容をあとで人に話さないこと。

[資料C]

マンダラートとは

　デザイナーの今泉浩晃さんが開発したアイデア思考法。マンダラートは、マンダラを使う技術（アート）ということで付けられた造語。マンダラはノートに箇条書きで書くようなものとは違い、9つの正方形のマスで作られた形に書き込むことにより、多面的に発想を刺激することができる。

[資料D]

「ピア・カウンセリング」に挑戦！

ピアとは「仲間」のこと，カウンセリングは「相談にのる」ということです。
仲間同士で悩みや不安について話を聞き合うことで，解決方法をさがします。

❶まず，手順を説明します。

> 相談シートに，いま悩んでいることや不安なこと，友達の考えなど聞いてみたいことを書きます。

❷これが相談用紙です。

1 相談内容（クライエント） ／5分
ーあなたの進路に関する不安や悩みなどを，素直に記入してくださいー

　勉強する意欲がなかなかわいてこない
　塾の先生がうけてほしいと思っている高校と自分のうけたい高校
　が違っている

2 解決へ向けてのアドバイスやはげまし（カウンセラー） ／15分
ー1の悩みについて，アドバイスやはげましを考え記入してくださいー

　人生は自分で歩みだしていくものだから
　自分のうけたい高校にいけばいいんじゃないのかな
　勉強を一気にやろうとしているから無理なんじゃないのかな
　一日一時間でもいいんじゃないのかな
　ファイト⤴
　君が応援しているよ♡

3 今日の授業の内容についての感想，クライエント，カウンセラーを経験した気持ち，2のアドバイスを読んで，進路選択に向けての素直な気持ち，人の話を聞いてなど，自分のおもいをまとめよう。

　はじめてカウンセラーをやってみて自分と同じような悩みを
　もっている人がいると知ってけっこう気持ち
　が楽になった。

❸相談を書いたら，3つ折にします。

折れ線で3つに折ります。これは，だれが何を書いたか，わからないようにするためです。

名前は書かず，かわりに用紙のうらに自分にしかわからないマークを書いておきます。

❹全員分を集めて，また配ります。

箱の中でまぜ，どの用紙がだれの相談かわからないように全員に配ります。

❺相談に対するアドバイスを書きます。

相談者の気持ちになり，「こうしてみたら，どうかな？」という答えを書きます。

❻返ってきたアドバイスを読みます。

自分の相談をどう受け止めてくれたでしょう。それを読んでどう感じましたか？

ピア・カウンセリングの約束！
○だれの相談かを知ろうとしないこと。
○相手の気持ちになって考えましょう。
○ふざけた内容を書いてはいけません。
○相談内容をあとで人に話さないこと。

◇出典：『中学生活と進路』（実業之日本社）

IV 自分を知ろう

[ワークシート１]

悩みや不安を解決しよう

1年_____組_____番　氏名_____

○自分の悩みマンダラート

あなたの進路や学習に対する不安や悩みなどを素直に記入してください。下の８つの枠をうめていきましょう。

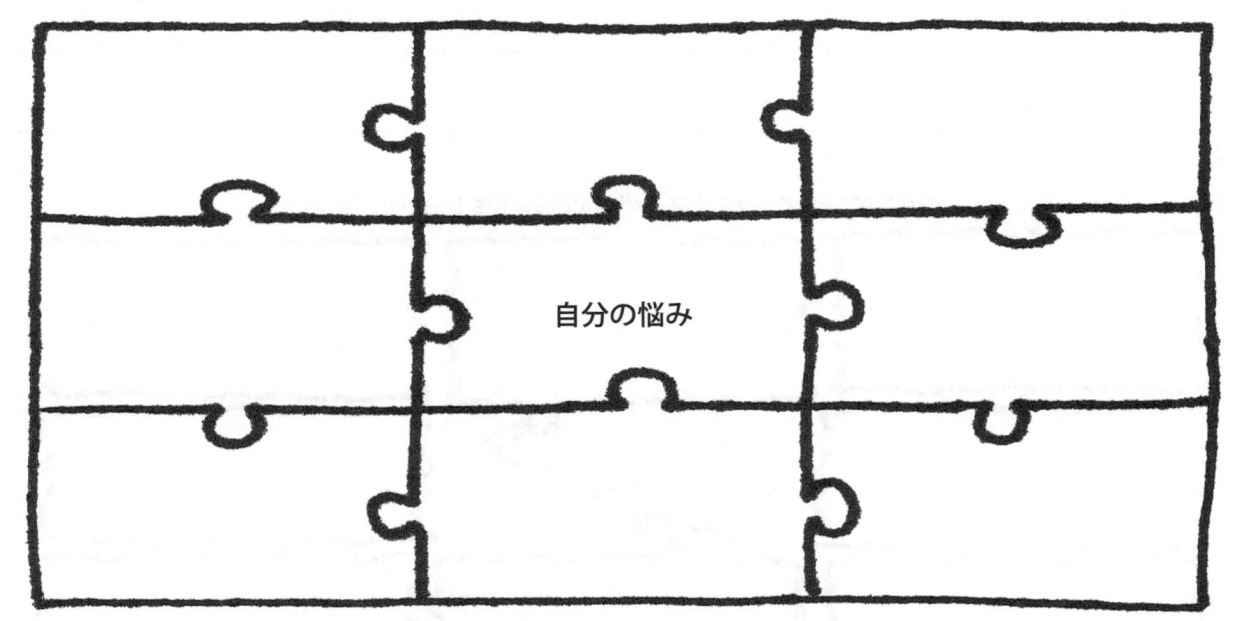

	自分の悩み	

○上のマンダラートで記入した悩みを１つだけ書き出してみましょう。

［わたしの悩み］

○解決マンダラート(b)　※後で記入します。

［ワークシート2］

悩みや不安は誰にでもある

自分のマーク

◆相談内容（相談者）
　ワークシート2で選んだ自分の悩みを書きましょう。

［わたしの悩み］

◇解決マンダラート(a)　（カウンセラー）
　他の人の悩みについての解決策やアドバイスを書いてあげましょう。

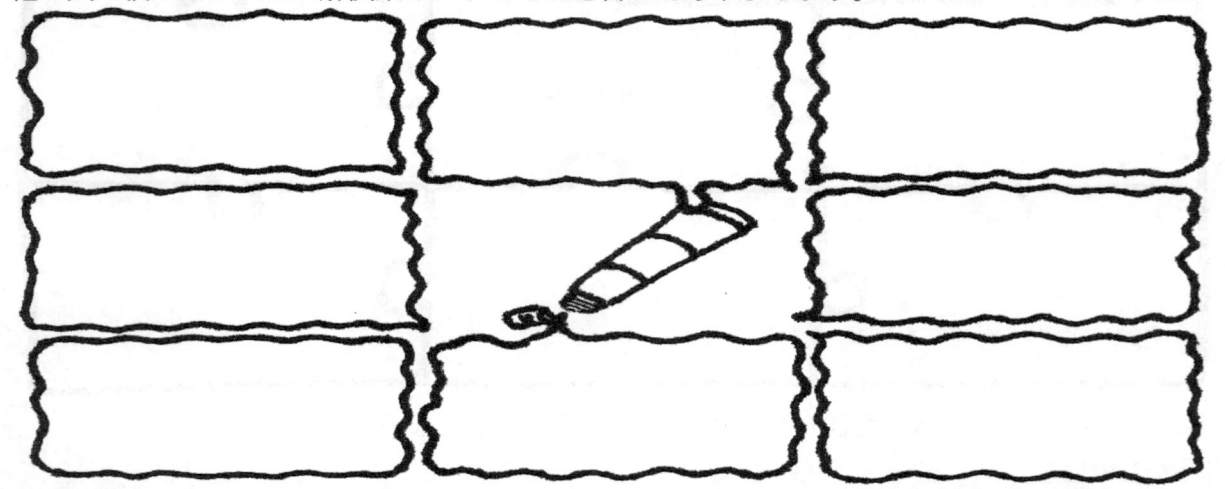

書き終えたらワークシート1の解決マンダラート(b)に自分の悩みについての解決策も書きましょう。

◆もらった解決策やアドバイスを読んで，自分の思いを書きましょう。（相談者）

◇アドバイス・励ましの言葉を書いてあげましょう。（カウンセラー）

◆今日の授業の内容についての感想，相談者，カウンセラーを経験した気持ち，アドバイスや励ましを読んでの素直な気持ち，人の話を聞いてなど，自分の思いをまとめてみましょう。

※名前を最後に記入してください。　　　1年＿＿＿組＿＿＿番　氏名＿＿＿＿＿＿＿＿

Ⅳ　自分を知ろう

❷自分を知る，友人を知る
自分を知り，友人を知ろう〈クイズ〉

（1）　本実践とキャリア教育
「肯定的自己理解と自己有用感の獲得」

　自己理解や他者理解を深めることで，自己存在感や共感的理解が育成され，より良い人間関係を育成することができるようになる。そこで本実践では，自分を知るための方法や内容を学ぶことで，他人との関わりの中で自分がどう思われているかを知り，今まで自分の気付かなかった性格や能力に気付かせる。

【人間関係形成・社会形成能力】【自己理解・自己管理能力】

（2）　本時のねらい
　①自分を知るための方法や内容を理解させ，自分の良さに気付かせる。
　②学級内での相互理解を深めさせ，温かい人間関係を構築させる。

（3）　展開の過程
①　事前の活動と指導

活動内容（活動場面など）	指導・援助の留意点
・事前に自分のことについて，身近な人にインタビューを行い，ワークシート１に記入する。　　　　　　　　　　　（家庭） ・ワークシート２のクイズ「わたしは誰でしょう」の資料作りを行う。　（帰りの会など）	・事前に，ワークシート１の内容について身近な人にインタビューすることを伝え，協力をお願いしておく。 ・ワークシート２には各自の特徴がわかるように記入させる。

②　本時の展開

過程	学習活動と内容	指導上の配慮事項と評価 配慮事項（○） キャリア教育の視点から見て特に重要なこと（◎） 評価（☆）
導入	1　本時の学習の流れについての説明を聞く。	○ワークシート１，２の記入を含めた今までの学習の流れについて補足説明しながら，話を進める。
展開	本時の活動テーマ　自分を知り，友人を知ろう〈クイズ〉 2　「わたしは誰でしょう」クイズを行い，誰であるかを当てる。	○学級の友人の良さや特徴について，生徒が関心を高められるよう，発問などを工夫する。

展開	（ワークシート2） 3 「みんなの良いところを探そう」を班で記入し，本人に渡す。 　　　　　（ワークシート3） 4 ワークシート1，ワークシート3を参考にしながら，自分の特徴についてワークシートにまとめる。 　　　　　（ワークシート4）	○ヒントは先生が読み，生徒に聞かせる。 ○人のもつ個性について説明し，仲間の良さに気付かせる。また，冷やかしや中傷にならないように，適宜支援する。 ○他者から見た自分の長所に注目させ，自己肯定感をもたせることができるよう支援できると良い。 ◎他人との関わりの中で自分がどう思われているかを知り，今まで自分の気付かなかった性格や能力に気付かせる。 ☆自分を知るための方法や内容を学び，自分の良さに気付いている。　　　［ワークシート］
まとめ	5 今日の授業の感想をワークシートに書き込み，発表する。 　　　　　（ワークシート4） 6 先生の話を聞く。	○特に，展開4で初めて気付いた自分の良さがあった場合は，それも発表させると良い。 ☆学級内での相互理解を深め，温かい人間関係を構築している。　　　［観察，発表］

③　事後の活動と指導

活動内容（活動場面など）	指導・援助の留意点
ワークシートに記入された友人や先生のアドバイスから，自分や友人の良さを再認識する。 　　　　　　　　　　　（学級活動）	自分の良さを見つけ，認めてくれた友人の存在を意識させる。

（4）　本時の評価
　①自分を知るための方法や内容を理解させ，自分の良さに気付くことができたか。
　②学級内での相互理解を深めさせ，温かい人間関係を構築することができたか。

Ⅳ　自分を知ろう

(5) 資料・ワークシート
［ワークシート１］

身近な人から見たわたし

1年＿＿＿組＿＿＿番　氏名＿＿＿＿＿＿＿＿＿＿＿

☆まずは，今回のインタビューの目的を説明してみよう。
　＿＿＿月＿＿＿日の学級活動の時間に，「自分を知る，友人を知る」という学習を行います。その時の参考として，＿＿＿＿＿＿＿＿＿さんから見たわたしについて，次の質問に答えてください。

1　わたしの良いところ

2　わたしの直してほしいところ

3　期待しているところ

4　その他

第１学年
第２学年
第３学年
教科

[ワークシート2]

わたしは誰でしょう

※他の人の意見ではなく，自分でよく考えて書いてみましょう。

1　自分の性格を一言で言うと？

```
[                                                      ]
```

2　今，興味をもっていることは？

```
[                                                      ]
```

3　友人によく言われることは？

```
[                                                      ]
```

4　尊敬している人は？

```
[                                                      ]
```

5　今一番ほしいものは？

```
[                                                      ]
```

6　今一番頑張っていることは？
　　係の仕事　・　委員会の仕事　・　勉強（　　　　　）・　部活　・　その他（　　　　　）

7　将来の夢は？（その理由も）

```
[                                                      ]
```

8　自分を○○（動物，色，花など）に例えると？

```
[                                                      ]
```

9　今まで一番うれしかったことは？

```
[                                                      ]
```

Ⅳ　自分を知ろう

[ワークシート3]

「みんなの良いところを探そう」
（　　　　）さんの良いところ

わたしたちは，あなたのこんなところが良いところだと思っています。

氏　　名	わたしが考えるあなたの良いところは……

※性格・行動・態度・学習・運動・特技・興味など広い視点でコメントしてください。

[ワークシート4]

自分についてまとめてみよう

1年＿＿＿組＿＿＿番　氏名＿＿＿＿＿＿＿＿＿＿

1　性格や行動面

2　保護者や身近な人に期待されていること

3　体力・運動面

4　学習面

5　趣味・特技

6　将来の夢

7　「良いところを探そう」で初めて気付いた自分の長所

8　今日の授業を終えての感想

Ⅳ　自分を知ろう

❸男女の違いについて考えよう

（1）　本実践とキャリア教育
「肯定的自己理解と自己有用感の獲得」

　社会生活を営んでいくには，自分とは違う年齢や能力，異性と上手に付き合うことが求められる。本実践では，異年齢の人や異性など，多様な他者と場に応じた適切なコミュニケーションの方法について学び，人間関係の大切さを理解させる。また，互いの役割や役割分担の必要性を理解させるとともに，相手の立場に立った思いやりの気持ちから行動できるようにさせる。

【人間関係形成・社会形成能力】【課題対応能力】

（2）　本時のねらい
①日常生活や職業上で性差は絶対的なものではないことを理解させる。
②現在や将来の生き方について過度に性差に制約されない視点をもたせる。
③性差を正しく理解させ，男女が理解し合い，尊敬し合い，協力し合う学級づくりへの姿勢をもたせる。

（3）　展開の過程
①　事前の活動と指導

活動内容（活動場面など）	指導・援助の留意点
保母→保育士，看護婦→看護師というように，職業の呼び方が変わってきたものにはどのようなものがあるか，また，呼び方が変わってきた理由は何かを調べておく。 （学級活動・家庭）	身近な人から聞いたり，インターネットなどを用いて調べたりするようにアドバイスをする。

②　本時の展開

過程	学習活動と内容	指導上の配慮事項と評価 配慮事項（○） キャリア教育の視点から見て特に重要なこと（◎） 評価（☆）
導入	1　「男性と女性，何が違う？」の質問に対する考えを発表する。	○初発の質問であるため，視点が多い回答になることが考えられる。幅広く，自由に考えさせる。

		本時の活動テーマ　男女の違いについて考えよう	
展開		2　男性・女性の特性について，ワークシートにまとめる。 　①世の中の仕事で，女性が特に多いもの，男性が特に多いもの 　②家庭や地域の仕事で男性が特にすることが多いもの，女性がすることが多いもの 　③学級の係や生徒会の仕事などで女子が得意なもの，男子が得意なもの 3　ワークシートにまとめた内容について，班内で意見交換をする。 4　資料の見方の説明を聞く。 5　資料から感じたこと，考えたことを発表する。	○意見交換の前に，まず自分の考えをまとめさせる。 ○生徒に司会役を行わせて意見交換をさせたり，少人数での話し合いをさせたりして，班ごとの発表を行わせることも考えられる。 ○「平等」や「協力」という観点からも，性差について考えさせる。 ☆日常生活や職業上で性差は絶対的なものではないことを理解している。 　　　　　　　　　　[発表・ワークシート] ◎異年齢の人や異性など，多様な他者と場に応じた適切なコミュニケーションの方法について学び，人間関係の大切さを理解させる。 ○将来の社会において，資料のようなことが多くなることをふまえ，自分の将来について考えさせる。 ☆現在や将来の生き方について過度に性差に制約されない視点をもっている。 　　　　　　　　　　[観察・ワークシート]
まとめ		6　本時で学んだことから，今後の学級生活において自分がどう行動していくのかを考え，まとめる。 　　　　　　　　　（ワークシート） 7　先生の話を聞く。	☆性差を正しく理解し，男女が理解し合い，尊敬し合い，協力し合う学級づくりへの姿勢をもっている。　　　　　[観察，ワークシート] ◎互いの役割や役割分担の必要性を理解させるとともに，相手の立場に立った思いやりの気持ちから行動できるようにさせる。

③　事後の活動と指導

活動内容（活動場面など）	指導・援助の留意点
さまざまな場面を想定し，具体的な事例をもとに異性の気持ちを考える。　　　（日常生活）	性差にとらわれない考え方と異性の特性についてバランスよく指導していく。

（4）　本時の評価
　①日常生活や職業上で性差は絶対的なものではないことを理解することができたか。
　②現在や将来の生き方について過度に性差に制約されない視点をもつことができたか。
　③性差を正しく理解し，男女が理解し合い，尊敬し合い，協力し合う学級づくりへの姿勢をもつことができたか。

IV　自分を知ろう

（5）　資料・ワークシート
［ワークシート］

男女の違いについて考えよう

1年＿＿＿組＿＿＿番　氏名＿＿＿＿＿＿＿＿＿＿＿

1　世の中の職業で，女性が特に多いもの，男性が特に多いものは，ありますか。
　　・女性が多い職業には，どんなものがあるでしょう？

職業名	・女性が多いと考えられる理由

　　・男性が多い職業には，どんなものがあるでしょう？

職業名	・男性が多いと考えられる理由

2　家庭や地域の仕事で，男性がすることの多いもの，女性がすることが多いものはありますか。
　　・男性が得意なこと，男性がすることが多いものは？

得意なこと することが多いこと	男性がすることに 賛成・反対？	あなたの意見 ～どうして賛成？反対？～

　　・女性が得意なこと，女性がすることが多いものは？

得意なこと することが多いこと	女性がすることに 賛成・反対？	あなたの意見 ～どうして賛成？反対？～

3　学級の係や生徒会の仕事などで，女子が得意なこと，男子が得意なことはありますか。
　　・女子が得意なこと，女子にしてもらいたいことを考えよう。またあなたの意見も書いてみよう。

女子が得意なこと	・本当に女子がした方がいい？
....	....
....	....
....	....
....	....
....	....
....	....
....	....
....	....

　　・男子が得意なこと，男子にしてもらいたいことを考えよう。また，あなたの意見も書いてみよう。

男子が得意なこと	・本当に男子がした方がいい？
....	....
....	....
....	....
....	....
....	....
....	....
....	....
....	....

4　この時間を通して感じたことや考えたことをまとめよう。

....
....
....
....
....

Ⅳ　自分を知ろう

[資料]

①女性の医師，男性の看護師がどんどん増えているって本当？

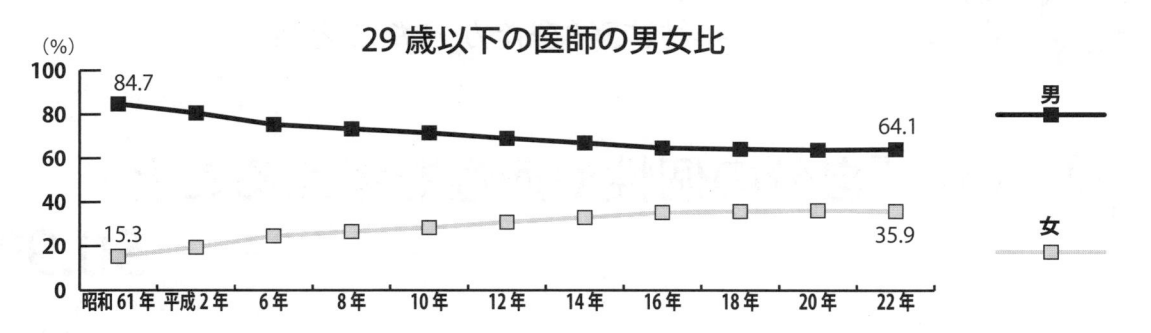

29歳以下の医師の男女比

（％）男 84.7 → 64.1／女 15.3 → 35.9（昭和61年〜平成22年）

◇出典：厚生労働省『医師・歯科医師・薬剤師調査（平成22年）』

　医師は男性，看護師は女性というイメージは古いものとなりつつあります。特に20代の医師は現在，3人にひとりが女性で，若い世代ほど女性の割合が高くなっています。一方，看護師は男性が増えてきていますが，まだ5％未満です。しかし，高校の看護科で学ぶ男子も増えており，今後はさらに男性看護師が増えることが期待されています。

②女性か男性かで差別することは法律で禁止されてるって本当？

　男女雇用機会均等法という法律があります。この法律は「法の下の平等を保障する日本国憲法の理念にのっとり雇用の分野における男女の均等な機会及び待遇の確保を図るとともに，女性労働者の就業に関して妊娠中及び出産後の健康の確保を図る等の措置を推進することを目的とする」もので，その第5条・第6条には以下のように定められています。

> 第五条　事業主は，労働者の募集及び採用について，その性別にかかわりなく均等な機会を与えなければならない。
> 第六条　事業主は，次に掲げる事項について，労働者の性別を理由として，差別的取扱いをしてはならない。
> 　一　労働者の配置（業務の配分及び権限の付与を含む。），昇進，降格及び教育訓練
> 　二　住宅資金の貸付けその他これに準ずる福利厚生の措置であって厚生労働省令で定めるもの
> 　三　労働者の職種及び雇用形態の変更
> 　四　退職の勧奨，定年及び解雇並びに労働契約の更新

数字で見る進路の学習③

Q 高校生に聞きました。
進路について，中学校で学びたかったことは？

A 第1位 「自分の個性や適性を考えること」
　　　　　　　　　　　　　　　── **50.9%**

（複数回答）

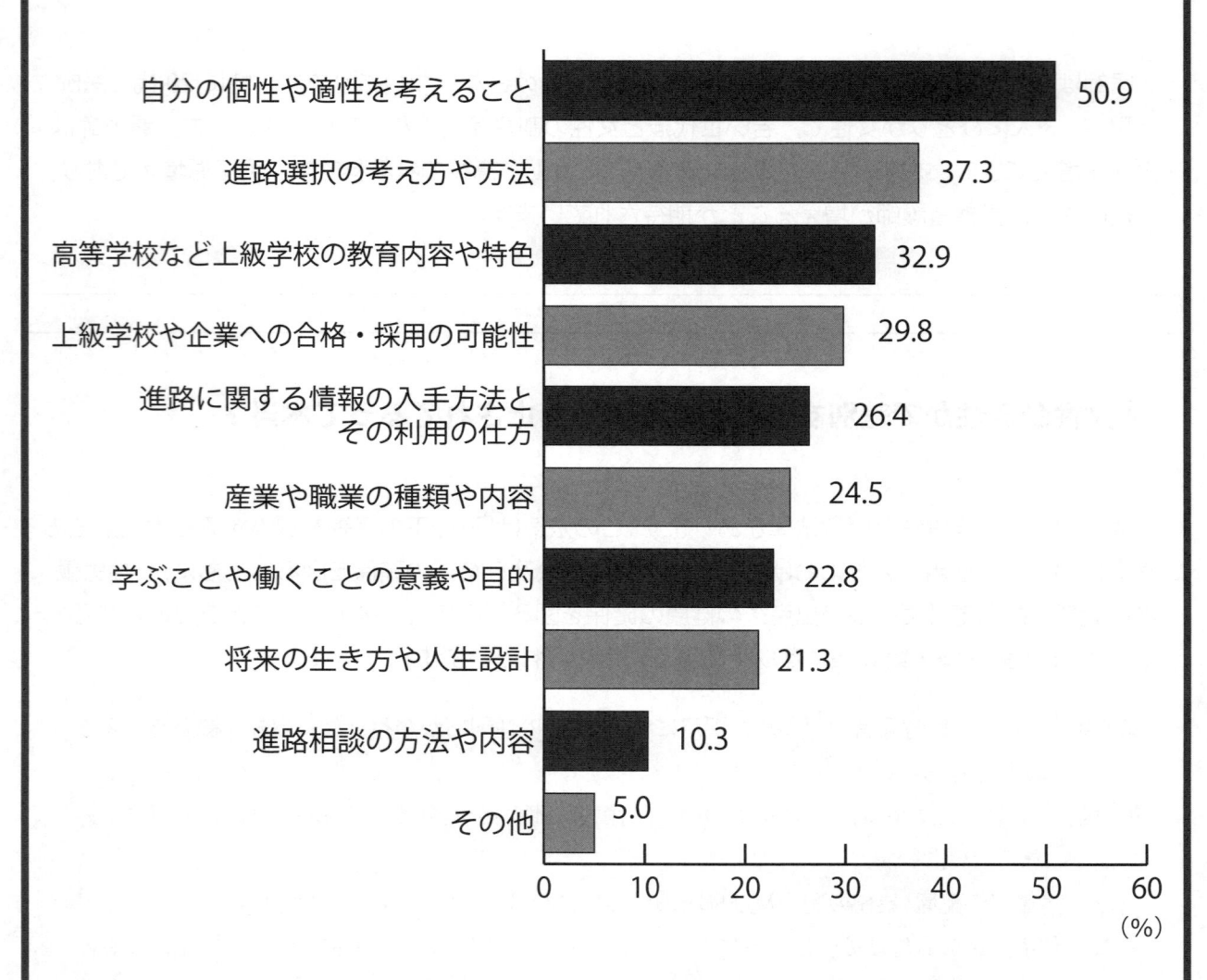

項目	%
自分の個性や適性を考えること	50.9
進路選択の考え方や方法	37.3
高等学校など上級学校の教育内容や特色	32.9
上級学校や企業への合格・採用の可能性	29.8
進路に関する情報の入手方法とその利用の仕方	26.4
産業や職業の種類や内容	24.5
学ぶことや働くことの意義や目的	22.8
将来の生き方や人生設計	21.3
進路相談の方法や内容	10.3
その他	5.0

◇出典：『中学校・高等学校における進路指導に関する総合的実態調査報告書（平成16，17年度文部科学省委託事業）』
平成18年3月　財団法人日本進路指導協会刊。
本設問は高校1年生に「中学校在学時に指導してほしかった事柄」を聞いたもの。

Ⅳ　自分を知ろう

❹自分を見つめ直そう

（1）　本実践とキャリア教育
「生き方や進路に関する現実的探索」

　自分のことを知って目標を設定することの他に，自分を振り返って見つめ直すことができるようになれば，自己理解が深まり，新たな成長につながる。本実践では，将来の職業生活との関係の中で，現在の自分の特色を理解させ，現在の自分の特徴や良さに気付かせる。また，今後の目標を立てさせ，向上しようとする意欲を高めさせる。

【自己理解・自己管理能力】【キャリアプランニング能力】

（2）　本時のねらい
①現在の自分の特徴や良さに気付かせる。
②自分の夢の実現について，今後の目標を立てさせ，向上しようとする意欲を高めさせる。

（3）　展開の過程
①　事前の活動と指導

活動内容（活動場面など）	指導・援助の留意点
・身近な人の仕事内容について質問する。　　　　　　　　　　　　　　（家庭）	・事前に，ワークシートについて身近な人にインタビューすることを伝えておく。
・身近な人に，自分の良いところ，性格などについて意見を聞く。　　（家庭）	・ワークシートの「身近な人から」を事前に記入させても良い。

②　本時の展開

過程	学習活動と内容	指導上の配慮事項と評価　　配慮事項（〇）　　キャリア教育の視点から見て特に重要なこと（◎）　　評価（☆）
導入	1　本時の学習の流れについて聞く。 2　「身近な人の仕事」の発表をする。（班の中から1名が発表）（ワークシート）	〇ワークシートの記述，家庭での話などを含めた今までの学習の流れについて，補足説明しながら話を進める。 〇ここでは数人の発表にとどめ，展開での活動の時間を十分に確保する。 〇職業には適性があり，職業に就くには自分を知る必要があることをふまえ，本時のテーマを提示する。

	本時の活動テーマ　自分を見つめ直そう	
展開	3 「今の自分についてのまとめ」を記入する。（ワークシート）	○いろいろな視点から自分を理解する必要性があることを強調する。 ☆現在の自分の特徴や，良さに気付いている。 　　　　　　　　　　　　　　　［ワークシート］
	4 「職業当てクイズ」を行う。（ワークシート）	○「Ⅲ働くことについて知る」との関連を図り，既習事項を想起させながら課題に取組ませる。
	5 「この職業にはどんな性格の人が向いているか」を記入する。（ワークシート）	
	6 「自分の夢の実現に向けて」を記入し，これからどんな努力をすべきかを考え，自分を見つめ直す。（ワークシート）	◎☆自分の夢の実現について，今後の目標を立て，向上しようとする意欲を高めている。 　　　　　　　　　　　　［ワークシート・観察］ ◎将来の職業生活との関係の中で，現在の自分の特色を理解させ，現在の自分の特徴や良さに気付かせる。
まとめ	7 「今日の授業の感想」を記入し，発表する。　　　（ワークシート） 8 先生の話を聞く。	○他の人の発表を自分の感想と比較しながら聞かせるようにする。

③　事後の活動と指導

活動内容（活動場面など）	指導・援助の留意点
掲示物などで他の人の感想や必要な適性を知ることで，多くの職種やその適性などについて理解を深めさせる。（学級活動・日常生活）	本時で見られた適性だけで職業を決定するのではなく，将来，必要となるであろう資質や能力，適性を伸ばしていけるように助言する。

（4）　本時の評価
　①現在の自分の特徴や，良さに気付くことができたか。
　②自分の夢の実現について，今後の目標を立て，向上しようとする意欲を高めることができたか。

Ⅳ 自分を知ろう

（4） 資料・ワークシート
[ワークシート]

自分を見つめ直そう

1年＿＿＿組＿＿＿番　氏名＿＿＿＿＿＿＿＿＿＿

1 身近な人の仕事を調べよう。

◎身近な人から，就いている職業について話を聞いてみよう。また，その仕事にはどんな人が向いているのかについても聞いてみよう。

職業	仕事内容	どんな人がその職業に向いているか

2 今の自分についてまとめてみよう。

項目	自分が思うこと	身近な人から
性格・行動		
体力・運動		
学習		
趣味・特技		
仕事への興味・進路		
専門委員会・係		
部活動		
その他		

〔家庭での自分の役割〕

項目	自分の役割	その仕事ぶり	今後の目標
家事分担			
その他			

〔地域社会での自分の役割〕

項目	自分の役割	その仕事ぶり	今後の目標

3　職業当てクイズをしよう。

几帳面な性格・計算が得意である	⇒
体格が良い・正義感が強い・親切である	⇒
子どもが好き・明るい・やさしく歌が上手である	⇒

4　この職業にはどんな性格の人が向いているか書いてみよう。

医　師	
保育士	
調理師	

5　自分の夢の実現に向けて、どんなことに努力したらいいだろうか書いてみよう。

6　今日の授業の感想を書いてみよう。

Ⅴ　集団の中で自分を生かす

1　テーマ設定の理由

　生徒は，学校生活や社会生活を送る中で，さまざまな人たちと関わりをもつ。また，中学1年生という発達段階にあって，心の成長とともに人とのつきあいを客観的に考える時期である。そこで，集団の中で他者との関わり方について理解を深めるとともに，人の気持ちを考えた言動を体験から学び，思いやりの気持ちを育てることをねらいとする。

　また，現在の立場や役割を自覚させるとともに，今後の人生における自分の役割や，集団の中で自分を生かすことについて考えさせたい。

　さらに，他者への思いやりの心情をもって，集団の中で自分を生かすことの大切さを自覚するとともに，実生活の中で自分の良さを生かす力を身に付けることをねらいとして，このテーマを設定した。

2　全体構想
（1）他の教科・領域との関連性

＜教科・道徳・総合＞	＜特別活動（学級活動）＞	＜学校行事・その他＞
＜道徳＞ 2－（2）　思いやり 2－（5）　寛容，謙虚 4－（4）　集団生活の 　　　　　向上，役割， 　　　　　責任 4－（8）　郷土の発展 　　　　　への貢献	1年　Ⅲ　働くことについて知る ❶他者との関わり方を学ぶ ❷地域に生きる一員として ❸ボランティアから生まれる新しい自分 2年　Ⅳ　自分について考える	＜学校行事＞ 体育祭 社会体験学習 福祉体験学習 ＜生徒会活動＞ ボランティア活動

（2）家庭・地域社会との連携
　・社会体験活動などに参加させることで，職業のもつ社会的な役割を学ばせる。
　・自校の生徒会活動，委員会活動などで実践しているボランティア活動を活用できるよう，校内，校外での連携を図る。

3　指導計画（3時間扱い）
　❶他者との関わり方を学ぶ（1時間）
　❷地域に生きる一員として（1時間）
　❸ボランティアから生まれる新しい自分（1時間）

❶他者との関わり方を学ぶ
他者との関わり方を学ぼう〈アートセラピー〉

（1） 本実践とキャリア教育
「肯定的自己理解と自己有用感の獲得」

　生徒は，学校生活や社会生活を送る中で，さまざまな人たちと関わりをもつことで，心の成長とともに人とのつきあいを客観的に考える時期である。そこで本実践では，他者との関わり方を学ぶために，仲間の思いや考えを読み取り，気持ちを考えた行動をすることを通して，他者とコミュニケーションを図り，協力・共同することの大切さを理解させる。また，他者に対する思いやりのある行動の大切さを知り，実生活につなげようとする意欲を育む。

【人間関係形成・社会形成能力】【課題対応能力】

（2） 本時のねらい
①他者との関わり方に関心をもたせ，その大切さを理解させる。
②他者に対する思いやりのある行動の大切さを知り，実生活につなげようとする意欲を育む。

（3） 展開の過程
① 事前の活動と指導

活動内容（活動場面など）	指導・援助の留意点
・事前に自分の好きなものを考えておく。 　　　　　　　　　　　　　　　　（家庭） ・事前にワークシート1に，人と関わる中で感じたことを記入する。　　（帰りの会）	・好きなものに関しては，あまり難しく考えさせず，思いつくものを考えさせる。 ・他者と関わるときの自分の気持ちについて，じっくりと考えさせ，記入させる。

② 本時の展開

過程	学習活動と内容	指導上の配慮事項と評価 配慮事項（○） キャリア教育の視点から見て特に重要なこと（◎） 評価（☆）
導入	1　アンケート結果の発表を聞き,「アートセラピー」についての説明，注意事項を聞く。	○P.85の資料をもとにアートセラピーについて理解させる。
	本時の活動テーマ　他者との関わり方を学ぼう＜アートセラピー＞	
	2　クレヨンで自分の好きなものを画用紙に描き込んでいく。時間は3分程度とし，クレヨンの色は1〜2色程度とする。	○たくさん描き込んでも良いし，他の人が描き込む分を残しても良い。

Ⅴ　集団の中で自分を生かす

展開	3	班内で，時計回りに隣の人に自分の画用紙を渡し，3分間でその絵に自分の絵を描き足していく。 （班内で一周するまで繰り返す。）	○班の人が描き込んだものを見て，直感的に考えさせる。
	4	自分の画用紙に描かれた絵に，タイトルを付ける。	○できあがった作品を見て，班ごとに雰囲気が似ていることに気付くことが考えられる。
	5	机の上に絵を置き，他の人が描いた絵を見て回る。	◎仲間の思いや考えを読み取り，気持ちを考えた行動をすることを通して，他者とコミュニケーションを図り，協力することの大切さを理解させる。
まとめ	6	本時の授業の感想をまとめ，発表する。	○アートセラピーの活動を通して感じたことを書かせ，発表させる。 ☆他者との関わり方に関心をもち，その大切さを理解している。［発表・ワークシート］
	7	先生の話を聞く。	◎☆他者に対する思いやりのある行動の大切さを知り，実生活につなげようとする意欲を育む。

③　事後の活動と指導

活動内容（活動場面など）	指導・援助の留意点
他の生徒がつくったものを見て，アートセラピーのねらいを再確認する。 （学級活動・日常生活）	描いた絵を教室に掲示し，みんなが作ったものをじっくり見ることができる環境をつくる。

アートセラピーとは

　アートセラピーとは，絵を描いたり，写真やチラシなどを集めて気に入った部分を貼っていったりしながら，感情や感性を芸術によって表す心理療法の一種である。

（注意事項）
○作品の上手下手を見ていくものではない。
○できた作品や描いたものに対して不満や悪口を言ったり，批評をしたりしない。
○授業の中で一つの作品を複数で完成させる場合には，一人あたりの活動時間は3分程度，使用する色は1～2色にするとよい。また，自分が描かれて嫌なものは，他の人の作品に描き込まないようにする。

（4）　本時の評価

①他者との関わり方に関心をもち，その大切さを理解することができたか。
②他者に対する思いやりのある行動の大切さを知り，実生活につなげようとする意欲を育むことができたか。

（5） 資料・ワークシート
［ワークシート１］

人と人との関わりの中で

1年＿＿＿＿組＿＿＿＿番　氏名＿＿＿＿＿＿＿＿＿＿＿＿

Q1　人との付き合い，あなたのようすは？
　★当てはまる数字を○で囲んでみよう。
（４：あてはまる　　３：たまに感じる　　２：あまり感じない　　１：感じない）

①友人の良いところを見つけることがよくある。	……… 4・3・2・1
②「今の友人の気持ちがわかる」と思うことがある。	……… 4・3・2・1
③自分の考えを相手にうまく伝えられる。	……… 4・3・2・1
④相手を傷つけることを言ったと思うことがある。	……… 4・3・2・1
⑤「おはよう」「さようなら」を多くの人に言っている。	……… 4・3・2・1
⑥「ありがとう」「ごめんね」を多くの人に言っている。	……… 4・3・2・1
⑦困っている人がいたら，声をかけている。	……… 4・3・2・1
⑧自分が困ったとき，まわりの人に助けを求めている。	……… 4・3・2・1
⑨友人や家族などと仲直りするのが早い。	……… 4・3・2・1
⑩友人から悩みを相談されたり，グチを聞かされたりする。	……… 4・3・2・1
⑪友人に悩みを相談したり，グチを聞いてもらったりする。	……… 4・3・2・1

Q2　人から言われた言葉で考えてみよう。

◆人からされて嫌だった言動はどんなことですか。

◆人からされてうれしかった言動はどんなことですか。

Ⅴ　集団の中で自分を生かす

[ワークシート2]

アートセラピーを振り返って

1年_____組_____番　氏名_____

○アートセラピーを振り返って，感じたことや考えたことを書いてみましょう。

1　人の絵に自分が絵を描くときにどんなことに注意して描きましたか。

2　自分の絵に人が絵を描いているときにどんなことを感じましたか。

3　アートセラピーをやってみての感想を書きましょう。

4　体験を通し，これからどういうことに気をつけて生活していくと良いか，考えて書きましょう。

❷地域に生きる一員として
地域に生きる一員として何ができるだろうか

（1） 本実践とキャリア教育
「生き方や進路に関する現実的探索」

　学校やクラスにおいて，さまざまな役割をもって活動することは，組織の一員として必要不可欠なことであり，同時に自分を成長させることにつながる。本実践では学校や家庭，地域というさまざまな視点で，集団生活における自分の立場や役割を意識させたい。そこで，地域や社会での自分の役割や責任を自覚させ，より良い生活のために自分ができることを認識させる。また，役割分担やその方法について進んで考えられるようにする。

【自己理解・自己管理能力】【キャリアプラニング能力】

（2） 本時のねらい
①人は人生や社会生活において，さまざまな社会的役割を担っていることを理解させる。
②中学生である自分自身が，多様な社会的役割をもっていることを自覚させる。
③多様な役割から自身の将来を捉える視点をもたせ，自分の将来への関心を高めさせる。

（3） 展開の過程
① 事前の活動と指導

活動内容（活動場面など）	指導・援助の留意点
中学生ということ以外に，家族の中の自分や地域（町内会など）の中の自分など，さまざまな視点から自分を捉える。 （帰りの会・家庭）	それぞれの場面において，自分がかけがえのない存在であることを理解させる。

② 本時の展開

過程	学習活動と内容	指導上の配慮事項と評価 配慮事項（○） キャリア教育の視点から見て特に重要なこと（◎） 評価（☆）
導入	1　今の自分には，学校や家庭でどういう立場や役割があるかを書き出し，班内で発表する。 （ワークシート）	○学校や家庭で，また他のことでの役割についても，肯定的に受け止めさせる。

Ⅴ　集団の中で自分を生かす

展開	本時の活動テーマ　地域に生きる一員として何ができるだろうか	
	2　人の多様な役割について理解する。 　①資料Aを読み，Aさんの半生における立場や役割を知る。 　②人の一生（Aさんの例）における多様な役割について考える。	○生活する上で，人には人それぞれに多様な立場や役割があることを理解させる。 ○資料の太字の部分が「立場や役割」であることを理解させる。 ☆人は人生や社会生活において，さまざまな社会的役割を担っていることを理解している。 ［観察・ワークシート］
	3　資料Bを読み，いろいろな人の「立場や役割」について知る。 4　現在の自分の立場や役割について，具体的な内容や経験などをワークシートにまとめる。	○立場や役割を担っていることは，キャリア教育の基本となっている。 ◎地域や社会での自分の役割や責任を自覚させ，より良い生活のための意識をもたせる。 ☆中学生である自分自身が，多様な社会的役割をもっていることを自覚している。 ［ワークシート］
まとめ	5　これからの自分の人生の中でのさまざまな立場や役割について，ワークシートにまとめる。 6　先生の話を聞く。	◎役割分担やその方法について進んで考えられるようにする。 ☆多様な役割から自身の将来を捉える視点をもたせ，自分の将来への関心を高めようとしている。 ［観察・ワークシート］

※立場や役割を担い，他者や社会に関わり，自分らしく生きていくことがキャリア教育の概念となっている。（P.2参照）

③　事後の活動と指導

活動内容（活動場面など）	指導・援助の留意点
学期ごとに委員会活動や係活動などについての反省と総括を行い，自身の役割について認識する。　　　　　　　　　　（学級活動）	学校の活動に加えて，家庭での仕事や地域で行っていることについても，認識できるように支援していけると良い。

（4）　本時の評価
①人は人生や社会生活において，さまざまな社会的役割を担っていることを理解することができたか。
②中学生である自分自身が，多様な社会的役割をもっていることを自覚することができたか。
③多様な役割から自身の将来を捉える視点をもち，自分の将来への関心を高めることができたか。

（5） 資料・ワークシート
［ワークシート］

地域に生きる一員として

1年＿＿＿組＿＿＿番　氏名＿＿＿＿＿＿＿＿＿＿

1　自分の立場や役割について考えよう。

（1）「あなたには，学校や家庭でどんな立場や役割がありますか。」
　　　次の「わたしは○○です」に当てはまることをたくさん書いてみよう。

わたしは　　　です	わたしは　　　です	わたしは　　　です
わたしは　　　です	わたしは　　　です	わたしは　　　です
わたしは　　　です	わたしは　　　です	わたしは　　　です
わたしは　　　です	わたしは　　　です	わたしは　　　です

（2）上で書いたものを次の①～③の3つに分類してみよう。
　＊「立場や役割」は，特に「人の役に立つ」というものでなくてもかまいません。

①個性や特色	

②立場や役割	

③その他	

Ⅴ　集団の中で自分を生かす

2　「立場や役割」について，具体的な内容や経験などを書いてみよう。

	家　庭	学　校	地域（町内会）
立場や役割	＿＿＿＿として ＿＿＿＿として （例：兄として）	＿＿＿＿として ＿＿＿＿として （例：学級委員として）	＿＿＿＿として ＿＿＿＿として
具体的な内容や経験 ・どんなことをするか。 ・どんなことをしたことがあるか。 など			
・その立場について自分はどう思うか。（思っていたか） ・その役割を果たしている（いた）時の気持ちはどんなものだったか。など			

3　将来，どんな立場や役割についてみたいと思いますか。

[資料A]

1日24時間，わたしたちの「立場や役割」は？

「赤ちゃんは泣くのが仕事」「子どもは遊ぶのが仕事」「中学生は勉強や運動をするのが仕事」などといわれるように，今はまだわたしたちの「立場や役割」は限られています。でも，大人になっていくにつれて，さまざまな立場や役割を担っていくようになります。

では，次の『Aさんの例』を読んで，現在までのAさんが，どんな立場や役割を担ってきたかを考えてみましょう。

Aさん（43歳）の例

13歳のとき	28歳のとき	現在，43歳
家庭で 兄と妹の3人兄弟の真ん中。**姉**でもあり，**妹**でもあり，**娘**である。	家庭で 一人暮らし。	家庭で 夫と子どもの4人暮らし。**妻**であり**母**でもある。
学校で **中学1年生**。 2組の**図書委員**。そして，**英語係**。**ソフトテニス部員**。新人戦では**補欠**だった。	職場で 子どもの健康に関する**NPO**（**特定非営利法人**）**職員**。広報チームの**副リーダー**。 夜は，保険について専門的に学ぶ**大学院生**。	職場で 子育てのために，前の職場はやめ，現在は同じ分野の**コンサルタント**を自営。
地域で **自治会**の清掃に参加した。	地域で 地域での交流はほとんどなし。	地域で **自治会の班長**。**PTAの役員**を引き受けた。地域の**ボランティア**活動にも参加している。

[資料B]

①「だれがいなくなっても困る」それが、我が家の合い言葉

「わたしは、この家にただいるだけで価値があある」。わたしの家ではこんなセリフがはやっています。時々冗談でそう言って手伝いをサボり、叱られますが、本当に皆がそう思っていて、そして、一人一人が役割をもって生活しています。

②地域の秋祭りには、町内会の一員として参加する

ぼくの町内では、神社の秋祭りに「だんじり」と呼ばれる山車を奉納しています。だんじりを担ぐのは高校生や大人ですが、太鼓やかねはもちろん、提灯に火を入れたり、境内の掃除をしたりとたくさんの仕事を任されています。

③日本人という自覚を持って、生きていきたい。

最近、テレビなどで日本という国が、世界でどう見られているか、という話題がよく出てきます。わたしたちもやがて20歳になると選挙権を得ます。胸を張って「わたしは日本人です」と言えるよう今からしっかり勉強をしておきたいと思います。

④「地球市民」という考え方を知っていますか？

人やものが国境を越えて行き交う現代は、国際社会といわれています。そして、地球全体でさまざまな問題もかかえています。わたしたちは、一人一人が地球という共同体の一員であるということを意識し、行動することを求められています。

❸ボランティアから生まれる新しい自分
ボランティアから生まれる新しい自分について考えよう

（1） 本実践とキャリア教育
「肯定的自己理解と自己有用感の獲得」

　集団の中で自分を生かす手段の一つとして，ボランティアを取りあげる。ボランティアを通して，対象となる相手を理解させ，協力・協働して社会に参画することについて考えさせる。また，自分ができること，意義を感じること，取組みたいことを主体的に考えさせ，進んで活動する意欲を育む。
【人間関係形成・社会形成能力】【自己理解・自己管理能力】

（2） 本時のねらい
①相手を理解させ，協力・協働して社会に参画することについて考えさせる。
②自分ができること，意義を感じること，取組みたいことを主体的に考えさせる。

（3） 展開の過程
① 事前の活動と指導

活動内容（活動場面など）	指導・援助の留意点
事前に，今まで行ったことがあるボランティア活動，聞いたことがあるボランティア活動についてワークシートにまとめる。（学級活動）	実施の可否を細かく問うことはせず，広い視野をもち，まとめさせるようにする。

② 本時の展開

過程	学習活動と内容	指導上の配慮事項と評価 配慮事項（○） キャリア教育の視点から見て特に重要なこと（◎） 評価（☆）
導入	1　今まで行ったことがあるボランティア活動，聞いたことがあるボランティア活動をあげる。 　　　　　（ワークシート） 2　「ボランティア」とは何かを考える。	○自由に発表させ，ボランティアについて簡単に考えさせる。 ○実社会でのさまざまな事例などを活用し，ボランティアの自発性，無償性，利他性についておさえておく。

Ⅴ 集団の中で自分を生かす

		本時の活動テーマ　ボランティアから生まれる新しい自分について考えよう	
展開	3	導入のボランティア活動，ボランティアとは何かを参考に，各班で，身のまわりでできるボランティア活動をあげ，付箋紙に記入していく。	○身のまわりで行うことができるボランティア活動，行うと良いボランティア活動について，できるだけ多くあげさせる。 ○活動分類表に付箋紙を貼っていき，その即時性，困難度から身のまわりでどんなボランティア活動ができるかを真剣に考えさせる。 ☆相手を理解し，協力・協働して社会に参画することについて考えている。　　　　[観察]
	4	記入した付箋紙を活動分類表に貼っていき，そのボランティア活動の即時性，困難度について考える。	◎対象となる相手を理解させ，協力・協働して社会に参画することについて考えさせる。
	5	各班から，「わたしたちが身のまわりでできるボランティア活動」について発表する。	○選んだボランティア活動とその理由について，実際に行うことを想定して自由に発表させる。また，プレゼンテーションの手段などを工夫させる。 ◎自分ができること，意義を感じること，取組みたいことを主体的に考えさせ，進んで活動する意欲を育む。 ☆自分ができること，意義を感じること，取組みたいことを主体的に考えている。 　　　　[観察・発表]
まとめ	6	本時の授業の感想を記入し，発表する。	○自由に感想や気付いた点を発表させる。

③　事後の活動と指導

活動内容（活動場面など）	指導・援助の留意点
・ワークシートの感想などが紹介された学級通信を読み，自分の考えを振り返る。（日常生活） ・生徒会活動や委員会活動などにおいて，授業であげられた意見をもとにボランティア活動を行う。（生徒会活動・委員会活動・日常生活）	・学級通信を通して，生徒，保護者への啓発を図る。 ・本実践を学年全体や，全校での取組とし，各クラスでの意見を吸い上げ，生徒会活動，委員会活動などの一環とする。

（4）　本時の評価
①相手を理解し，協力・協働して社会に参画することについて考えることができたか。
②自分ができること，意義を感じること，取組みたいことを主体的に考えることができたか。

（5） 資料・ワークシート
［ワークシート］

ボランティアから生まれる新しい自分

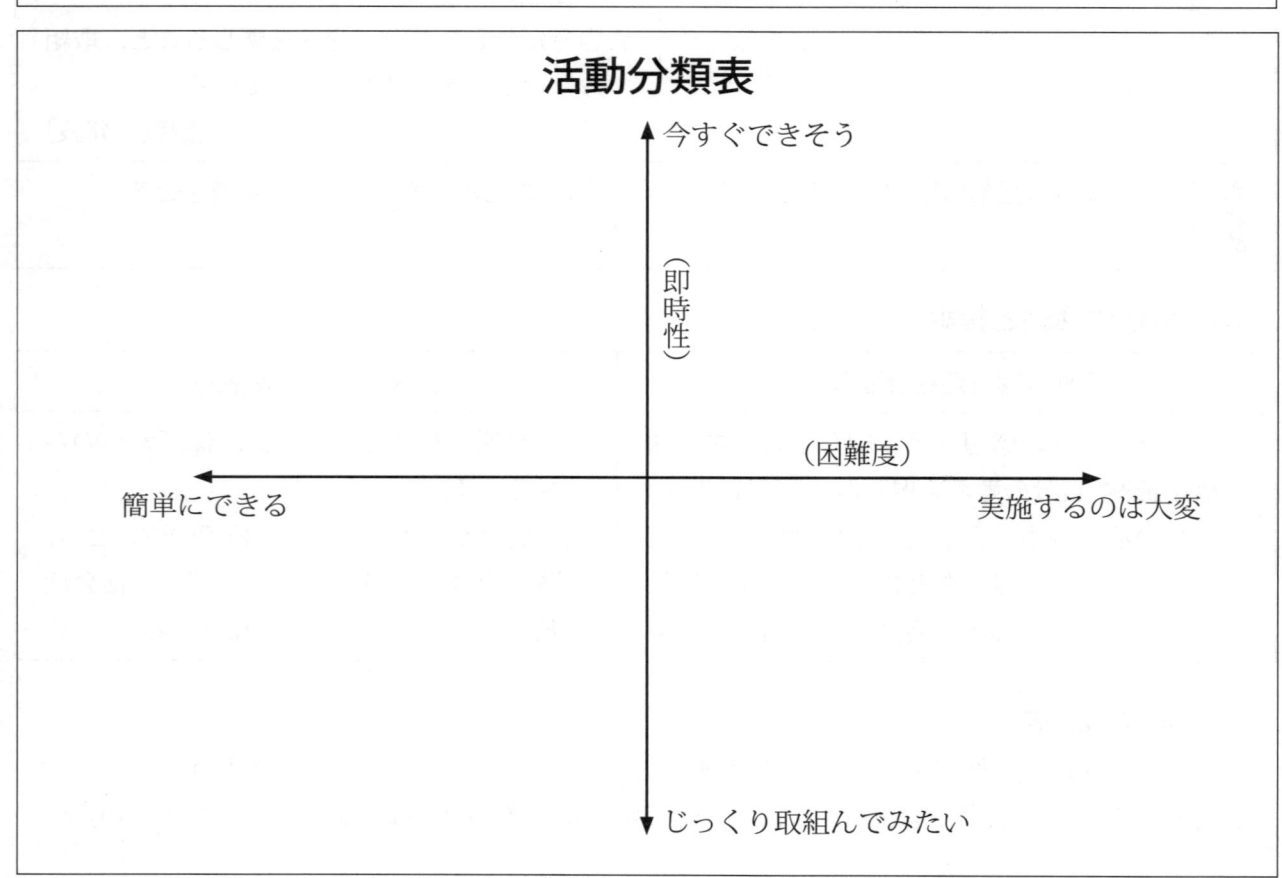

1年_____組_____番　氏名_____

1　今まで行ったことがあるボランティア活動について書いてみよう。

2　今までに聞いたことがあるボランティア活動について書いてみよう。

3　「ボランティア」とは何か，自分の考えを書いてみよう。

4　今日の授業の感想を書いてみよう。

活動分類表

↑ 今すぐできそう

（即時性）

←簡単にできる　　　　（困難度）　　　　実施するのは大変→

↓ じっくり取組んでみたい

Ⅵ 将来の生き方と進路計画

1 テーマ設定の理由

2年後の卒業期を見すえ，多くの人の生き方を知ることで自分の将来について考えていくことが重要である。ここでは，人の生き方について事例を通して知ることで，自他の生き方について理解を深めさせる。

生徒はいずれ中学校を卒業し，社会に出て働き，収入を得て生活しなければならない。そこで，将来の自分の生き方を考え，進路計画を立てさせるためには，仕事にはどのような働き方があり，収入を得るためにはどのような方法があるのかを考えることが必要である。また，自分の考えに合った職業や仕事にはどのようなものがあるのかを考えさせ，自分にふさわしい職業や仕事への関心を高め，その目標達成に向けて努力する態度を養うことをねらいとして，このテーマを設定した。

2 全体構想
（1） 他の教科・領域との関連性

<教科・道徳・総合>	<特別活動（学級活動）>	<学校行事・その他>
<道徳> 1－（4） 理想の実現 1－（5） 自己理解， 　　　　個性の伸長 4－（5） 勤労の意義 　　　　と尊さ	1年　Ⅳ　自分を知ろう ❶将来の自分を考えよう ❷理想と現実を知ろう ❸20年後の自分を考えてみよう ❹わたしの人生設計をしよう 2年　Ⅴ　将来の計画を立てる 3年　Ⅵ　進路の決定 　　　Ⅶ　将来に向けて	<学校行事> 体育祭 進路学習会 職場体験活動

（2） 家庭・地域社会との連携
・働く人たちの思いや考えについて調べさせる。
・仕事内容や雇用形態，収入を得る手段について身近な人にインタビューさせる。

3 指導計画（5時間扱い）
❶将来の自分を考えよう（2時間）
❷理想と現実を知ろう（1時間）
❸20年後の自分を考えてみよう（1時間）
❹わたしの人生設計をしよう（1時間）

❶将来の自分を考えよう（１）
　　生き方について考えよう

（１）　本実践とキャリア教育
「生き方や進路に関する現実的探索」
　今後，進路情報を得て自分自身で進路選択・決定をしていかなければならない。本実践では，自分の将来を設定していくために，多くの職業について関心をもち，現在働いている人の考えを知り，人それぞれの価値観や生き方について考えさせる。その中から自分自身の価値観に応じて人生を設計し，その能力，適性に合うように，自分の生き方を考えさせる。
【キャリアプランニング能力】

（２）　本時のねらい
　①人の生き方について，事例を通して関心をもたせる。
　②人の生き方や価値観に気付かせ，自分の将来の生き方を考えさせる。

（３）　展開の過程
①　事前の活動と指導

活動内容（活動場面など）	指導・援助の留意点
事前に授業で扱う内容を知り，働く人へのインタビューをする。	保護者は何らかの仕事に就き，収入を得ながら家族を養っていることに触れる。

②　本時の展開

過程	学習活動と内容	指導上の配慮事項と評価　配慮事項（○）　キャリア教育の視点から見て特に重要なこと（◎）　評価（☆）
導入	1　「身近な働く人へのインタビュー」を発表する。　　（ワークシート1）	○生徒の中から選び，発表させる。
展開	本時の活動テーマ　生き方について考えよう 2　2つの事例（P.101の資料）から人生の価値観について考える。「かけっこにかけた人生」「保育から介護へ新たな出発」を読み，感想を簡単にまとめる。（ワークシート2） 3　事例から2人は「何を求めて生きて	○読んだ感想をまとめさせ，その人の人生の価値観を見つめさせる。 ○事例の2人の生き方について自分なりに考えさせる。 ☆人の生き方について，事例を通して関心を

Ⅵ　将来の生き方と進路計画

		活動内容	指導・援助の留意点
展開		いたか」を考える。 小出さんの夢や目標を考え，班で意見交換をする。 山田さんはなぜ，今も働き続けているのかを考え，班で意見交換をする。	もっている。　　　　　　［観察・発表］ ◎現在働いている人の考えを知り，人それぞれの価値観や生き方について考えさせる。
	4	各班から小出さん，山田さんについて考えたことを発表する。 （ワークシート２）	○人それぞれに生き方の価値観に違いがあることを理解させる。
まとめ	5	本時を通して考えたことをまとめる。 （ワークシート２）	○人にはそれぞれの生き方があり，それを追い求めて生きていることに触れさせる。 ☆人の生き方や価値観に気付き，自分の将来の生き方を考えている。　［ワークシート］

③　事後の活動と指導

活動内容（活動場面など）	指導・援助の留意点
次時に行う，「あこがれの人の人生」について調べる。	対象となる人物や調べる方法について検討させる。

（４）　本時の評価
　①人の生き方について，事例を通して関心をもつことができたか。
　②人の生き方や価値観に気付き，自分の将来の生き方を考えることができたか。

(5) 資料・ワークシート
[ワークシート1]

身近な働く人にインタビュー

1年____組____番 氏名_____

調査した人の名前	職業
1 なぜその人について調べたのか	
2 中学校時代の夢や当時の様子について	
3 夢をかなえるためにしたことや，困難なことに出合ったときのこと	
4 働くうえで大事なこと	
5 これからの目標	
6 わたしたちへのメッセージ	
7 インタビューを通して学んだこと	

Ⅵ 将来の生き方と進路計画

[資料]

"かけっこ"にかけた人生　　　小出義雄さん　　－1939年生まれ－

「背が低く胴が長い。でも速く走りたいという夢をもっていた。」

シドニー五輪の金メダリスト，高橋尚子さんをはじめ，数々の名ランナーを育ててきた小出さんは，とにかく"かけっこ"が好きな少年だった。中学時代に「青森・東京間往復駅伝（青東駅伝）に出たい」という夢をもち，「胴長短足」でも「人が2歩で走るところを3歩で行けば良い」と考えた。そこで，山の上り下りを使って練習し，鉄道のまくら木を小走りでまたぎながら高校に通う。そして青東駅伝，さらには全国高校駅伝への出場も果たす。

高校を卒業すると，今度は「東京箱根間往復大学駅伝競走（箱根駅伝）に出たい」。家の都合でいったんは大学進学をあきらめたが，走ることはやめなかった。ついに家を出て，職を転々としながらも学費をたくわえ，22歳で大学に入学。念願の箱根には3回出場するが，4年のときにけがをし，選手を断念。高校の教員となり，陸上部の監督として全国高校駅伝で優勝したり，日本記録を更新する選手を次々に出したりするなど，指導者として花開いた。

23年間の教員生活の後，実業団の監督として，全日本実業団駅伝2連覇，そして有森裕子さんをバルセロナ五輪で銀メダル，アトランタで銅メダルに導く。しかし，「金メダルを取りたい」。思いはシドニーで実を結んだが，今度は「世界最高を」。2001年，ベルリンマラソンで高橋尚子さんが2時間20分の壁を破った。

保育から介護へ新たな出発　　　山田るみさん　　－1946年生まれ－

わたしは今，訪問介護のヘルパーとして，毎日，午前中と夕方に仕事をしています。高校を卒業後，私立の保育園に勤めながら保母（現在は保育士）の資格を取り，30年以上働きました。その間，勤務先を変わったり，家で子どもを預かったりもしました。

自分の子どもは3人いますが，入学式や親子遠足などは，ほとんど行ってやれないまま，みんな大人になってしまいました。

53歳のとき，いったん退職しましたが，あちこちから「週に何回かで良いから来てください」という声がかかり，そのたびにいろいろな職場で働きました。保育士としての最後の職場は看護師さんの子どもたちを預かる病院内の託児室でした。

しかし，それは「最後」ではなく，新たな出発になったのです。病院で医療や福祉の世界にふれ，「自分はまだ社会から必要とされている」と強く感じました。ただ，保育の仕事は体力的につらくなっていたので，軽い介護の仕事をしようと考えました。

そうと決まったら，すぐ行動です。パートタイムで保育の仕事をしながら時間をつくり，ホームヘルパー2級の講座を受け，実習も行って資格を取りました。

今は毎日，介護の必要な方の家に出向いて，食事の準備や買い物，掃除，洗濯など，身のまわりの生活のお世話をしています。この仕事なら，まだしばらく続けられそうです。

[ワークシート2]

生き方について考えよう

1年＿＿＿組＿＿＿番　氏名＿＿＿＿＿＿＿＿＿＿＿

1　「"かけっこ"にかけた人生」を読んで……

（1）あなたの感想や考えをまとめてみよう。

（2）班での主な意見や考えをまとめてみよう。

（　）班	（　）班
（　）班	（　）班
（　）班	（　）班

2　「保育から介護へ新たな出発」を読んで……

（1）あなたの感想や考えをまとめてみよう。

（2）班での主な意見や考えをまとめてみよう。

（　）班	（　）班
（　）班	（　）班
（　）班	（　）班

○本時を通して考えてみたことをまとめてみよう。

Ⅵ　将来の生き方と進路計画

❶将来の自分を考えよう（2）
あこがれの人の生き方を発表しよう

（1）本時のねらい
①人によって生き方に違いがあることを理解させ，さまざまな視点に気付かせる。
②自分の生き方について関心を高め，自分の人生を積極的に考えさせる。

（2）展開の過程
① 事前の活動と指導

活動内容（活動場面など）	指導・援助の留意点
ワークシート1にあこがれの人となる人物，調査方法を考え，調査する。	スポーツ選手や芸能人はインターネットや本で調査させ，地域の著名人は，本人に直接インタビューできるように事前に連絡しておく。

② 本時の展開

過程	学習活動と内容	指導上の配慮事項と評価 配慮事項（○） キャリア教育の視点から見て特に重要なこと（◎） 評価（☆）
導入	1　本時のねらいを聞く。	
展開	本時の活動テーマ　あこがれの人の生き方を発表しよう 2　調べてきた「あこがれの人」を発表する。 　班員同士で発表を行う。 　　　　　　　　（ワークシート1） 3　各班の代表が調べた内容をクラス全体に発表する。 　班の代表の発表を聞いて良いところを記入する。 　　　　　　　　（ワークシート2）	○自分で調べ，特に興味をもったことや感動したことを発表させる。 ○事例の人生について自分なりの考えをもたせる。 ○班の代表者を決めさせておく。 ○人によって生き方に違いがあることに触れ，記入させる。 ☆人によって生き方に違いがあることを理解し，さまざまな視点に気付いている。 　　　　　　　　　　　　　　［発表・観察］

	4　発表された「生き方」から今後の自分の人生を考え，まとめる。 　　　　　　　　（ワークシート２） 5　先生の話を聞く。	◎自分自身の価値観に応じて人生を設計し，その能力，適性に合うように，自分の生き方を考えさせる。 ☆自分の生き方について関心を高め，自分の人生を積極的に考えている。 　　　　　　　　　　　　　［ワークシート］
ま と め		

③　事後の活動と指導

活動内容（活動場面など）	指導・援助の留意点
掲示物や学級通信などから多くの人の生き方を知り，さらに自分の人生について考える。	調べた結果を掲示物や学級通信などで，いろいろな生き方を紹介する。

（３）　本時の評価
　①人によって生き方に違いがあることを理解し，さまざまな視点に気付くことができたか。
　②自分の生き方について関心を高め，自分の人生を積極的に考えることができたか。

（４）　資料・ワークシート
［ワークシート１］

「あこがれの人」の生き方をくわしく調べてみよう

1年＿＿＿組＿＿＿番　氏名＿＿＿＿＿＿＿＿＿＿

その人の名前	その人の職業名
なぜその人について調べたのか	

中学生時代の夢や当時の様子	働くうえで大事なこと
夢をかなえるためにしたことや困難なことに出合ったときの様子	これからの目標
自分も見習いたいこと	みんなに伝えたいこと

Ⅵ 将来の生き方と進路計画

[ワークシート2]

将来の自分を考えよう

1年＿＿＿組＿＿＿番　氏名＿＿＿＿＿＿＿＿＿＿

1　他の班の発表を聞いて良いところを書いてみよう。

2　自分の人生を考えるとき，どんなことを大切にしたいか考えよう。

次のA〜Dの枠の中にあるa，b，cのうち，あなたの考えに最も近いものには，[　]に◎を書いてみよう。

A 能力	[　] a　自分の趣味や好きなことを仕事にしたい。 [　] b　自分の能力を最大限に発揮できる職業に就きたい。 [　] c　その場その場で求められる自分の役目を果たしたい。
B お金	[　] a　安定した収入があることを重視して仕事を選びたい。 [　] b　手にするお金は，人より多いほうが良い。 [　] c　自分の好きな仕事であれば，収入にはこだわらない。
C 評価	[　] a　一つ一つの仕事が人から評価されるようにしたい。 [　] b　有名な会社や社会的な地位の高い職業を希望する。 [　] c　自分で納得のいく仕事をすることが大切である。
D 時間	[　] a　仕事も大切だが，家庭を第一に考えて時間を使いたい。 [　] b　自分や家庭生活に時間をさいても，仕事を充実させたい。 [　] c　自分のペースで，のんびり暮らしたい。

○「わたしは将来このように生きていきたい」

❷理想と現実を知ろう
自分の将来と収入について考えてみよう

（1） 本実践とキャリア教育
「生き方や進路に関する現実的探索」

　自分の将来を設計していくためには，夢の実現とともに，働くことによって得られる収入も考えていかなければならない。本実践では，3つの雇用形態（会社員・公務員，パート・アルバイト，自営業・自由業）について取りあげ，その働き方の特徴に気付かせる。そして，収入などをふまえた人生設計を行い，具体的な勤労観・職業観を身に付けさせる。
【課題対応能力】【キャリアプランニング能力】

（2） 本時のねらい
　①仕事にはどんな働き方があり，収入を得るためにはどのような方法があるかを考えさせる。
　②自分の考えに合った職業や仕事にはどのようなものがあるかを考えさせる。

（3） 展開の過程
① 事前の活動と指導

活動内容（活動場面など）	指導・援助の留意点
ニュースや新聞などの話題の中で雇用形態，学費や生活費などに関するものを読んでみる。	資料を用意する際には，本時の内容や学級の実態にふさわしいものを選択する。

② 本時の展開

過程	学習活動と内容	指導上の配慮事項と評価 配慮事項（○） キャリア教育の視点から見て特に重要なこと（◎） 評価（☆）
導入	1　将来必要なお金を考える。 　　　　　　　　（ワークシート）	○自分の将来の生き方を予想し，それを実現するためには，どのくらいお金が必要か理解させる。
展開	本時の活動テーマ　自分の将来と収入について考えてみよう 2　収入を得る方法についてまとめる。会社員，パート，自営業の主な特徴についてまとめ，班で話し合う。 3　各班の代表が調べた内容を学級全	○特徴については，収入，余暇，仕事内容，勤務時間，やりがいなど，多面的な観点から考えさせるようにする。 ☆仕事にはどんな働き方があり，収入を得るためにはどのような方法があるかを考えている。

Ⅵ　将来の生き方と進路計画

展開	体に発表する。 他の人の発表を聞いて気付いたことを記入する。	［ワークシート・発表］ ○フリーターについて触れたり，働き方についての考えはさまざまであることに触れたりする。
まとめ	4　今日の授業の感想を書く。 5　先生の話を聞く。	◎収入などをふまえた人生設計を行い，具体的な勤労観・職業観を身に付けさせる。 ☆自分の考えに合った職業や仕事にはどのようなものがあるかを考えている。 ［ワークシート］

③　事後の活動と指導

活動内容（活動場面など）	指導・援助の留意点
今後の自分の将来設計について，より多くの視点をもち，考える。　　　　　　　（授業）	自分で選択・決定できるためには，そこに至るまでの努力が求められることを理解させる。

（4）　本時の評価
①仕事にはどんな働き方があり，収入を得るためにはどのような方法があるかを考えることができたか。
②自分の考えに合った職業や仕事にはどのようなものがあるかを考えることができたか。

（5）　資料・ワークシート
［資料A］
○フリーターについて，あなたはどう思いますか。

> フリーターとは「15歳から34歳以下の，学生でも主婦でもなく，パートタイムやアルバイトで働く人」のことです。
>
> フリーターになる人には，夢や目標がある生活のためにフリーターを選ぶ人や，やりたいことが見つからずにとりあえずフリーターになる人，正社員になれなくてやむを得ずにフリーターをしている人など，さまざまな理由があるようです。

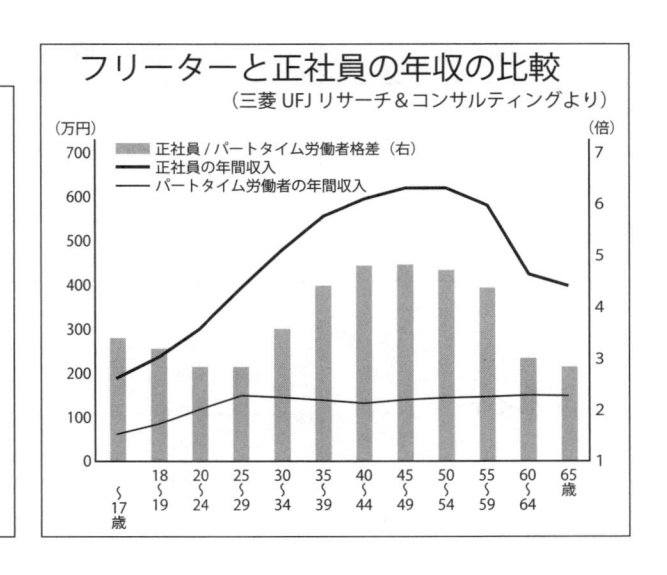

フリーターと正社員の年収の比較
（三菱UFJリサーチ＆コンサルティングより）

[ワークシート]

自分の将来と収入について考えてみよう

1年_____組_____番　氏名_____

1　将来必要なお金について考えてみよう。（例）

年　齢	項　目	金　額
15歳～18歳	高校生活	・公立……………………3年間　1,600,000円 ・私立……………………3年間　3,000,000円
18歳～22歳	大学生活	・4年制大学（国立）……年間　　630,000円 　　　　　　　（私立）……年間　1,300,000円
22歳～	就職	・生活費（1カ月）………………　90,000円
27歳	結婚	・結婚式……………………………2,800,000円 ・新婚旅行……………………………500,000円
29歳	出産	・出産費用……………………………500,000円
29歳～	家族との生活	・マイホーム購入（新築）……35,700,000円
65歳～	年金生活	・介護費用（1カ月）………………60,000円 ・生活費（1カ月）………………　120,000円
××歳	葬儀	・葬式費用……………………………4,000,000円

2　次の3種類の働き方について、特徴をまとめてみよう。

働き方	特　徴　（収入，余暇，仕事内容，勤務時間，やりがいなど）
会社員・公務員	
パート・ アルバイト	
自営業・ 自由業（作家など）	

Ⅵ　将来の生き方と進路計画

3　他の人の発表を聞いて，気付いたことを書いてみよう。

4　授業を受けて考えたことや感想を書いてみよう。

［資料B］
会社員や公務員と，パートタイムやアルバイトの数について

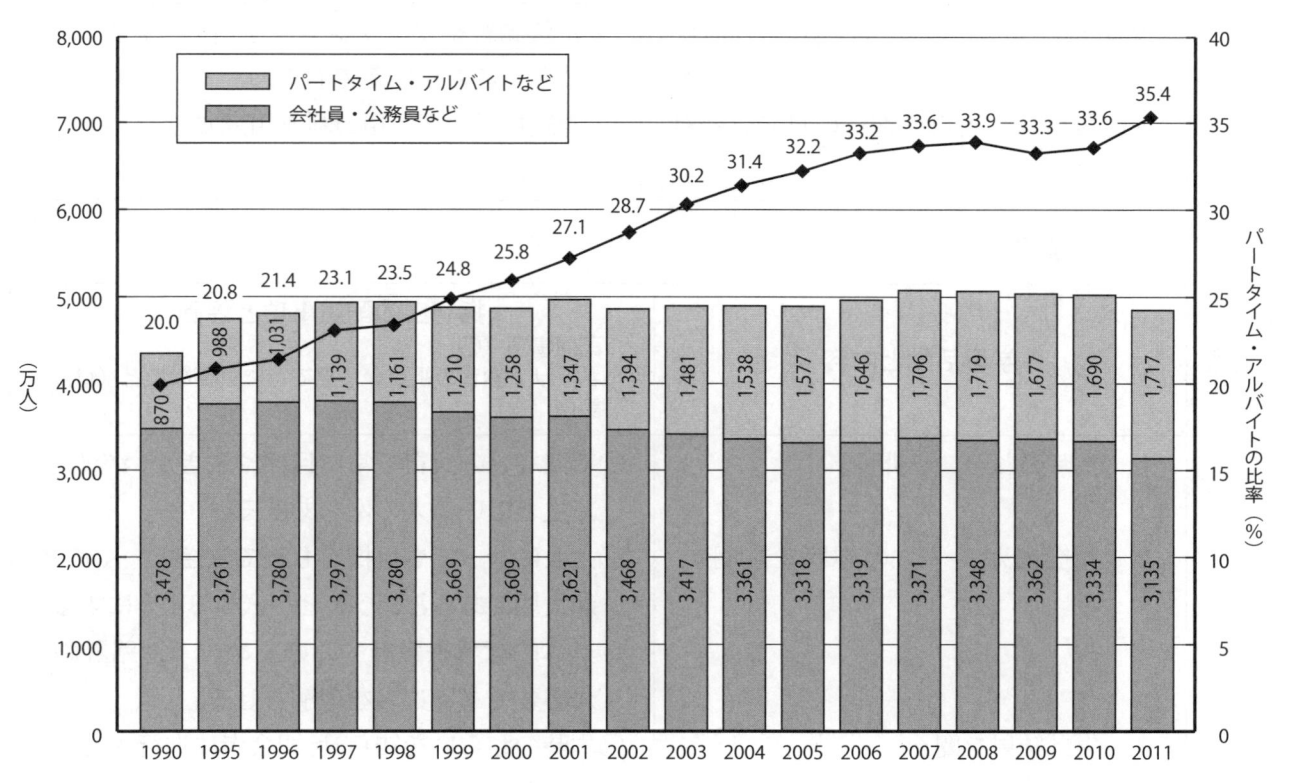

年	会社員・公務員など（万人）	パートタイム・アルバイトなど（万人）	パートタイム・アルバイトの比率（％）
1990	3,478	870	20.0
1995	3,761	988	20.8
1996	3,780	1,031	21.4
1997	3,797	1,139	23.1
1998	3,780	1,161	23.5
1999	3,669	1,210	24.8
2000	3,609	1,258	25.8
2001	3,621	1,347	27.1
2002	3,468	1,394	28.7
2003	3,417	1,481	30.2
2004	3,361	1,538	31.4
2005	3,318	1,577	32.2
2006	3,319	1,646	33.2
2007	3,371	1,706	33.6
2008	3,348	1,719	33.9
2009	3,362	1,677	33.3
2010	3,334	1,690	33.6
2011	3,135	1,717	35.4

◇出典：総務省『労働力調査』

❸20年後の自分を考えてみよう
20年後の自分をイメージしてみよう

(1) 本実践とキャリア教育
「生き方や進路に関する現実的探索」「進路計画の立案と暫定的選択」

　将来の職業についての暫定的な選択と進路計画を考えるとき，20年後の理想とする自分の姿を想定させる。一般的に社会で働き，さらに結婚なども考えられる時期である。本実践では，具体的な将来設計やそのための「進路計画」が必要であることを理解させる。また，義務教育修了という節目や生きていく上での岐路に立つことを考えさせ，「将来設計」や「進路計画」の必要性の理解を深めるとともに，自己実現を図るためにどうすべきかを考えさせる。
【キャリアプランニング能力】

(2) 本時のねらい
①進路計画は必要に応じて変更，修正していくべきものであることを理解させる。
②将来の進路希望を実現させるためには，適正な進路計画が必要であることを理解させる。

(3) 展開の過程
① 事前の活動と指導

活動内容（活動場面など）	指導・援助の留意点
・ワークシート1「希望する仕事の方向性」を記入する。（帰りの会）	・希望調査やワークシートを用いてどんな授業をするのか伝えておく。
・司会・発表者は，当日の進行の打ち合わせを行う。	・課題提示の掲示用資料を用意する。

② 本時の展開

過程	学習活動と内容	指導上の配慮事項と評価 配慮事項（○） キャリア教育の視点から見て特に重要なこと（◎） 評価（☆）
導入	1　本時のねらいを聞く。 2　司会者がテーマの趣旨を説明する。 3　集計結果を聞く。	○新聞などの資料で常に目標や生きがいをもって生きている人の例をあげる。 ○大人になっても目標をもって生きていくことが大切であるということが伝わるようにする。 ◎具体的な将来設計やそのための「進路計画」が必要であることを理解させる。 ○本時のねらいを知らせ，司会者に進行させる。（展開4～7）

Ⅵ　将来の生き方と進路計画

本時の活動テーマ　20年後の自分をイメージしてみよう	
4　20年後の自分はどんな仕事に就き，どんな生活をしているかをまとめる。 （ワークシート2）	○テーマに関心をもって取組んでいるか観察する。 ☆進路計画は必要に応じて変更，修正していくべきものであることを理解している。[観察]
5　班になって「20年後の自分」を読み合い，互いの将来のイメージを知る。	○国際化，高度技術化，高齢化社会に対応する福祉などの仕事などが多くなることを押さえる。 ◎「将来設計」や「進路計画」の必要性の理解を深めるとともに，自己実現を図るためにどうすべきかを考えさせる。
6　20年後の自分に達するまでの進路を調べて記入する。 （ワークシート2）	○「20年後の自分」を加筆，修正する。 ☆将来の進路希望を実現させるためには，適正な進路計画が必要であることを理解している。[観察]
7　調べてわかったことを数名発表し，司会が発表をまとめる。	○机間指導をしながら発表者を選ぶ。 ○司会の補足をする。
8　卒業生からのメッセージとTさんからのメッセージ（資料）を読む。	○先輩の考えを身近なこととして捉えさせる。 ○「夢」や「目標」をもつことの大切さに気付かせる。
9　先生の話を聞く。	○先生自身の計画の変更例などを話す。 ○進路計画は，これからの進路学習を進める中で達成されていくことを話す。

左欄：展開／まとめ

③　事後の活動と指導

活動内容（活動場面など）	指導・援助の留意点
進路希望の変化や原因，20年後の社会，進路計画の必要性の感想をまとめる。	学級通信などに載せ，再考の機会とする。次時の「人生設計」につなげる。

（4）　本時の評価

①進路計画は必要に応じて変更，修正していくべきものであることを理解することができたか。
②将来の進路希望を実現させるためには，適正な進路計画が必要であることを理解することができたか。

(5) 資料・ワークシート
［ワークシート１］

希望する仕事の方向性

1年＿＿＿組＿＿＿番　氏名＿＿＿＿＿＿＿＿＿＿

○職業に関する興味・関心の高い項目や自分の強く希望する条件を生かすためにどのような仕事を「めあて」にするのか，例えば，次のような大まかな分け方ではどれにあてはまるだろうか。現在の時点で希望する項目を２つ選び，数字に○印を付けよう。

```
1  書類に記入したり，分類したりする仕事
2  数字の計算や，暗記，会計などを主として扱う仕事
3  物を売ったり，そのための説明などをしたりする仕事
4  文学的な研究をしたり，他人に教えたりする仕事
5  文章を書いたり，ことばの表現を工夫したりするような仕事
6  歌ったり，楽器を弾いたり，作曲をするような仕事
7  絵や書道，彫刻，図案など，主として美を表現するような仕事
8  コンピュータや情報処理などを活用するような仕事
9  機械の部品などの組立，修繕，動かすような仕事
10 農業や漁業などの主として屋外での作業をする仕事
11 病人の看護や，就職相談など，サービス中心の仕事
12 スポーツ選手やインストラクターなどスポーツに関わる仕事
13 人やものを運ぶ仕事
14 人に何かを教える仕事
15 食べものに関する仕事
16 ものをつくる仕事
17 声優やアナウンサーなど声に関する仕事
18 その他（                              ）
```

Ⅵ　将来の生き方と進路計画

[ワークシート2]

20年後の自分

1年＿＿＿組＿＿＿番　氏名＿＿＿＿＿＿＿＿＿＿

○20年後の自分をイメージしてみよう。

「今から20年後，わたしは（　　　　）歳になっています」

①仕事 ・どんな仕事？ ・内容や立場は？	
②家庭 ・家族は？ ・どこに住んでいる？	
③オフタイム ・趣味は？ ・何をして過ごす？	
④地域 ・何か活動していることは？	
⑤その他	

第1学年

第2学年

第3学年

教科

[資料]

① 「卒業生からのメッセージ」

> 　今とても困っています。高1のわたしが，中1のあなたたちにアドバイスできることは何だろう。わたしは，あなたたちより，たった3年早く生まれただけ。えらそうなことは言えません。でもきっと，先生たちより年が近い分，考えることは似ているかもしれません。今進路に困っている人はたくさんいるでしょう。わたしも中1のこの時期悩んでいました。「将来の夢は？」と聞かれて，あわてて考え「通訳」と答えました。英語の成績も悪くなかったし……。でも，高校に入ってみると，わたしよりできる人がたくさんいるどころか，帰国子女がいたり，はっきり言って自信を失いました。あなたたちにこんな話をして不安にさせようというわけではありません。
> 　ただ，「夢」をいくつか「現実」としてみたとき，あなたはどこまで努力できますか？　「夢」を「現実」にする自信のある人，そのまま自分の道を進んでください。そして，自信のない人は，もう一度ゆっくり自分を見つめ直してください。それから，何も考えていない人は少しでも良いから考えてみてください。実は，わたしも今が悩みどき。将来のことなんて今から決められないよ，というのが正直な気持ちです。きっとあなたたちもそうですよね。でも，難しいことだけど，やりたいことを見つけること，とても大切です。
> 　いろいろなことにチャレンジして夢や目標を見つけてください。

② 「将来設計も計画もなく生きてきたTさん（27歳）のメッセージ」

> 　わたしは今，1日8時間，2つのアルバイトをしながら，電気関係の資格を取るために勉強している。中学生の頃，将来の夢とか進路とか言われてもピンとこなかった。中学校を卒業したら就職でも良いと思っていたら，3年生になって，自分がしたいような仕事ができる職場がないことがわかり，高校に行くことにした。
> 　特に勉強したいこともなかったので，普通科を希望したが，周りのみんなが勉強したからか，自分の成績は下がっていって，通学しやすい高校に合格するのは難しいことがわかった。それで，コンピュータを扱うのはおもしろそうだと思い，通学できるぎりぎりの距離にある高校のビジネス科になんとか合格した。
> 　高校生活はつまらなくて，勉強しなくなった。3年間はあっという間で，また進路を決めるときがきた。就職を希望したが，先生から「やりたい仕事がはっきりしないと申し込みができない」と言われた。ある会社の試験を受けたが，採用されなかった。卒業してアルバイトを始めた。彼女はいるが，収入が少なく，結婚にふみきれない。2年ほど前から，今後どんな仕事をしていこうかと考え始め，機械にさわるのは好きなので技術を身に付けようと思った。アパートも借りているため，お金は必要だが，勉強する時間もつくらなければならず，苦労している。

❹わたしの人生設計をしよう
わたしのライフプランを考えよう

（1） 本実践とキャリア教育
「生き方や進路に関する現実的探索」「進路計画の立案と暫定的選択」

夢や希望の実現を目指して「将来設計」や「進路計画」を進める手順について確認するとともに，自分の将来を考え，実際に進路計画や人生設計を考えさせる。また，「将来設計」していくことを通して今後，自分の将来を考える上での課題や努力事項を確認させ，自己実現を図るために日々充実した生活を送ることが重要であることを認識させる。

【自己理解・自己管理能力】【キャリアプランニング能力】

（2） 本時のねらい
①「夢」や「希望」の実現を目指して自分の人生設計をさせる。
②進路希望を実現していくための具体的な努力点をまとめ，心構えをつくらせる。

（3） 展開の過程
① 事前の活動と指導

活動内容（活動場面など）	指導・援助の留意点
・事前にワークシート1「職業に関する興味・関心」を記入する。 ・導入のワークシート集計結果を発表するときの司会，発表者は進行の打ち合わせを行う。　　　　　　　　　　　（放課後）	・回収したワークシートに目を通し，本人の進路希望の方向性を確認しておく。 ・導入の進め方を検討し，役割分担をして資料などのまとめをする。

② 本時の展開

過程	学習活動と内容	指導上の配慮事項と評価 配慮事項（○） キャリア教育の視点から見て特に重要なこと（◎） 評価（☆）
導入	1　アンケートの結果を発表する。 　　　　　　　（ワークシート1）	○テーマの趣旨説明が不十分であれば補足する。 ○職業についての興味・関心についてクラスの傾向と自分との比較をさせる。 ○将来の職業が具体的につかめていなくても，自分の適性や興味などを考えて，どのような方向に進みたいか確認する。

		本時の活動テーマ　わたしのライフプランを考えよう	
展開		2　ワークシート2「わたしのライフプラン」記入する。 3　現時点での将来の夢や職業についての確認をする。 4　数名が自分の人生設計を発表する。	○今まで1年生で学習してきた事柄の総まとめとして自分の興味・関心をもとに人生設計させる。 ◎自分の将来について，実際に進路計画や人生設計を考えさせる。 ☆「夢」や「希望」の実現を目指して自分の人生設計をしている。　　　　［観察・ワークシート］ ○今の自分自身を振り返りながら進路決定をしようとしているか確認する。 ○机間指導をしながら発表者を決定する。
まとめ		5　今後努力することや今後調べたいことについて記入し，数名が発表する。 6　先生の話を聞く。	◎自己実現を図るために日々充実した生活を送ることが重要であることを認識させる。 ○希望を実現できるように，今できる具体的な目標を決めさせて努力させる。また，今後必要に応じて進路の方向を変更することがあることも知らせる。 ☆進路希望を実現していくための具体的な努力点をまとめ，心構えをつくっている。 　　　　　　　　　　　　　［観察・ワークシート］

③　事後の活動と指導

活動内容（活動場面など）	指導・援助の留意点
・ワークシート2を完成させ，提出する。 ・1分間スピーチなどで一人一人の人生設計と今後の努力事項などを発表する。	・友人や保護者の意見も参考にさせる。 ・自分の進路を友人の計画や考え方を参考にしながら再検討させる。

（4）本時の評価
①「夢」や「希望」の実現を目指して自分の人生設計をすることができたか。
②進路希望を実現していくための具体的な努力点をまとめ，心構えをつくることができたか。

Ⅵ 将来の生き方と進路計画

(5) 資料・ワークシート
［ワークシート１］

職業に関する興味・関心

1年_____組_____番　氏名_____

○仕事の内容について関心のある方向や関心の強さを探ってみよう。
○「希望の強さ」のらんの方向・強さの位置に●をつけよう。

	項　目	希望の強さ ←　？　→	項　目
1	多くの人と一緒にする仕事が良い	←→	自分だけでする仕事が良い
2	主として頭を使う仕事が良い	←→	主として身体を使う仕事が良い
3	主として屋内でする仕事が良い	←→	主として屋外でする仕事が良い
4	人に会うことの多い仕事が良い	←→	人に会うことが少ない仕事が良い
5	毎日変化のある仕事が良い	←→	同じことを繰り返す仕事が良い
6	人を相手にする仕事が良い	←→	物を相手にする仕事が良い
7	時間が自由にとれる仕事が良い	←→	時間が定められている仕事が良い
8	技術的な仕事が良い	←→	事務的な仕事が良い
9	生産に関した仕事が良い	←→	販売に関した仕事が良い
10	資格（免許など）のいる仕事が良い	←→	資格のいらない仕事が良い

○上の10項目のうち特に自分として興味・関心，希望の強い項目を２つ選んでみよう。

仕事が良い
仕事が良い
気付いたこと

[ワークシート2]　　　**わたしのライフプラン**

1年____組____番　氏名_____

1　50年後の世界・社会は、どのようになっているか想像してみよう。

```
┌─────────────────────────────────────────────┐
│                                             │
│                                             │
└─────────────────────────────────────────────┘
```

2　現在の希望やいろいろな進路コースを参考に、何歳の時に自分はどんなことをやっているのか未来予想図（人生設計）をえがいてみよう。

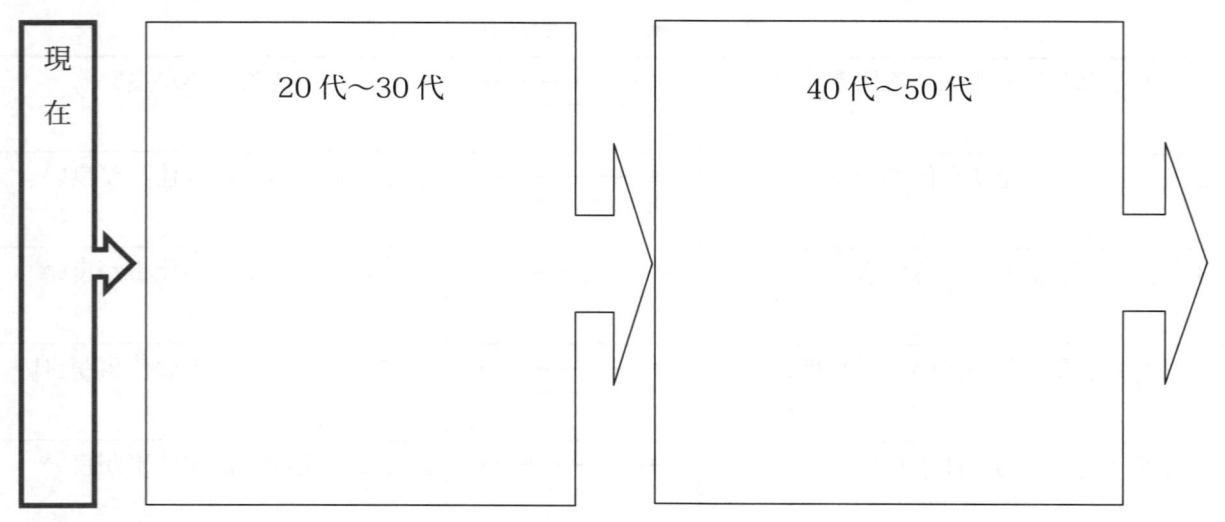

| 現在 ⇒ | 20代〜30代 ⇒ | 40代〜50代 ⇒ |

（働く目的・生き方のイメージなど）

```
┌─────────────────────────────────────────────┐
└─────────────────────────────────────────────┘
```

3　将来の職業についてまとめてみよう。

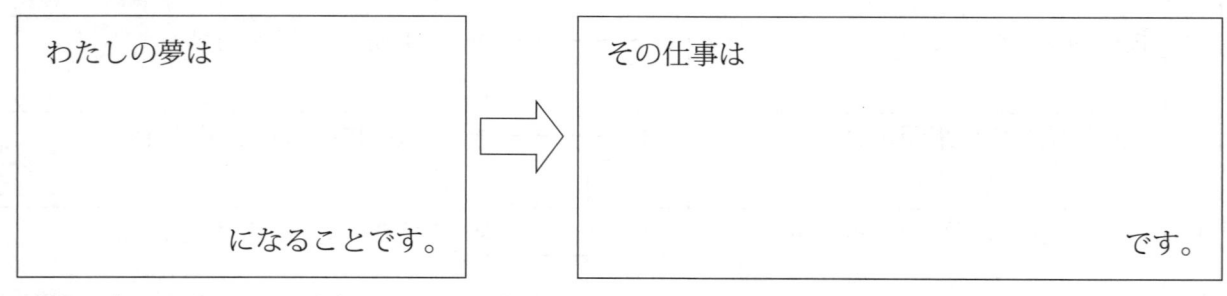

| わたしの夢は

　　　　　になることです。 | ⇒ | その仕事は

　　　　　　　　　　　です。 |

4　希望の実現に向けての手立てについて考えてみよう。

○今後どんな努力が必要か？　今，しておくべきことは？

```
┌─────────────────────────────────────────────┐
│                                             │
│                                             │
│                                             │
│                                             │
└─────────────────────────────────────────────┘
```

第2学年

I ガイダンス・自分を伸ばす学年に

1 テーマ設定の理由

　２年生は１年間の中学校生活を終えたところで，慣れからくる中だるみが出てくる学年であるとよく言われる。しかし，新入生を迎え，学校生活にやりがいを感じ，中堅学年として充実した１年間を送ることのできる学年であり，中堅学年としての学校における立場や役割を自覚させ，新たなる希望や抱負を胸に抱いて，さらに有意義な学校生活・学級生活を送る心構えをもたせることが大切である。そのためには，学級活動におけるガイダンスの機能を十分発揮させ，２年生としての生活の様子を知らせることや，しっかりとした目標をもたせることが必要である。
　そこで，自分の特性や能力を生かし，生き生きと過ごせるような学校生活を自分自身でデザインし，何事にも意欲的に取組んでいこうとする心構えや意欲を高めさせるためにこのテーマを設定した。

2 全体構想
（１）他の教科・領域との関連性

<教科・道徳・総合>	<特別活動（学級活動）>	<学校行事・その他>
<各教科> 　２年生の学習ガイダンス <道徳> 　１－（２）　強い意志 　１－（４）　理想の実現 　４－（７）　よりよい校風 　　　　　　の樹立 <総合的な学習の時間> 　職場体験学習	１年 　Ⅰ　ガイダンス・中学校生活 　　　のスタート 　Ⅱ　目的をもって学ぶ 　Ⅵ　将来の生き方と進路計画 　**●２年生の生活をデザインしよう** ２年 　Ⅴ　将来の計画を立てる ３年 　Ⅰ　ガイダンス・中学校生活 　　　最後の１年間 　Ⅴ　進路の選択に向けて	<学校行事> 　生徒会行事への取組 　（３年生を送る会など） 　学校行事への取組 　（体育祭，校外学習など） <その他> 　生徒会活動への参加 　委員会活動への取組 　部活動への参加

（２）家庭・地域社会との連携
　　事後の活動として，ミニ立志式を行う。その際，保護者から励ましの言葉を書いてもらう。

3 指導計画（１時間扱い）
　　●２年生の生活をデザインしよう

I　ガイダンス・自分を伸ばす学年に

●2年生の生活をデザインしよう
〈3年生へのインタビューを通して〉

（1）　本実践とキャリア教育
「生き方や進路に関する現実的探索」

　ガイダンスを通して，2年生としての生活のあらましを理解させ，希望や抱負をもって生活させる。また，1年間の生活を自分でデザインさせることにより，何事にも意欲的に取組もうという心構えをもたせる。このことにより，中堅学年としての2年生の生活を充実したものとするとともに，より良い生活や学習，進路，生き方などを目指すことの大切さを理解させる。

【自己理解・自己管理能力】【キャリアプランニング能力】

（2）　本時のねらい
①2年生としての生活のあらましを理解し，自分の役割や目標を掲げ，意欲的に1年間の学習や活動に取組んでいこうとする態度を育てる。
②自分の特性や能力を生かし，中堅学年としての2年生の生活を充実したものとするための，より良い生活や学習，進路，生き方を具体的に考える意欲をもたせる。

（3）　展開の過程
①　事前の活動と指導

活動内容（活動場面など）	指導・援助の留意点
・今後の学習について理解し，3年生へのインタビューの観点を話し合う。 　　　　　　　　　　　（帰りの会・班） ・班で3年生にインタビューする。 　　　　　　　　　　　（放課後・班） ・模造紙やICTなどを活用した資料を作る。 　　　　　　　　　　　（放課後・班） ・司会者を決める。　（放課後・学級委員）	・学習の趣旨と進め方を理解させ，インタビューする際の観点をよく話しておく。 ・レコーダーやビデオ，デジタルカメラなどを有効に活用させる。 ・見やすく，わかりやすい資料を作るよう工夫させる。 ・活動の流れを確認しておく。

②　本時の展開

過程	学習活動と内容	指導上の配慮事項と評価 配慮事項（○） キャリア教育の視点から見て特に重要なこと（◎） 評価（☆）
導入	1　司会者が本時の学習の内容を説明し，全員で確認する。	○補足説明により，学習の趣旨と進め方について再確認しておく。

		本時の活動テーマ　2年生の生活をデザインしよう＜3年生へのインタビューを通して＞	
展開		2　3年生にインタビューした結果を班ごとに発表し合う。 3　発表をもとに，自分の2年生の生活のデザイン（充実させるための目標や計画）を考える。 　　　　　　（ワークシート2）	○2年生の生活を充実させるために，積極的に先輩から学ぶよう助言する。 ○他の班の発表内容についてワークシートにまとめさせる。　　　　　［ワークシート］ ○インタビューの結果や各班の発表を聞いてわかったことを生かすよう指導する。 ○できるだけ2年生での各生活場面について具体的に考えさせる。 ◎2年生の生活についての見通しをもたせ，自分の生活をより充実したものとするためのより良い生活や学習，進路，生き方を具体的に考えさせる。 ☆2年生の生活を充実させるための具体的な目標や計画を立てている。　［ワークシート］
		4　デザインした内容を2人ペアで互いに伝え合う。	○2人ペアにさせ，相互に各自が考えた内容を発表，インタビューさせる。
まとめ		5　授業を終えての感想を書き，発表する。 6　先生の話を聞く。	◎自分の目標を掲げ，1年間の学習や活動に取組んでいこうとする意欲をもたせる。 ☆2年生の生活を充実したものにしていこうとしている。　　　　　　　［ワークシート・感想］

③　事後の活動と指導

活動内容（活動場面など）	指導・援助の留意点
・今年の抱負や目標を掲示する。 　　　　　　　（放課後・掲示係） ・ミニ立志式を行う。1日5人ずつ，2年生の抱負や具体的に行うことを発表する。（帰りの会） ・保護者から励ましの言葉を書いてもらう。（家庭）	・掲示方法を工夫し，見やすく1年間掲示できるものにする。 ・各自の意欲を大切にし，互いに認め，励まし合えるような雰囲気の中で行わせる。 ・各家庭に文書でお願いし，用意した用紙に書いてもらう。

（4）　本時の評価
　①2年生としての生活のあらましを理解し，自分の役割や目標を掲げ，1年間の学習や活動に取組んでいこうとする意欲がもてたか。
　②自分の特性や能力を生かし，中堅学年としての2年生の生活を充実したものとするための，より良い生活や学習，進路，生き方を具体的に考えることができたか。

Ⅰ　ガイダンス・自分を伸ばす学年に

（5）　資料・ワークシート
[資料]

先輩に聞いてみよう！　－3年生にインタビュー－
（　　　　　　　）先輩に聞いてみました。　「2年生ってどんな学年？」 質問1　2年生になると1年生とはどのような点が大きく変わりますか。 質問2　2年生は中学校の中でどのような存在だと思いますか。 質問3　2年生のときに一番頑張ったことはどのようなことですか。 質問4　2年生のときにもっと頑張っておけばよかったと思うのはどのような点ですか。 質問5　2年生の学習で努力した点はどのような点ですか。 質問6　2年生の生徒会活動や学校行事，部活動で努力した点はどのような点ですか。 質問7　2年生の普段の生活で努力した点はどのような点ですか。 ※この他にも聞いてみたいことを考えて質問してみよう。 （　　　　　　　　　　　　　　　　　　　　　　　　　　　　　　　　　）

[ワークシート1]

先輩方の話から学ぼう！　－3年生へのインタビューの結果から－

2年＿＿＿組＿＿＿番　氏名＿＿＿＿＿＿＿＿＿＿＿＿

各班の発表から，先輩方が中学2年生の生活をどのように充実させてきたかを考え，わかったことをまとめよう。

①1年生とはどのような点が大きく変わるか。
　（　　　　　　　　　　　　　　　　　　　　　　　　　　　　　　　　　）

②2年生は中学校の中でどのような存在か。
　（　　　　　　　　　　　　　　　　　　　　　　　　　　　　　　　　　）

③先輩方が2年生のときに頑張った点は。
　（　　　　　　　　　　　　　　　　　　　　　　　　　　　　　　　　　）

④先輩方が2年生のときに頑張ればよかったと思う点は。
　（　　　　　　　　　　　　　　　　　　　　　　　　　　　　　　　　　）

⑤2年生の学習で努力する点は。
　（　　　　　　　　　　　　　　　　　　　　　　　　　　　　　　　　　）

⑥2年生の生徒会や学校行事，部活動で努力する点は。
　（　　　　　　　　　　　　　　　　　　　　　　　　　　　　　　　　　）

⑦2年生の普段の生活で努力する点は。
　（　　　　　　　　　　　　　　　　　　　　　　　　　　　　　　　　　）

そのほかにわかったことや考えたことは。
　（　　　　　　　　　　　　　　　　　　　　　　　　　　　　　　　　　）

[ワークシート２]

２年生の生活をデザインしよう！ －３年生へのインタビューを通して－

２年_____組_____番 氏名_____

○３年生へのインタビューの学習を通してわかったことをもとに，これからはじまる２年生の生活について，自分自身でデザインしてみよう。

1　今年の抱負（こんな中学２年生の生活を送る！）

2　中学２年生は，こんな学年だから……こんな生活を送るぞ！

	だから	

3　具体的な生活場面での目標と活動

　学習面では

	だから	

　生徒会活動（委員会活動）では

	だから	

　学校行事では

	だから	

　部活動では

	だから	

　生活面では

	だから	

4　１年生の時は，……だったから，２年生では……こうするぞ！

	だったから	

○それぞれの目標や計画を発表し合い，互いにインタビューし合おう。
　発表し合ってわかったことや感想を書こう。

○今日の授業を終えての感想を書こう。

II 学ぶことと働くこと

1 テーマ設定の理由

2年生になると，中学校の学習にも慣れ，生徒はそれぞれに学習の目標をもち，努力している。学び方を身に付けたり，学習の過程で自分の生き方を考えたりするなど，「学ぶことの意義」は重要である。しかし，「学ぶことの意義」を深く考えている生徒は少ない。

学び続けることは「夢や希望」，「理想」をもって意欲的に生きることを可能にする。そして，学習について深く考えたり，学習に関する悩みを解決する方法を考えたりすることも意義のあることである。

そこで，「働くことの意義」について，理解をさせるため，このテーマを設定した。

2 全体構想
(1) 他の教科・領域との関連性

<教科・道徳・総合>	<特別活動（学級活動）>	<学校行事・その他>
<道徳> 1-(5) 自己理解， 　　　個性の伸長 4-(5) 勤労の意義 　　　と尊さ <総合的な学習の時間> 職業や自己の将来に 関する学習 （職場体験学習など）	1年　II　目的をもって学ぶ 　　　III　働くことについて知る ❶なぜ，人は学ぶのだろう ❷自分の学びを考えよう ❸自分の学習を振り返ろう ❹なぜ，人は働くのだろう 2年　III　職業について学ぶ 3年　III　進路決定の日のために 　　　IV　学び続ける意義	<学校行事> 職場体験学習 定期テスト

(2) 家庭・地域社会との連携
・「学ぶことの意義」「働くことの意義」について家庭や地域の人にインタビューさせる。
・保護者にワークシートを見せ，感想を書いてもらう。

3 指導計画（4時間扱い）
❶なぜ，人は学ぶのだろう（1時間）
❷自分の学びを考えよう（1時間）
❸自分の学習を振り返ろう（1時間）
❹なぜ，人は働くのだろう（1時間）

❶なぜ，人は学ぶのだろう
なぜ，人は学ぶのだろうか〈パネルディスカッション〉

（1）　本実践とキャリア教育
「生き方や進路に関する現実的探索」
「生涯学習社会」といわれている現代社会において，自分の生き方を考えさせなければならない。その中で「学ぶ目的や意義」をじっくりと考えさせ，学習に自主的・意欲的に取組むことの重要性を理解させる。また，より良く生きる態度と意欲を育てる。
【自己理解・自己管理能力】【キャリアプランニング能力】

（2）　本時のねらい
①中学校における学習について，その意義を理解し，積極的に取組む態度を養う。
②生涯学習の視点から「学ぶことの意義」を広い視野でとらえ，将来に向けて学び続ける意欲をもたせる。

（3）　展開の過程
①　事前の活動と指導

活動内容（活動場面など）	指導・援助の留意点
・自分の考えを書く。 　　　　（ワークシート1・帰りの会・家庭） ・アンケート「なぜ，人は学ぶのだろう」を記入してもらい，集計し発表できるようにしておく。　　　　（ワークシート2）	・先輩や先生からも助言する。 ・たくさん出てきたものをまとめておく。

②　本時の展開

過程	学習活動と内容	指導上の配慮事項と評価 配慮事項（○） キャリア教育の視点から見て特に重要なこと（◎） 評価（☆）
導入	1　自分の考えを発表する。 　　　　　　　（ワークシート1） 2　アンケート「なぜ，人は学ぶのだろう」の結果を聞く。 3　本時のテーマとねらいを知る。	○多くの意見を出させ，共感的に捉えさせる。 ◎アンケート結果を見て情報を読み取りながら，「学ぶ目的や意義」を考えようとしている。 ☆テーマに興味をもって取組んでいる。 　　　　　　　　　　　［観察・ワークシート］

Ⅱ　学ぶことと働くこと

	本時の活動テーマ　なぜ，人は学ぶのだろうか＜パネルディスカッション＞	
展開	4 「わたしが学ぶ理由」をマークし，順位付けをする。(ワークシート3) 5 順位付けが同じ生徒で班をつくる。 6 班内でワークシート2の内容を発表し合う。 7 班の中から代表を選び，班内で発表した内容をもとに「なぜ，人は学ぶのだろう」についてパネルディスカッションを行う。	○意欲的に参加させる。 ○「生涯を通じて学び続ける人々」を読ませる。 ○人数に偏りがある場合は調整する。 ○的確にまとめて発表させる。 ☆学ぶことの意義について，話し合いを通じて自分の考えを深めている。　　　　[観察] ○先生が司会し，話し合いをリードする。
まとめ	8 自分の考えをまとめ，今日の授業の感想を書き，数名発表する。 　　　　　　　（ワークシート2） 9 先生の話を聞く。	○学ぶことの意義は人によって違うことを確認させる。 ○「学ぶことの意義」を自分の体験をもとに話す。

③ 事後の活動と指導

活動内容（活動場面など）	指導・援助の留意点
・ワークシートに保護者の感想を書いてもらう。	・意見をいただいた方々にお礼の言葉を言うように指導する。 ・学習の意義を学級通信に載せる。

（4）本時の評価
①中学校における学習について，その意義を理解し，積極的に取組む態度を養うことができたか。
②生涯学習の視点から「学ぶことの意義」を広い視野でとらえ，将来に向けて学び続ける意欲をもつことができたか。

（5）資料・ワークシート
[ワークシート1]　　　　アンケート　　　　2年＿＿組＿＿番　氏名＿＿＿＿＿＿

「なぜ，人は学ぶのだろう」 あなたの考えを書いてください。	

［ワークシート２］

なぜ，人は学ぶのだろうか　　２年＿＿＿組＿＿＿番　氏名＿＿＿＿＿＿＿＿＿＿

人	なぜ，人は学ぶのだろう
自分の考え	
（　　　　） の考え 先輩，保護者 など	
（　　　　） の考え 先輩，保護者 など	
（　　　　） の考え 先輩，保護者 など	
（　　　　） 自分の考え （授業後）	

今日の授業の感想	

保護者の感想	先生から

Ⅱ 学ぶことと働くこと

[ワークシート３]

わたしが学ぶ理由

２年_____組_____番　氏名_____

	Yes	No	順位
①将来の仕事に役立つ力を付けたいから。	☐	☐	（　）
②いろいろな資格を取りたいから。	☐	☐	（　）
③希望する上級学校へ進学する力を付けたいから。	☐	☐	（　）
④勉強しないと経済的に豊かな生活が送れないから。	☐	☐	（　）
⑤義務教育期間は勉強するのが当然だから。	☐	☐	（　）
⑥保護者などが勉強しろと言うから。	☐	☐	（　）
⑦テストなどで良い成績を取りたいから。	☐	☐	（　）
⑧勉強したことは社会生活に役立つから。	☐	☐	（　）
⑨勉強することが好きだから。	☐	☐	（　）
⑩自分の能力を伸ばしたいから。	☐	☐	（　）

[資料]

生涯を通じて学び続ける人々

英語を学んで仕事を充実させたい25歳の女性

週2回、夕方6時に仕事を終えると、わたしは英会話学校に通っています。

もともと美術が好きで、専門学校でデザインを学び、アジア各国から手工芸品を輸入する会社に就職しました。

3年目に、現地との交渉を手伝うようになり、苦手な英語に苦労しました。

しかし、「好きな仕事をもっと充実させたい」と考え、ビジネス会話のレッスンを受けることにしたのです。

勉強し始めると、自然と海外の相手と話をする機会が増え、ますます英語力の大切さを感じています。

地域のことを学んで町づくりに生かす42歳の男性

わたしの町は、自分もふくめて地元で働く人が少なく、主に昼間は子どもとお年寄りが中心になります。

あるとき、地域の講演会で話を聞いて、自分の町のことをあまり知らないことに気付き、休日には勉強会に参加したり、図書館で資料を調べたりするようになりました。

勉強の成果を生かして、放課後に子どもがお年寄りといっしょに活動する場の必要性や、歩道を歩きやすくするなど、さまざまな町づくりの案を発表し、提言しました。

大学の公開講座で好きな歴史を学ぶ71歳の男性

現在、ある大学の公開講座で勉強をしています。

わたしが興味をもっているのは、明治維新です。

テレビで幕末から明治維新にかけての歴史に関する番組を見て、興味をもち、公開講座に申し込みをしたのです。

今は自分が好きな分野を自分のペースで学習できる喜びを味わっています。

年齢や職業の異なる人たちといっしょに学んでいると、学習することが楽しくなります。

Ⅱ 学ぶことと働くこと

❷自分の学びを考えよう
学習の大切さを確認しよう

（1） 本実践とキャリア教育
「生き方や進路に関する現実的探索」

ほとんどの生徒が上級学校へ進学する現状の中で，「進路」＝「進学」と捉えている生徒が多い。生き方指導に重点をおいたキャリア教育では，生徒自身が自らの将来に対して夢や希望をもち，どんな生き方をしようとするのかを考えさせることはとても重要である。そのために，将来の職業との関連の中で，今の学習の必要性や生涯にわたり学び続ける大切さを理解させたい。

【自己理解・自己管理能力】【キャリアプランニング能力】

（2） 本時のねらい
いろいろな考え方を知り，その中から自分にとっての「学習の意義」を見つけさせる。

（3） 展開の過程
① 事前の活動と指導

活動内容（活動場面など）	指導・援助の留意点
進学理由に関するアンケートに答える。（ワークシート１・帰りの会）	自分の素直な気持ちを答えさせる。

② 本時の展開

過程	学習活動と内容	指導上の配慮事項と評価 配慮事項（○） キャリア教育の視点から見て特に重要なこと（◎） 評価（☆）
導入	1 アンケート結果を見て，意見を出し合う。 2 アンケート結果から本時のテーマとねらいを知る。	○多くの意見を出させ，共感的に捉えさせる。 ○興味をもってアンケート結果を見たり，テーマに取組ませる。 ○「大学などへ進学するため」「自分に適した職業に就くため」などの意見に注意を向けさせる。
展開	本時の活動テーマ　学習の大切さを確認しよう 3 県内の高校中途退学者数を見て，何の数字かを考える。	○深く考えさせずに，いろいろな意見を出させる。

展開	（※先生が事前に準備） 4　「高等学校中途退学者数および中途退学率」を見て意見を出し合う。　　　　　　（資料） 5　意見をまとめ，その傾向をまとめる。　　　　　（ワークシート２）	○中途退学理由から問題点を考えさせる。 ○「学ぶことの意義」について，考えさせる。 ◎勉強とは職業に就いてからも必要であることを確認させる。
まとめ	6　感想をまとめる。 　　　　　　　（ワークシート２） 7　先生の話を聞く。	◎「学ぶ」ことも大切だが，「学び続ける意志」が大切であることを確認させる。 ☆資料や話し合いなどから「学ぶことの意義」を見つけている。　　　　（ワークシート２）

③　事後の活動と指導

活動内容（活動場面など）	指導・援助の留意点
・ワークシートを点検して感想などを発表する。　　　　　　　　（学活・帰りの会） ・学級通信から他者の考えを知り，自分の今後の生活に生かす。	・生徒たちの学習での理解度を確認する。 ・学級通信を通して，キャリア教育について保護者への啓発を図る。

（4）　本時の評価
・いろいろな考え方を知り，その中から自分にとっての「学習の意義」を見つけることができたか。

（5）　資料・ワークシート
［ワークシート１］

進学理由に関するアンケート　　2年____組____番　氏名_____

○なぜ高等学校へ進学するのですか。

Ⅱ　学ぶことと働くこと

[ワークシート２]

学習の大切さを確認しよう

2年＿＿＿組＿＿＿番　氏名＿＿＿＿＿＿＿＿＿＿

1　高等学校を中退する理由を考えてみよう。

2　中途退学理由から考えられる問題点は何だろう。

3　「学ぶ」ということは，いったいどんなことだろう。

4　今日の授業の感想を記入しよう。

5　保護者の感想を書いてもらおう。

[資料]

■高等学校中途退学者数等の推移

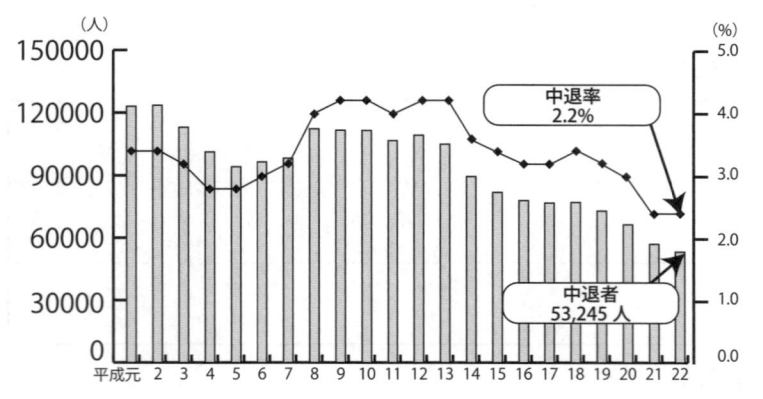

中退率 2.2%
中退者 53,245人

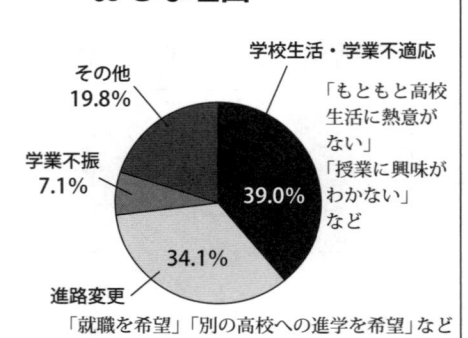

（平成23年 文部科学省「児童生徒の問題行動等生徒指導上の諸問題に関する調査」より）

■高等学校中途退学者のおもな理由

- 学校生活・学業不適応 39.0%
  「もともと高校生活に熱意がない」「授業に興味がわからない」など
- 進路変更 34.1%
  「就職を希望」「別の高校への進学を希望」など
- 学業不振 7.1%
- その他 19.8%

■全国の高校中途退学者およそ1000人（15歳～19歳）に聞きました

「あなたはいま何をしていますか？」
- 仕事を探している　13.6
- 働いている　56.2
- 在学中　30.8
- 妊娠中・育児中　5.4
- 家事・家事手伝い　11.0
- その他　7.0
- 特に何もしていない　4.0

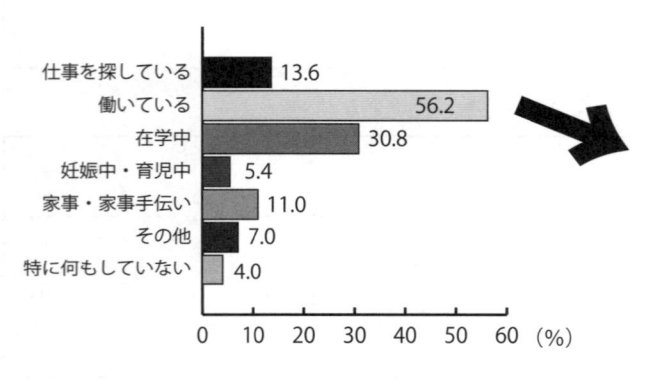

「『働いている』人の内訳は？」
- 正社員・正職員など　17.1%
- フリーター・パートなど　77.2%
- 家の商売や事業など　6.1%
- 無回答　0.8%

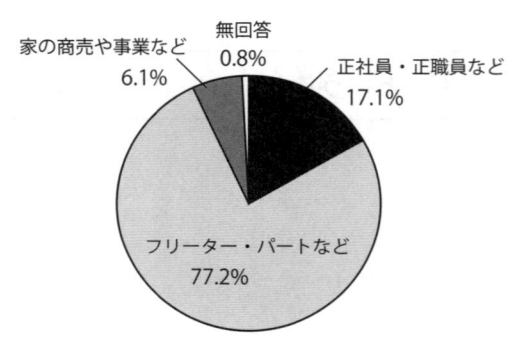

「高校を辞めた理由」（とても当てはまる，まあ当てはまる）
- 勉強がわからなかった　48.6
- 校則など校風が合わなかった　52.0
- 仲の良い友人が辞めてしまった　14.8
- 問題行動を起こした　24.1
- 第一希望の高校ではなかった　20.8
- 人間関係がうまくいかなかった　46.3
- 親に辞めさせられた　2.9
- 経済的な余裕がなかった　16.0
- 健康上の理由　18.5
- 妊娠した　4.0
- 高校生活以外に興味があることができた　36.3
- 欠席や欠時がたまって進級できそうもなかった　54.9
- 早く経済的に自立したかった　30.0
- 早く家を出たかった　22.2

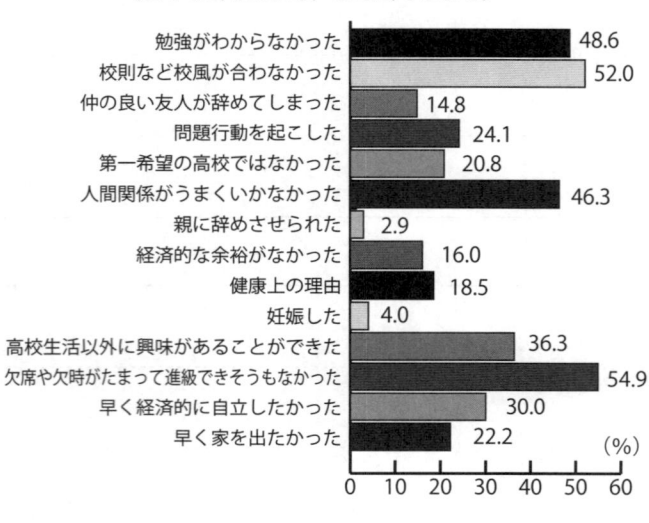

「3年後を想像した今後の進路希望は？」
- 高校に再入学したい　6.1
- 専門学校に入学したい　10.1
- 大学に進学したい　12.9
- アルバイトとして働きたい　9.9
- 正社員として働きたい　35.9
- しばらく遊んでいたい　1.0
- 進学も仕事もせずに結婚したい　2.3
- まだどうしていいかわからない　11.5
- その他　9.9
- 無回答　0.4

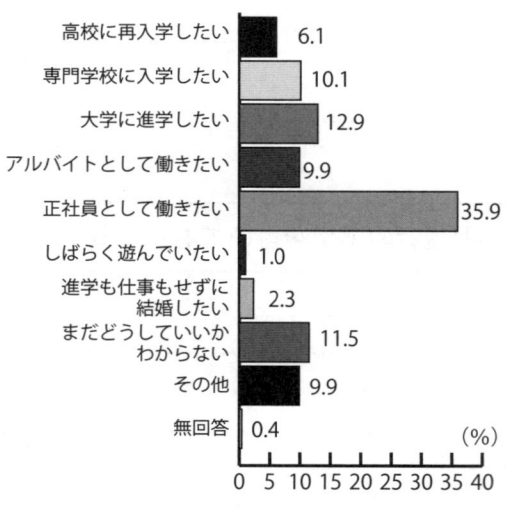

（平成23年3月　内閣府「若者の意識に関する調査～高等学校中途退学者の意識に関する調査～」より）

❸自分の学習を振り返ろう
学習の悩みを解決しよう〈ピア・カウンセリング〉

（1） 本実践とキャリア教育
「肯定的自己理解と自己有用感の獲得」「生き方や進路に関する現実的探索」

　自分の学習の悩みについて互いに考え合う（ピア・カウンセリング）ことで，自分に合った解決方法を見出すともに，自ら学習方法を改善し，意欲的に取組ませる。
　また，この実践を通して，心豊かで思いやりのある人間の育成にも力を注ぎたい。

【自己理解・自己管理能力】【課題対応能力】【キャリアプランニング能力】

（2） 本時のねらい
①学習についての悩みを出し合い，相談することで，悩みの解決方法を理解させる。
②悩みを解決し，意欲的に学校生活に取組む態度を育ませる。

（3） 展開の過程
① 事前の活動と指導

活動内容（活動場面など）	指導・援助の留意点
・学習の悩みを具体的にワークシート１に書く。　　　　　　　　　　（家庭・帰りの会） ・学習の悩み「自己診断」をワークシート２に記入する。　　　　（家庭・帰りの会）	・できるだけ具体的に多くの悩みを出させる。 ・自分の状況を把握させる。

② 本時の展開

過程	学習活動と内容	指導上の配慮事項と評価 配慮事項（○） キャリア教育の視点から見て特に重要なこと（◎） 評価（☆）
導入	1　「自己診断」の結果を発表する。 2　悩みを解決する方法を考える。	○学習の悩み「自己診断」の集計結果から，学習についてどんな悩みがあるかを知らせる。 ○他者に相談するという方法もあることに気付かせる。
展開	本時の活動テーマ　学習の悩みを解決しよう＜ピア・カウンセリング＞ 3　他の人の相談用紙を読み，悩みに対する感想，アドバイスを記入する。	○本人の用紙が行かないように工夫する。 ○本当に悩んでいる生徒がいることを伝え，本人にアドバイスするつもりで真剣に考えるよ

展開		4　用紙を回収し，別の人に再度配付する。 5　他の人の悩みと前の人のアドバイスを読む。さらに自分からのアドバイスを記入する。 6　相談用紙を読む。 7　自分の相談用紙を受け取る。	うに指導する。 ○悩みを書いた人の氏名はわからないようにするが，後で本人に渡せるように識別できる記号を書かせておく。 ☆悩みの解決方法について，自分の意見を書いている。　　　　　　　　　　［ワークシート］ ○机間指導しながら発表に適するものをいくつか選んでおく。 ○相談用紙を間違いなく本人に返却する。
まとめ		8　自分の相談用紙を読む。 9　ワークシートに自分の悩みの解決策やアドバイスに対する感想，授業の感想を記入する。 10　先生の話を聞く。	○落ち着いた雰囲気の中で読ませる。 ☆学習についての悩みを出し合い，相談することで悩みの解決方法を見出している。 　　　　　　　　　　　　　　　［ワークシート］ ○誰にでも悩みがあり，相談することの大切さを理解させる。

③　事後の活動と指導

活動内容（活動場面など）	指導・援助の留意点
・ワークシートに保護者の感想を書いてもらう。 ・悩みの解決方法を学級通信に載せ，他者の考えを知り，自分の今後の生活に生かす。	・教育相談などに活用する。 ・保護者へのキャリア教育の啓発を図る。

（4）　本時の評価

①学習についての悩みを出し合い，相談することで，悩みの解決方法を理解することができたか。
②悩みを解決し，意欲的に学校生活に取組む態度を育むことができたか。

Ⅱ　学ぶことと働くこと

（5）　資料・ワークシート
[ワークシート１]

【相談用紙】

2年＿＿＿組＿＿＿番　氏名＿＿＿＿＿＿＿＿＿

マークを記入　□

------------------------------ キリトリセン ------------------------------

マークを記入　□

学習についての悩み

自分の悩み

アドバイス

アドバイス

アドバイスを読んで	授業の感想

保護者の感想	先生から

137

[ワークシート２]

「学習の悩み」自己診断

2年_____組_____番　氏名_____

あてはまる方の□にチェックしてみよう。

	YES	NO
①勉強に対してやる気がおきない。	□	□
②勉強そのものが好きになれない。	□	□
③授業がよくわからない。	□	□
④授業がつまらない。	□	□
⑤勉強しても成績が向上しない。	□	□
⑥勉強の仕方がわからない。	□	□
⑦家庭学習に取組む時間が足りない。	□	□
⑧家族が勉強しろとうるさく言う。	□	□
⑨進学のことがとても気になる。	□	□
⑩学習計画は立てるが実行できない。	□	□

Ⅱ　学ぶことと働くこと

❹なぜ，人は働くのだろう
なぜ，人は働くのだろう〈話し合い活動〉

（1）　本実践とキャリア教育
「興味・関心等に基づく勤労観・職業観の形成」「生き方や進路に関する現実的探索」

　働くことの目的や意義を考え，理解することにより，将来の自分の生き方につなげさせるとともに，働くことへの多様な価値観を理解し，望ましい勤労観・職業観の形成の基礎を養わせる。
【自己理解・自己管理能力】【キャリアプランニング能力】

（2）　本時のねらい
①働く目的や意義について考えることで，将来の進路選択に向けての意欲を高め，前向きに普段の学校生活を送らせる。
②働くことについての多様な価値観を理解させることで，働くことの重要性や大切さを理解させる。

（3）　展開の過程
①　事前の活動と指導

活動内容（活動場面など）	指導・援助の留意点
・事前アンケートを実施し，働く理由について順位付けをし，その理由を記入する。 　　　　　　　　（ワークシート1・帰りの会） ・保護者に「人は，なぜ働くのか」について記入してもらう。　　　（ワークシート2）	・順位付けとともに，その理由についてもできるだけ具体的に記入するように伝える。 ・保護者宛に文書を出して，記入の協力をお願いする。封筒に入れた状態で保護者に渡るようにすることが望ましい。

②　本時の展開

過程	学習活動と内容	指導上の配慮事項と評価 配慮事項（○） キャリア教育の視点から見て特に重要なこと（◎） 評価（☆）
導入	1　事前アンケートの順位をもとに，あらかじめ先生の方で編成した班になる。 2　各班で意見をまとめ，その項目を重視した理由を発表する。 3　本時のテーマを確認する。	○同じ意見の生徒同士で班を編成することにより，意見を出しやすくする。 ○各班の意見を聞きながら，働くことへの多様な価値観に触れさせる。 ○さまざまな考えがあることに着目させる。 ☆働くことへの自分なりのイメージをもちながら，テーマを理解している。　[発表・観察]

	本時の活動テーマ　なぜ，人は働くのだろう　＜話し合い活動＞	
展開	4　各班の発表を聞いて感じたことをワークシート3に記入する。 5　各班に対して，質問や意見を発表する。 6　もう一度，自分が働くときに重視する項目を再検討してみる。	○各班への質問なども記入させる。 ○話し合いのルールを守らせながら，意見交換を行うようにする。 ☆働くことへの自分の価値観を明確にするとともに，友人の価値観を知り，多様性を考えている。　　　　　　　　　　[ワークシート]
まとめ	7　ワークシート3を記入する。 8　先生の話を聞く。	○ワークシート3を持ちかえり，保護者の方にも感想を記入してもらうことを伝える。 ○働くことに対する格言やことわざを紹介したり，保護者の意見を紹介したりする。 ◎勤労観・職業観は多様であり，それぞれが自分らしい生き方を求めていくことが大切であることに気付かせる。

③　事後の活動と指導

活動内容（活動場面など）	指導・援助の留意点
学級通信に掲載された他者の考えを知り，今後の自分に生かす。	・保護者の感想も事前に了解をとり，学級通信に掲載する。 ・その後の職業についての学習や職場体験学習につながるように，改めて話をする機会をつくる。

（4）　本時の評価
　①働くことの目的や意義を理解し，進路選択に向けての意欲を高めることができたか。
　②さまざまな人の多様な勤労観・職業観を理解することができたか。

Ⅱ　学ぶことと働くこと

(5) 資料・ワークシート
［ワークシート1］

なぜ，人は働くのだろう？（事前アンケート）

2年＿＿＿組＿＿＿番　氏名＿＿＿＿＿＿＿＿＿＿＿＿＿

あなたは将来，職業を選択して働くときにどのようなことを重視しますか？　次の項目に順位をつけてみよう。

項　目	内　　　　　容	順　位
経　済	高い収入や給料が得られる仕事に就きたい。	
社　会	世の中や人のために役に立つ仕事に就きたい。	
個　人	自分の個性（性格・趣味・特技など）を生かして働きたい。	
名　誉	地位や名誉が得られる仕事に就きたい。	
安　定	収入や立場が安定した仕事に就きたい。	
家　庭	家庭を一番に考えて，無理なく働ける仕事に就きたい。	
環　境	仕事の場所や環境が快適なところで仕事がしたい。	

その順位にした理由を書こう。

［ワークシート2］

なぜ，人は働くのだろう？（保護者アンケート）

2年生の進路学習の中で，「人はなぜ働くのだろう」というテーマで授業を行います。つきましては，このテーマに対して，保護者の皆様の考えをお聞きしたく，お願い申し上げます。

保護者氏名＿＿＿＿＿＿＿＿＿＿＿＿＿

[ワークシート３]

なぜ，人は働くのだろう？

2年＿＿＿組＿＿＿番　氏名＿＿＿＿＿＿＿＿＿＿＿＿＿

1　各班の重視する理由を聞いて，感じたことや質問したいことなどを記入しよう。

2　今までの意見を聞いた上で，改めて順位をつけてみよう。

項　目	内　　　容	順　位
経　済	高い収入や給料が得られる仕事に就きたい。	
社　会	世の中や人のために役に立つ仕事に就きたい。	
個　人	自分の個性（性格・趣味・特技など）を生かして働きたい。	
名　誉	地位や名誉が得られる仕事に就きたい。	
安　定	収入や立場が安定した仕事に就きたい。	
家　庭	家庭を一番に考えて，無理なく働ける仕事に就きたい。	
環　境	仕事の場所や環境が快適なところで仕事がしたい。	

3　今日の授業を通して感じたことや，これから生かしたいと思ったことを記入しよう。

☆書ける人は書いてみよう☆

働くということは＿＿＿＿＿＿＿＿＿＿＿＿＿＿＿＿＿＿＿＿である。

III　職業について学ぶ

1　テーマ設定の理由

　今後の進路選択において，進路情報を収集し理解していくことは，自己の進路意識を高め，将来の進路設計を行ううえで，とても重要な過程である。また，職業や働くことの意義などについて理解することは，特に，キャリアプランニング能力を育成するために重要な課題となる。
　ここでは，活動を通して職業の多様性について理解させるとともに，職業や働くことへの意識の向上と理解につなげさせたい。また，実際の職場体験学習を通して，職業への意識や働くことの意義について考えさせたい。さらに，将来のより良い自己実現を目指した一人一人の望ましい勤労観・職業観の育成やキャリアプランニング能力を育成するためにこのテーマを設定した。

2　全体構想
(1)　他の教科・領域との関連性

＜教科・道徳・総合＞	＜特別活動（学級活動）＞	＜学校行事・その他＞
＜道徳＞ 　1－(3)　自主・自律 　1－(4)　理想の実現 　4－(5)　勤労の意義 　　　　　と尊さ ＜総合的な学習の時間＞ 　職業や自己の将来に関する学習 （職場体験学習など）	1年　II　目的をもって学ぶ 　　　III　働くことについて知る 2年　II　学ぶことと働くこと ❶職業について考えよう ❷職業の特色についてまとめよう ❸職場体験学習にチャレンジしよう ❹職業の理解を深めよう 2年　IV　自分について考える 　　　V　将来の計画を立てる 3年　III　進路決定の日のために	＜学校行事＞ 　宿泊学習・林間学校 　修学旅行 　体育祭・合唱祭 　職場体験学習　　など

(2)　家庭・地域社会との連携
　　自分の興味・関心の高い職業や身のまわりの職業について，できる限り調べておく。

3　指導計画（4時間扱い）
　❶職業について考えよう（1時間）
　❷職業の特色についてまとめよう（1時間）
　❸職場体験学習にチャレンジしよう（1時間）
　❹職業の理解を深めよう（1時間）

❶職業について考えよう
身近な職業や産業について考えてみよう

（1） 本実践とキャリア教育
「興味・関心等に基づく勤労観・職業観の形成」「生き方や進路に関する現実的探索」

　職業や産業の多様性を理解し，自己の職業人・社会人としての生き方などについて考えることは，生徒の勤労観・職業観および人生観を育むために，とても大切なことである。この学習を通して，具体的に職業について考えることにより，将来の自己実現を目指したキャリアプランニング能力の育成を図るとともに，自分の進路への関心を高めさせたい。
【キャリアプランニング能力】

（2） 本時のねらい
　①自分を取り巻く身近な職業を知り，自分たちの生活と職業の関わりや大切さを理解させる。
　②「職業と産業の関係」を知り，職業への理解を深めるとともに関心・意欲を高めさせる。

（3） 展開の過程
① 事前の活動と指導

活動内容（活動場面など）	指導・援助の留意点
・自分の1日の生活の中で関わった職業を考えておく。　　　　　　　　　　　（家庭） ・事前にワークシートに自分の知っている職業名を記入する。(ワークシート2・帰りの会)	・ある自分の1日の生活（学校のある平日）を見つめさせる。

② 本時の展開

過程	学習活動と内容	指導上の配慮事項と評価 配慮事項（○） キャリア教育の視点から見て特に重要なこと（◎） 評価（☆）
導入	1　自分の知っている職業名をあげ，「職業」について考える。(ワークシート2) 2　「職業」とは何か，「産業」とは何かをそれぞれ考える。 　　　　（ワークシート2・資料）	○自由に発表させ，なるべく多くの職業について考えさせる。 ○自由に発表させ，一つの産業の中にさまざまな職業があることに気付かせる。 ☆テーマに関心をもち，職業や産業について取りあげている。 　　　　　　　　　　　　［ワークシート］

展開	本時の活動テーマ　身近な職業や産業について考えてみよう	
	3　事前に考えた職業をワークシートにまとめる。 　　　　　　　　（ワークシート１）	○着目点を理解させる。
	4　「職業」や「産業」とは何かを理解する。 　　　　　　（ワークシート２・資料）	○できるだけ多くの事例を示し，「職業」と「産業」の分類を理解させる。 ◎「職業」と「産業」の多様性に気付かせるように，事前の情報や友人の情報をうまく活用させる。
まとめ	5　ワークシートを友人と交換し，感想を発表する。 　　「職業」と「産業」について，気付いた点を発表する。 　　　　　　　　（ワークシート２） 6　先生の話を聞く。	○自由に感想や気付いた点を発表させる。 ○資料の『職業と産業の関係』を活用し，理解させる。 ☆「職業」についての関心が高まり，「職業と産業の関係」について理解しようとしている。　　　　[ワークシート・発表] ◎「職業」と「産業」の違いを理解させ，活発な意見交換ができるようにする。

③　事後の活動と指導

活動内容（活動場面など）	指導・援助の留意点
ワークシートを点検して感想などを発表する。 　　　　　　　　（学活・帰りの会）	学級通信を通して，キャリア教育について保護者への啓発を図る。

（4）　本時の評価

①自分を取り巻く身近な職業を知り，自分たちの生活と職業の関わりや大切さを理解することができたか。

②「職業と産業の関係」を知り，職業への理解を深めるとともに関心・意欲を高めることができたか。

（5） 資料・ワークシート
[資料]

職業と産業の関係

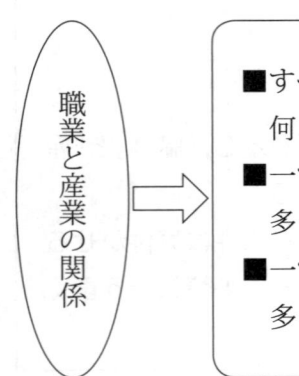

職業と産業の関係

- ■すべての職業は何らかの産業に属している。
- ■一つの産業に多くの職業が属している。
- ■一つの職業が多くの産業に属している。

- ●大工→建設業など
  航空機操縦士→外国航路運輸業など
- ●運転士・乗務員・駅員・駅長・車両整備士等→鉄道業など
- ●経理事務員→銀行・信用金庫・病院・ホテル・不動産業など

日本標準職業分類
（総務省統計局）

職業の大分類	職業の例
専門的・技術的職業従事者	科学研究者，機械・電気技術者，情報処理技術者，医師，看護師，栄養士，保育士，裁判官，記者，教員，音楽家，俳優など
管理的職業従事者	国会議員，知事，会社役員，工場長，駅長，郵便局長など
事務従事者	秘書，経理事務員，レジスター，仕入係，出改札係，タイピスト，コンピュータ・オペレーターなど
販売従事者	卸売店主，飲食店主，販売店員，生命保険外交員など
サービス職業従事者	理容師，美容師，調理師，客室乗務員，駐車場管理人，通訳ガイド，ファッションモデル，ツアーコンダクター，ビル管理人など
保安職業従事者	陸上自衛官，警察官，海上保安官，看守，消防官，警備員など
農林漁業作業者	農耕作業員，果樹栽培者，動物飼育係，植木職人，育林作業者，漁業作業者，真珠養殖作業者など
運輸・通信従事者	電車運転士，バス運転者，貨客船船長，航海士，航空機操縦士，車掌，無線通信士，電話交換手，航空管制官など
生産工程・労務作業者	採炭員，トンネル掘削工，製鋼工，旋盤工，ガス溶接工，テレビ組立工，自動車整備工，印刷工，建設機械運転工，電気工事作業者，とび工など
分類不能の職業	分類不能の職業

Ⅲ 職業について学ぶ

日本標準産業分類
(総務省統計局)

産業の大分類	産業の例
農　　　　　業	米作農業，果樹作農業，酪農業，養豚業，園芸サービス業など
林　　　　　業	私有林経営業，炭焼業，植林請負業など
漁　　　　　業	底引き網漁業，こんぶ採取業，真珠養殖業など
鉱　　　　　業	鉄鋼業，石炭鉱業，天然ガス鉱業，砂利採取業など
建　　設　　業	土木工事業，建設工事請負業，電気配線工事業など
製　　造　　業	乳製品製造業，印刷業，化学繊維製造業，自動車製造業など
電気・ガス・熱供給・水　道　業	発電所，変電所，ガス製造工場，水道局，浄水場，下水処理場など
情　報　通　信　業	テレビ・ラジオ放送業，情報サービス業，新聞業，出版業など
運　　輸　　業	鉄道業，タクシー業，一般貨物自動車運送業，外国航路運輸業など
卸　売　・　小　売　業	総合商社，洋服卸売業，百貨店，自転車店，ガソリンスタンドなど
金　融　・　保　険　業	都市銀行，信用金庫，質店，証券業，生命保険業など
不　　動　　産　　業	住宅建売業，不動産仲介業，アパート業，駐車場業など
飲　食　店，　宿　泊　業	食堂・レストラン業，旅館・ホテル業など
医　　療，　福　　祉	病院，看護業，歯科技工所，保健所，保育所，老人ホームなど
教　育，　学　習　支　援　業	小・中・高・大学，図書館，学習塾，フィットネスクラブなど
複合サービス事業	郵便局，農林水産業協同組合など
サ　ー　ビ　ス　業（他に分類されないもの）	美容院，映画館，自動車修理業，洗濯業，広告制作業，ビルメンテナンス業，法律事務所，神社など
公務(他に分類されないもの)	衆議院，都道府県庁，市役所，教育委員会など
分　類　不　能　の　産　業	分類不能の産業

職業
・個人が行う仕事の内容。弁護士，自動車整備士，美容師など。

産業
・事業所（会社や工場，商店など）が行う事業内容。法律事務所，自動車修理業，美容院など。

産業の大分類
・法律事務所，自動車修理業，美容院の3つとも，大分類ではサービス業に属する。

[ワークシート1]
自分の1日の生活に関わっている職業は何？

2年＿＿＿組＿＿＿番　氏名＿＿＿＿＿＿＿＿＿＿＿＿

身近な職業について，ある1日を追ってみよう。

○あなたが朝起きてから寝るまでの生活に関わっている職業についてまとめてみよう！

<こんなところに注意してまとめてみよう！>
- ①関わった時間は？
- ②関わった職業名は？
- ③関わった場所は？
- ④関わった職業についている人の特徴（性別，おおよその年齢など）は？
- ⑤関わった職業の内容は？

1日の生活	職業名	場所・時間	内容・特徴・感想など
睡眠・起床			
朝・朝食			
登校			
授業			
給食			
清掃			
部活動			
下校			
放課後の生活（塾・習い事など）			
夕食			
自由時間			
消灯・睡眠			

Ⅲ 職業について学ぶ

[ワークシート2]
身近な「職業」と「産業」を調べてみよう！

2年＿＿＿組＿＿＿番　氏名＿＿＿＿＿＿＿＿＿＿＿＿＿＿

1　自分の知っている職業名を書き出してみよう。

2　職業と産業の違いについてまとめてみよう。
● 職業とは

● 産業とは

3　身近な人で，働いている人の職業名と産業名をまとめてみよう。

働いている人 （関係）	職業名	産業名	仕事内容

4　次の職業はどんな産業に属しているか書いてみよう。

医師	調理師	知事	自動車整備工
動物飼育係	バス運転手	警察官	レジスター

❷職業の特色についてまとめよう
職業の特色について考えよう〈話し合い活動〉

（1） 本実践とキャリア教育
「興味・関心等に基づく勤労観・職業観の形成」「生き方や進路に関する現実的探索」

　生徒一人一人の社会的自立・職業的自立を目指すキャリア教育において，職業の内容や特色について知ることは，職業を理解する上で，とても重要な学習となる。その実践として，多くの学校で実施されている「職場体験学習」などがあげられる。生徒が将来就く多種多様な職業の特色・環境・条件などについて考えることは，職業情報をより豊かにすることはもちろん，将来の希望をより具現化し，進路意識を高めることに大きくつながっていく。ここでは，職業の特色・環境・条件を考えながら，職業に対する理解を深めさせたい。

【課題対応能力】【キャリアプランニング能力】

（2） 本時のねらい
　①多様な職業の内容や特色などを考え，その職業の適性などについて理解を深めさせる。
　②さまざまな職業に関する情報を理解・活用し，職業や働くことへの関心を高めさせる。

（3） 展開の過程
① 事前の活動と指導

活動内容（活動場面など）	指導・援助の留意点
職業の特色にはどんなものがあるか考える。 （家庭・ワークシート）	自分自身で興味・関心のある職業をあげ，事例をうまく活用しながら，職業の特色について考えさせる。

② 本時の展開

過程	学習活動と内容	指導上の配慮事項と評価 配慮事項（○） キャリア教育の視点から見て特に重要なこと（◎） 評価（☆）
導入	1　さまざまな職業の特色について気付いた点を発表する。 2　本時のテーマとねらいを確認する。	○自由に発表させ，職業の特色について考えさせる。 ○職業にはいくつかの特色があることに気付かせ，本時のテーマに結びつける。 ☆テーマに興味・関心をもち，職業の特色について，理解しようとしている。 ［ワークシート］

Ⅲ 職業について学ぶ

展開	**本時の活動テーマ　職業の特色について考えよう＜話し合い活動＞**	
	3　班ごとの話し合い活動の中で，職業の特色についてまとめる。 　　　　　　　　　　　（ワークシート）	○職業の特色を各自で自由にまとめさせる。 ◎職業の特色について理解を深めながら，話し合いやワークシートの整理に，真剣に取組んでいる。
	4　各班でまとめた特色を発表する。 　　　　　　　　　　　（ワークシート）	○各班から発表された情報を共有化させる。
	5　各班がまとめた特色をそれぞれの条件に合わせて分類する。 　　　　　　　　　　　（ワークシート）	○各班がまとめた特色を，条件に合わせて分類させる。
	6　班で考えた条件で職業をまとめる。 　　　　　　　　　　　（ワークシート）	○いくつかの例を提示し，まとめられるように助言する。また，複数の条件にあてはまる職業があることに注意させる。
	7　各班で整理したワークシートの内容を発表する。	☆特色に合った職業について，自分の考えと班の仲間の考えを円滑に交換し，うまく活用している。　　　　　［観察・ワークシート］
まとめ	8　本時の授業の感想や気付いたことを発表する。	○自由に感想や気付いた点を発表させる。 ☆「職業の特色」について理解している。 　　　　　　　　［ワークシート・発表・観察］

③　事後の活動と指導

活動内容（活動場面など）	指導・援助の留意点
友人と自分のワークシートを比較して感想などを発表する。　　　　　　　　（学活など）	学級通信を通して，キャリア教育についての保護者への啓発を図る。

（4）　本時の評価

①多様な職業の内容や特色などを考え，その職業の適性などについて理解を深めることができたか。
②さまざまな職業に関する情報を理解・活用し，職業や働くことへの関心を高めることができたか。

(5) 資料・ワークシート
[ワークシート]

職業の特色とは？

2年____組____番　氏名_____

1　職業の条件について考えてみよう。
　●自分の考え。

　　[   ]

　●班員の考え。

　　[   ]

2　班から発表された特色をそれぞれの条件に合わせて分類してみよう。また，そのそれぞれの条件に合った職業を考えてみよう。
　（条件の例）　働く対象，環境，資格など

条　件	職業の特色	職　業
①何を相手にする職業か。	（例）　人を相手にする	（例）　先生
②どんな環境下での職業か。（活動場所など）		
③どんな方法でなれる職業か。（資格・免許など）		
④		
⑤		

Ⅲ　職業について学ぶ

❸職場体験学習にチャレンジしよう
職場体験学習のねらいを確認しよう

（1）　本実践とキャリア教育
「肯定的自己理解と自己有用感の獲得」「興味・関心等に基づく勤労観・職業観の形成」

「職場体験学習のねらいの明確化」，このことはこの学習をよりよく進める上で，動機付け（関心・意欲）を高めるためにきわめて効果的である。特に体験先（事業所）選びの前の学習としては，学校（先生）側のねらいや生徒の目標などを明確化することで，生徒の今後の学習に取組む姿勢が大きく変わってくる。

また，「職業とは何か」「職業の特色とは何か」「自分の個性・適性は？」を生徒に再認識させながら，この学習の重要性をしっかりと自覚させることが大切である。

【自己理解・自己管理能力】【課題対応能力】【キャリアプランニング能力】

（2）　本時のねらい
職場体験学習のねらいを確認させることにより，動機付けをより高めさせる。

（3）　展開の過程
① 事前の活動と指導

活動内容（活動場面など）	指導・援助の留意点
職場体験学習を通して，学習することのできる４つの項目を事前に提示し，確認する。 （学活・帰りの会）	４つの項目の確認を通して，あらかじめ自分自身がこの職場体験学習で，どんなことを学習したいかを考えさせておく。

② 本時の展開

過程	学習活動と内容	指導上の配慮事項と評価 配慮事項（○） キャリア教育の視点から見て特に重要なこと（◎） 評価（☆）
導入	1　職場体験学習において，学習できる事柄を確認する。また，目標（ねらい）をもって学習に取組むことの大切さを理解する。 （ワークシート） 2　本時のテーマとねらいを確認する。	○「職場体験学習のねらい」を意識することの必要性を理解させる。 （ワークシートを有効活用させる。） ○本時のねらいとテーマを確認させる。 ☆テーマに関心をもち，職場体験学習で学べることと，よりよい学習にするために，ねらいを確認することの大切さを理解しようとしている。　　　　　　　　　［観察・ワークシート］

		本時の活動テーマ　職場体験学習のねらいを確認しよう	
展開		3　ワークシートの一つ一つの項目をまとめ，発表する。 ・「自分なりに職場体験学習で学びたいこと」を確認する。 ・職場体験学習を実施するにあたっての心構えを考える。 ・体験先の方がどんな気持ちで受け入れてくれるかを考える。 ・職場体験学習でやってみたいことを考える。　（ワークシート）	○ワークシートの一つ一つの項目にていねいに記入させるとともに，自由に発表させる。 ◎自分自身の職場体験学習をイメージしながら，ワークシートに真剣に取組んでいる。 ○クラスの仲間とできるだけ多くの情報を交換させる。 ☆「職場体験学習のねらい」について，クラスの仲間と自分の考えを交換し，活用しようとしている。　　　　　　　　　　［観察］
まとめ		4　「職場体験学習のねらい」を再確認する。　　　　（ワークシート）	○「職場体験学習のねらい」の重要性を理解させるとともに，職場体験学習への興味・関心をさらに高めさせる。 ☆「職場体験学習のねらい」に関して，再確認している。 　　　　　［発表・ワークシート・観察］ ☆職場体験学習への興味・関心を高めている。 　　　　　　　　　　　　　　　　［観察］

③　事後の活動と指導

活動内容（活動場面など）	指導・援助の留意点
・ワークシートを点検して感想などを発表する。　　　　　　　　　（学活・帰りの会） ・今回のキャリア教育で学んだことを進路情報として，学級通信に載せ，他者の考えを知り，自分の今後の生活に生かす。	・生徒たちの学習の理解度を確認する。 ・学級通信を通して，キャリア教育についての保護者への啓発を図る。

（4）　本時の評価
　職場体験学習のねらいを確認することにより，動機付けをより高められたか。

Ⅲ　職業について学ぶ

（5）　資料・ワークシート
［ワークシート］

職場体験学習のねらい

2年＿＿＿組＿＿＿番　氏名＿＿＿＿＿＿＿＿＿＿＿＿＿

> 職場体験学習では，以下の4つの事柄を学習することができます。
> 　①新たなる人との出会いがあります。
> 　②社会のルールやマナーを学ぶことができます。
> 　③新しい自分に出会うことができます。
> 　④望ましい勤労観・職業観や将来の夢を育むことができます。

○今日は，以下の5つの項目に関して，考えてもらいます。しっかりと落ち着いて考えながら，まとめてみましょう。

1　職場体験先として，現在あなたが第1希望として考えている職業および事業所名は何ですか。

2　職場体験学習であなたが学習したいことを，3つ以上まとめてみましょう。

3　職場体験学習における心構えを，3つ以上あげてみましょう。

4 職場体験学習の受け入れ先の職場では，どのような気持ちで受け入れてくださるのでしょうか。あなたは体験先の経営者（担当者）などの立場になって考えてみましょう。

5 もし第1希望の職場で，体験学習ができるとしたら，特にやってみたいことはありますか。しっかりと考えてまとめてみましょう。

Ⅲ 職業について学ぶ

❹職業の理解を深めよう
働くことについて，達成できる価値を考えてみよう〈話し合い活動〉

（1） 本実践とキャリア教育
「興味・関心等に基づく勤労観・職業観の形成」「生き方や進路に関する現実的探索」

生徒の社会的自立・職業的自立を目指すキャリア教育において，生徒一人一人が，職業や働くことの価値や意義を考える過程は，とても大切なものである。ここでは，これまで学習してきた職業情報や職業の特色などをふまえつつ，自分なりの職業に対する価値観についてまとめさせる。さまざまな進路情報・職業情報に基づきながら，職業について改めて考えることは，その後の進路選択に向けての礎となる。

【課題対応能力】【キャリアプランニング能力】

（2） 本時のねらい
①職業に関する情報をまとめながら，自分の職業に対する価値観を考えさせる。
②友人の職業に関する多様な価値観と比較検討し，自分なりの職業に対する価値観を再検討させる。

（3） 展開の過程
① 事前の活動と指導

活動内容（活動場面など）	指導・援助の留意点
・以前学習した「なぜ，人は働くのだろう」を復習しておく。　　　　　　（家庭） ・自分の興味・関心の高い職業について，調べておく。　　　　　　（家庭・学校）	・以前に学習したワークシートなどを見返すことにより，簡単に復習させる。 ・インターネットや図書室の本などを活用させる。

② 本時の展開

過程	学習活動と内容	指導上の配慮事項と評価 配慮事項（○） キャリア教育の視点から見て特に重要なこと（◎） 評価（☆）
導入	1　以前学習した「なぜ，人は働くのだろう」を復習する。 2　本時のテーマとねらいを確認する。	○以前に学習したワークシートなどの見返しをさせることにより，簡単に復習させる。 ○発表を通して，本時のテーマに結びつける。 ☆テーマに興味・関心をもち，職業の価値について自分なりにある程度イメージすることができている。　　　　　　　　　　［発表・観察］
展開	本時の活動テーマ　働くことについて，達成できる価値を考えてみよう！ 　　　　＜話し合い活動＞	

展開	3　自分の興味・関心のある職業の価値について考える。 　　　　　　（ワークシート） ・自分の興味・関心の高い職業をあげる。 ・その職業で達成できると思われる価値について順位を付ける。 ・班ごとに職業と価値の順位について、意見交換し、順位付けの理由などについて話し合う。	○自分の興味・関心の高い職業について、職業名を記入させる。 ○その職業について、しっかりと考えさせ、価値の順位を付けさせ、その理由も併せて考えさせる。 ◎自分自身の職業に対する価値観と向き合いながらワークシートの活動（職業の価値の順位付け）に真剣に取組んでいる。 ○班ごとに、価値の順位付けの理由などについて、じっくりと話し合わせる。 ☆班内において、職業に対する価値観の意見交換を積極的に行い、お互いの情報をうまく活用しようとしている。［観察・ワークシート］
まとめ	4　感想をまとめる。 ・友人と職業に対する価値観を比較して感想を発表する。 　　　　　　（ワークシート）	○友人と職業に対する価値観を比較して、感想をまとめ、発表させる。 ☆自分なりの価値観でしっかりと職業に対する価値を考えている。 　　　　　　［発表・観察・ワークシート］ ○友人と同じ職業を比較した生徒の意見があれば考慮する。

③　事後の活動と指導

活動内容（活動場面など）	指導・援助の留意点
・ワークシートを点検して感想などを発表する。　　　　　　（学活・帰りの会） ・今回のキャリア教育で学んだことを進路情報として、学級通信に載せ、他者の考えを知り、自分の今後の生活に生かす。	・生徒の学習の理解度を確認する。 ・学級通信を通して、キャリア教育についての保護者への啓発を図る。

（4）　本時の評価
①職業に関する情報をまとめながら、自分の職業に対する価値観を考えることができたか。
②友人の職業に関する多様な価値観と比較検討し、自分なりの職業に対する価値観を再検討することができたか。

Ⅲ　職業について学ぶ

（5）　資料・ワークシート
［ワークシート］

働くことについて，達成できる価値を考えてみよう

2年＿＿＿組＿＿＿番　氏名＿＿＿＿＿＿＿＿＿＿＿＿＿＿

○自分の興味・関心のある職業について考えてみよう。
1　今，自分が興味・関心のある職業（職業名）を1つあげてみよう。

2　その職業で達成できると思われることがらについて，以下の表の11の項目に順位を付けてみよう。

項　目	内　容	順位
経済	高い収入や給料を得ることができること。	
社会奉仕	社会や人のためにとても役立つこと。	
安定	会社の倒産や，リストラなどの心配が少ないこと。	
名誉	仕事での地位や名誉があり，出世しやすいこと。	
個性	自分の個性（適性・性格・特技など）が生かせること。	
協働	一人ではなく組織で協力して働くこと。	
変化	毎日の仕事に変化があること。	
人間関係	仕事を通して親しい人間関係がつくれること。	
創造	自分のアイデアや発想が生かせること。	
環境	仕事の場所や環境が快適なこと。	
時間	仕事の時間が自由になること。	

3　順位を付けた理由や感想などを班内のみんなで発表し合おう。

●理由

●感想

4　友人と職業に対する価値観を比較して感想を記入してみよう。

Ⅳ 自分について考える

1 テーマ設定の理由
　2年生ともなると進路への関心が高まり，自分の進路希望をもつようになる。しかし，この希望は「自己理解」が不十分のことが多く，深く吟味されたものではない。そのうえ，友人と個性がぶつかり，交友関係や人間関係で悩みをもっている生徒もいる。そこで，生徒がお互いの個性を理解しつつ，個々の個性を学級生活に生かしながら，自分自身を客観的に理解し，学校生活の充実につながる人間関係を築かせるとともに，社会に生きる一員として社会性の大切さを理解させるためこのテーマを設定した。

2 全体構想
（1） 他の教科・領域との関連性

＜教科・道徳・総合＞	＜特別活動（学級活動）＞	＜学校行事・その他＞
＜道徳＞	1年　Ⅴ　集団の中で自分を生かす	＜学校行事＞
1－(5)　自己理解，個性の伸長	Ⅵ　将来の生き方と進路計画	立志式
	2年　Ⅲ　職業について学ぶ	宿泊学習
4－(5)　勤労の意義と尊さ，奉仕の精神	❶自分らしさを生かそう ❷人間関係を大切にしよう ❸社会に生きる一員として	修学旅行 ＜その他＞ 奉仕作業 校外学習
2－(5)　寛容，謙虚	2年　Ⅴ　将来の計画を立てる 3年　Ⅲ　進路決定の日のために 　　　　Ⅴ　進路の選択に向けて	

（2） 家庭・地域社会との連携
　・保護者や身近な人にリサーチし，広く意見を集める。
　・保護者にワークシートを見せ，感想を書いてもらう。

3 指導計画（4時間扱い）
　❶自分らしさを生かそう（2時間）
　❷人間関係を大切にしよう（1時間）
　❸社会に生きる一員として（1時間）

❶自分らしさを生かそう
自分の良さを発見しよう

（1） 本実践とキャリア教育
「生き方や進路に関する現実的探索」

自分の個性・適性を理解させ，他の人が自分の良さを理解していることを知り，自分自身を客観的に理解させる。さらに，自らの課題を知り，今後の生活や将来の職業の実現に努めさせる。
【人間関係形成・社会形成能力】【自己理解・自己管理能力】

（2） 本時のねらい
①将来職業を選択する上で自分の個性・特徴を知ることが重要であると認識させる。
②自他の良さを認識し，互いに尊重し合うことが大切であると認識させる。

（3） 展開の過程
① 事前の活動と指導

活動内容（活動場面など）	指導・援助の留意点
事前に友人の良い点を見つけ，手紙を書いておく。　　　　　　　　　　　　　　（家庭）	事前に誰に書くかを決めておく。

② 本時の展開（2時間扱い）

過程	学習活動と内容	指導上の配慮事項と評価 配慮事項（○） キャリア教育の視点から見て特に重要なこと（◎） 評価（☆）
導入	1 手紙を読んで，自分が見た点と他の人から見た点を比較して，改めて自分の良さを認識する。	◎自分が理解している良い点と他の人から見た良い点を理解し，自分の良さを再発見させる。
展開	本時の活動テーマ　自分の良さを発見しよう 2 ワークシート1，2「自己理解チェック」を行わせ，自分の良さを確認する。 3 前時の友人からの手紙や「自己理解チェック」からの自分の良い点をまとめ，さらに自分の伸ばしたいとこ	○自分を客観的に見て，率直に記入するよう説明する。 ◎他の人の見方と自分の見方を比較して，自

IV　自分について考える

展開	ろや，努力していきたいことを記入する。 （ワークシート3）	分自身を再認識させる。
まとめ	4　まとめた内容をもとに感想を発表する。　　　　　　　　　　　　（数人） 5　先生の話を聞く。	☆将来職業を選択する上で自分の個性・特徴を知ることが重要であると認識している。 ［発表］ ☆自他の良さを認識し，互いに尊重し合うことが大切であると認識している。 ［ワークシート・発表］

③　事後の活動と指導

活動内容（活動場面など）	指導・援助の留意点
・ワークシート3に保護者の見方・感想・コメントを記入してもらい，今後の指導の参考とする。 ・意見を学級通信に載せ，他者の考えを知り，自分の今後の学校生活に生かす。	保護者からの感想にコメントを記入する。

（4）　本時の評価
①将来職業を選択する上で自分の個性・特徴を知ることが重要であると認識することができたか。
②自他の良さを認識し互いに尊重し合うことが大切であると認識することができたか。

（5）　資料・ワークシート

[資料]

_____さんへの手紙

あなたのすばらしいところは

[ワークシート１]

自己理解チェック１

２年＿＿＿＿組＿＿＿＿番　氏名＿＿＿＿＿＿＿＿＿＿＿＿

【記入方法】　良い…………◎　　ふつう…………○

行　　　　　動	自分	班の人の判断					
		A	B	C	D	E	F
1　社交的である。							
2　気配りができる。							
3　人と接するのが好き。							
4　説明や説得がうまい。							
5　人の気持ちを理解できる。							
6　面倒見が良い。							
7　冷静な判断ができる。							
8　堂々と自分の意見が言える。							
9　自然や生物が好きである。							
10　粘り強い。							
11　機械や道具を使うのが好き，あるいは得意である。							
12　物を作るのが好き，あるいは得意である。							
13　きちょうめんである。							
14　資料をうまくまとめる。							
15　感性が豊かである。							
16　表現するのがうまい。							

Ⅳ 自分について考える

[ワークシート2]

自己理解チェック2

2年＿＿＿組＿＿＿番　氏名＿＿＿＿＿＿＿＿＿＿

| 興味あること，やってみたいこと……○ |
| 興味ないこと，やりたくないこと……× |
| どちらともいえない　　　　　　　……△ |

【記入方法】
☐の中に左の記号を書いてみよう。

1　機械を組み立てたり，分解したりする。
2　音楽（歌，楽器），演劇，美術（絵，造形），小説などで表現する。
3　人と話すことが多い仕事をやってみたい。
4　お金の計算，あるいはワープロなどで書類をつくる仕事をやってみたい。
5　動物または植物の世話をする。
6　人と接する仕事をやってみたい。
7　資料の整理をしたり，仕事の計画を立てたりする。
8　いろいろな器具や薬品を使って実験する。
9　理美容や調理に関する仕事をやってみたい。
10　病人・けが人またはお年寄り・体の不自由な人の世話をする。
11　いろいろな製品の構造やしくみを知る。
12　動物または植物に囲まれた生活をする。
13　音楽会または展覧会などに行く。または映画を見たりする。
14　アンケートの結果や調査結果を集計する。
15　商品を売ったり，お客さんの世話をしたりする。
16　人に教えたり，悩んでいる人の相談にのったりする。
17　自然や動植物を相手にする仕事をやってみたい。
18　個性や独創性が発揮できる仕事をやってみたい。

○……2点　△……1点　×……0点

右の結果を下のグラフに表す。

|合計|A|B|C|D|E|F|

　　　　1　2　3　4　5　6　　※点数分だけぬりつぶす。
A　☐☐☐☐☐☐ ←人を相手に働く職業（サービス関係）
B　☐☐☐☐☐☐ ←人を相手に働く職業（人に仕えたり，教えたりする職業）
C　☐☐☐☐☐☐ ←自然（生物）を相手に働く職業
D　☐☐☐☐☐☐ ←物や機械を相手に働く職業
E　☐☐☐☐☐☐ ←事務をとる職業
F　☐☐☐☐☐☐ ←芸術関係や創造力を働かす職業

[ワークシート３]

自己理解チェック３

２年_____組_____番　氏名_____

1　学習面，運動面から見た自分の特色について，自分の考えと保護者の考えを，下の表にまとめてみよう。

【記入方法】　すぐれている（当てはまる）………◎
　　　　　　　ふつう（どちらともいえない）……○
　　　　　　　努力が必要（当てはまらない）……△

		自分	保護者
学習について	文科系（国語，社会，英語）が得意である。		
	理数系（数学，理科など）が得意である。		
	技術系（技術・家庭など）が得意である。		
	芸術系（音楽，美術など）が得意である。		
	体育系が得意である。		
	学習態度は良いほうである。		
	家庭学習は計画的で，着実である。		
運動面について	持久走に強い。		
	敏しょう性（すばしこさ）に富んでいる。		
	手先・指先が器用である。		
	身体はじょうぶで，体力がある。		

2　希望する職業と，ワークシート２の結果A～Fのもっとも点数の高い記号を記入しよう。

自分のなりたい職業		適性	

3　友人からの手紙・「自己理解チェック１～３」から上の希望を実現するために，さらに伸ばしていくことや，努力していきたいことを書いてみよう。

チェック１（行動面）
| |

チェック２（職種への興味度）
| |

チェック３（学習面・運動面）
| |

保護者の意見　「自分のなりたい職業」と３のチェック１～３の結果から気付いた点や感想などをご記入ください。

| |

IV　自分について考える

❷人間関係を大切にしよう
異性への理解を深めよう

（1）　本実践とキャリア教育
「生き方や進路に関する現実的探索」

　これからの時代，自他を理解する能力やコミュニケーション能力はとても大切な能力となる。性別や年齢，国籍などを超えて協力していく姿勢や人間関係を築いていく力は，これからの社会において必要な力である。ここでは，学級内での男女の協力・理解を通して，人間関係を築きあげていくことの重要性を理解させ，社会生活における男女の協力について意識の向上を促したい。
【人間関係形成・社会形成能力】

（2）　本時のねらい
①広く生き方を学ぶ視点から，中学校生活の男女の協力のあり方について考え，学級内の人間関係
　づくりを考えさせる。
②職業を通した男女の役割を理解し，社会生活における男女の協力のあり方について意識させる。

（3）　展開の過程
①　事前の活動と指導

活動内容（活動場面など）	指導・援助の留意点
ワークシート１の「男女の役割についての意識調査」に答える。　　　　　　　　　（家庭）	学級での人間関係および男女の意識を把握する。

②　本時の展開

過程	学習活動と内容	指導上の配慮事項と評価 配慮事項（○） キャリア教育の視点から見て特に重要なこと（◎） 評価（☆）
導入	1　「男女の役割についての意識調査」の内容を確認する。(ワークシート１)	○異性への理解の大切さに気付かせる。
展開	本時の活動テーマ　異性への理解を深めよう 2　活動内容について理解する。 3　活動に取組む。 　・職業分類カードを確認する。 　　　　　　　　　　（ワークシート２）	○学級全体で考えさせる。 ○職業の特徴を考慮し，分類の理由を考えながら作業を進めさせる。

		・職業分類カードの各職業について男女の役割に基づいて分類する。 （ワークシート3） ・分類結果について，再考しながら分類理由を考える。 4　各班で個々のワークシート4をもとに話し合う。（個々の共通点・相違点，個性的な考え，班員の話などから） 5　各班で男女の役割・平等のあり方などについて話し合う。	◎自分なりの考えで，職業を通した男女の役割を考えさせる。 ○職業分類カードを黒板などに貼って分類する。 　　　　　　　　　[資料・ワークシート] ☆広く生き方を学ぶ視点から，中学校生活の男女の協力のあり方について考え，学級内の人間関係づくりを考えている。 　　　　　　　　　[観察・ワークシート]
ま と め		6　学級の中での男女の役割という観点で学校生活を振り返ってみる。 7　先生の話を聞く。	☆職業を通した男女の役割を理解し，社会生活における男女の協力のあり方について考えられている。　　　[ワークシート]

③　事後の活動と指導

活動内容（活動場面など）	指導・援助の留意点
異性への理解に関する考え，授業の感想やまとめを学級通信に載せ，他者の考えを知り，自分の今後の生活に生かす。	班編成等，人間関係（男女間）の確認などの参考とする。

（4）　本時の評価
①広く生き方を学ぶ視点から，中学校生活の男女の協力のあり方について考え，学級内の人間関係づくりを考えられたか。
②職業を通した男女の役割を理解し，社会生活における男女の協力のあり方について意識できたか。

Ⅳ　自分について考える

（5）　資料・ワークシート
［ワークシート1］

男女の役割についての意識調査

2年＿＿＿組＿＿＿番　氏名＿＿＿＿＿＿＿＿＿＿

1　男女それぞれの良いところを書いてみよう。

男性

女性

2　男女の相違点についてまとめてみよう。

男性

女性

3　男女それぞれの特性を生かした仕事を考えてみよう。

男性

女性

[ワークシート2]

職業分類カード

2年＿＿＿組＿＿＿番　氏名＿＿＿＿＿＿＿＿＿＿＿

①自動車整備士　男・女・共	⑯秘書　男・女・共	㉛助産師　男・女・共
②プログラマー　男・女・共	⑰自動車営業部員　男・女・共	㉜新聞記者　男・女・共
③商品開発部員　男・女・共	⑱インテリア職人　男・女・共	㉝小学校教員　男・女・共
④建築大工　男・女・共	⑲製パン工　男・女・共	㉞中学校教員　男・女・共
⑤銀行員　男・女・共	⑳建築設計技師　男・女・共	㉟高等学校教員　男・女・共
⑥経理事務員　男・女・共	㉑生命保険外交員　男・女・共	㊱アナウンサー　男・女・共
⑦電気技師　男・女・共	㉒通訳　男・女・共	㊲外交員　男・女・共
⑧スーパー店員　男・女・共	㉓百貨店販売員　男・女・共	㊳調理師　男・女・共
⑨医療事務員　男・女・共	㉔弁護士　男・女・共	㊴美容師　男・女・共
⑩客室乗務員　男・女・共	㉕ホテルフロント　男・女・共	㊵司書　男・女・共
⑪不動産営業部員　男・女・共	㉖幼稚園教員　男・女・共	㊶学芸員　男・女・共
⑫カメラマン　男・女・共	㉗保育士　男・女・共	㊷動物園飼育員　男・女・共
⑬カウンセラー　男・女・共	㉘小児科医　男・女・共	㊸警察官　男・女・共
⑭裁判官　男・女・共	㉙社会福祉士　男・女・共	㊹旅行添乗員　男・女・共
⑮服飾デザイナー　男・女・共	㉚看護師　男・女・共	㊺トリマー　男・女・共

＊1　カードの各職業について，男女の性差についての各自の考え（男性向き・女性向き・男女共）から分類を行い，○をつける。

＊2　職業については，学級の実情や社会環境などにより変更も可能である。

Ⅳ 自分について考える

[ワークシート3]

社会（職業）から性差を考えよう

2年_____組_____番　氏名_____

	男性向きだと思う	女性向きだと思う	ともに向いていると思う
分類			
理由			

第1学年　第2学年　第3学年　教科

[ワークシート４]

異性への理解を深めよう

2年＿＿＿組＿＿＿番　氏名＿＿＿＿＿＿＿＿＿＿＿＿

1　意識調査の結果から，異性から見た男女についてまとめてみよう。

2　分類カードを男女に分けた結果からわかることをまとめてみよう。

3　分類した結果から男女の性別，役割について話し合ったことをまとめてみよう。

4　今後，学級での男女間について必要なことは何だろうか，まとめてみよう。

5　今日の授業を受けての感想を記入してみよう。

Ⅳ 自分について考える

❸社会に生きる一員として

（1） 本実践とキャリア教育
「生き方や進路に関する現実的探索」

中学校における集団生活や，学校外での生活においても，多くの人々と関わりながら社会生活が営まれている。近い将来，社会に生きる一員として責任を果たしていかなくてはならない中学生にとって，社会性やモラルはもちろんのこと，社会生活について考えながら自覚を深めることは大切なことである。ここでは，社会貢献・ボランティア活動や社会人としての資質・役割について考え，社会性の大切さを理解させる。

【人間関係形成・社会形成能力】【キャリアプランニング能力】

（2） 本時のねらい
①社会の一員としての考え方や価値観を探りながら，望ましい社会人としての資質・役割を向上させる。
②社会貢献・ボランティア活動を理解しながら，社会の一員としての自分の生き方について考えさせる。

（3） 展開の過程
① 事前の活動と指導

活動内容（活動場面など）	指導・援助の留意点
ワークシート「現実の社会を知ろう」を用い，新聞記事かインターネットなどを活用し，社会貢献・ボランティアに関する記事などを調べる。 （放課後・家庭学習）	社会貢献やボランティアに関する記事を用意する。

② 本時の展開

過程	学習活動と内容	指導上の配慮事項と評価 配慮事項（○） キャリア教育の視点から見て特に重要なこと（◎） 評価（☆）
導入	1　ワークシート「現実の社会を知ろう」の発表を行う。	○ワークシートの内容を簡単に発表し，社会の課題や社会貢献，ボランティアに関する記事に着目させる。

	本時の活動テーマ　社会に生きる一員として	
展開	2　社会貢献・ボランティア活動をテーマに各班で話し合う。 3　各班で話し合った内容について発表する。 4　資料「Fさんのさまざまな役割」を参考に，自分の人生における役割について考え，班で話し合う。 5　班での話し合いの内容を発表する。	☆社会貢献・ボランティア活動を理解しながら，社会の一員としての自分の生き方について考えている。　　　　　　　　　［発表］ ○他の人の考えた生き方から人生におけるさまざまな役割や生き方があることに気付かせる。 ☆社会の一員としての考え方や価値観を探りながら，望ましい社会人としての資質・役割を考えている。　　　［観察・話し合い］
まとめ	6　先生の話を聞く。	○望ましい社会人としての考えや生き方について考えさせる。

③　事後の活動と指導

活動内容（活動場面など）	指導・援助の留意点
社会の一員としての生き方に関する考えや意見を学級通信などに掲載し，他者の考えを知る。	今後の指導の参考とする。

（4）　本時の評価

①社会の一員としての考え方や価値観を探りながら，望ましい社会人としての資質・役割を考えることができたか。

②社会貢献・ボランティア活動を理解しながら，社会の一員としての自分の生き方について考えることができたか。

Ⅳ　自分について考える

（5）　資料・ワークシート
［ワークシート］

現実の社会を知ろう

2年＿＿＿組＿＿＿番　氏名＿＿＿＿＿＿＿＿＿＿

1　社会のルールやモラルに関する記事を貼ってみよう。

新聞記事	※新聞記事を貼ってみよう	※新聞記事を貼ってみよう
見出し		
要約		

2　1の新聞記事から，今の社会の問題や課題を考えてまとめてみよう。

[資料]

■Fさんのさまざまな役割

30代のサラリーマンであるFさんは、これまでの人生での時間の使い方を下の図のようにまとめてみました。

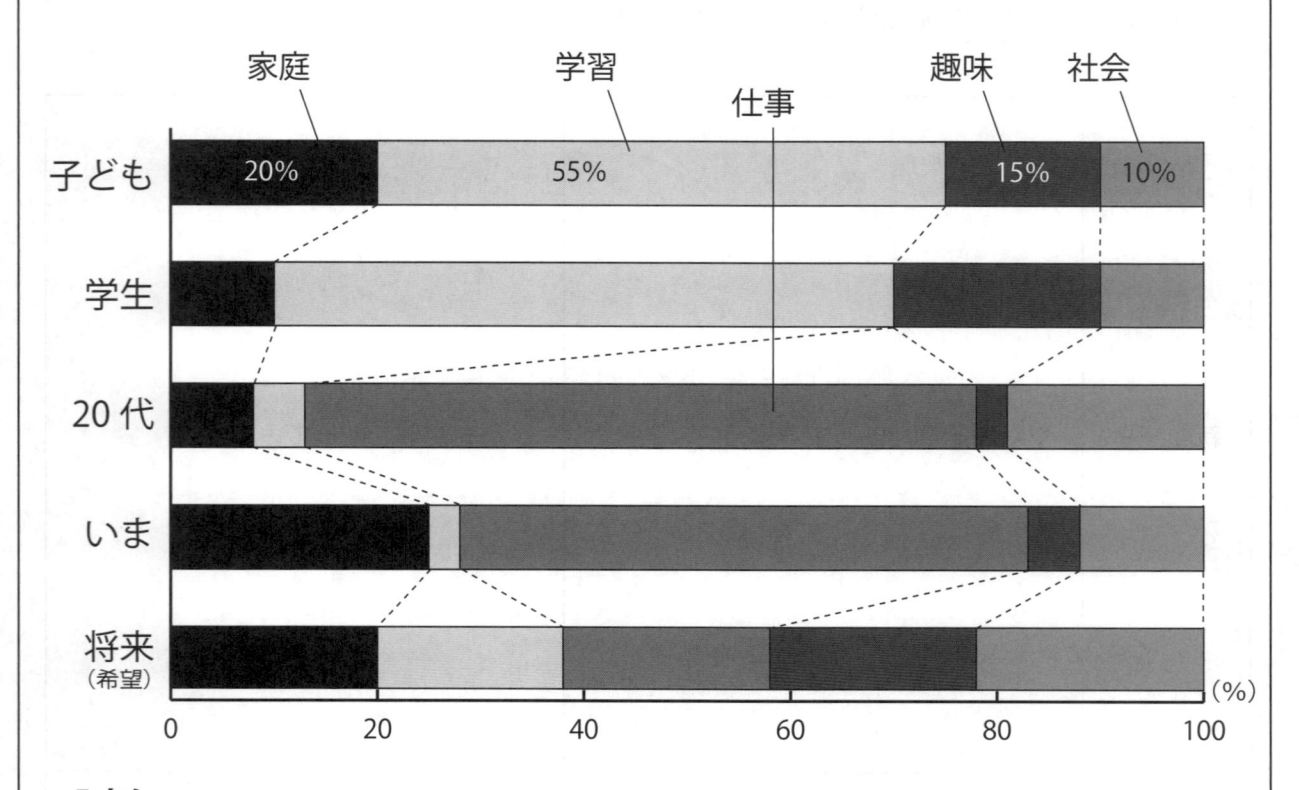

	家庭	学習	仕事	趣味	社会
子ども	20%	55%		15%	10%

（グラフ：子ども／学生／20代／いま／将来(希望) の時間配分）

Fさん

わたしが子どものころ、家の手伝いをあまりせず、学校中心の生活でした。学生時代は趣味に使う時間が多くなりましたが、就職してしばらくは仕事、仕事の毎日となりました。

結婚して子どもが生まれた今は、料理や育児が楽しくなり、地域のボランティア活動など、社会的な活動にも参加しています。

今後は子どもを早めに自立させ、趣味や社会的な活動に時間を使いたいです。仕事は年を取っても続けたいですが、できれば趣味や社会的な活動と結びついた仕事がしたいと思っています。

「将来の自分」というと、職業や仕事と結びついた姿を想像しがちですが、上のように考えると、「働く自分」のほかにも「家庭の中の自分」「趣味に生きる自分」「ボランティア活動に取組む自分」「勉強する自分」などと、さまざまなことをこなしながら生きている自分を発見することができます。

V 将来の計画を立てる

1 テーマ設定の理由

2年生のこの時期になると，進路に関する情報は豊富であるが，自分自身の進路決定と直接結びついていない生徒が多い。一方，中学校卒業後の進路にのみ気をとられ，「将来の自分」を思い描くことを忘れがちになってしまっている時期でもある。

そこで，生き方を考える糸口として，上級学校卒業後の進路について考えさせ，将来の自分を思い描きながら自分の生き方について意識させたいと考え，このテーマを設定した。

2 全体構想

（1） 他の教科・領域との関連性

<教科・道徳・総合>	<特別活動（学級活動）>	<学校行事・その他>
<道徳> 　1－（2）　強い意志 　1－（5）　自己理解，個性の伸長 　3－（3）　人間の気高さ 　4－（5）　勤労の意義と尊さ <総合的な学習の時間> 　上級学校訪問	1年　Ⅱ　目的をもって学ぶ 　　　Ⅵ　将来の生き方と進路計画 2年　Ⅱ　学ぶことと働くこと 　　　Ⅲ　職業について学ぶ 　　　Ⅳ　自分について考える 　❶学びの道を調べよう 　❷自分の将来をデザインしよう 3年　Ⅲ　進路決定の日のために 　　　Ⅳ　学び続ける意義 　　　Ⅴ　進路の選択に向けて 　　　Ⅵ　進路の決定 　　　Ⅶ　将来に向けて	<学校行事> 　卒業証書授与式 <その他> 　定期テスト

（2） 家庭・地域社会との連携

・高等学校卒業後の進路について，身近な人の考えをインタビューさせる。

・身近な人の高等学校卒業後の生き方についてインタビューさせる。

3 指導計画（2時間扱い）

❶学びの道を調べよう（1時間）

❷自分の将来をデザインしよう（1時間）

❶学びの道を調べよう
〈卒業生からの進路情報の活用〉

（1） 本実践とキャリア教育
「進路計画の立案と暫定的選択」

卒業生の進路先を参考にして，学ぶ制度や機会，上級学校の種類や特徴についての情報を収集して知ることが，自分の進路計画を検討する上で大切である。本実践では，これらを理解し，活用しようとする力を身に付けさせる。

【課題対応能力】【キャリアプランニング能力】

（2） 本時のねらい
上級学校の情報や，卒業生の進路先をもとにして上級学校の種類や特徴についてまとめさせる。

（3） 展開の過程
① 事前の活動と指導

活動内容（活動場面など）	指導・援助の留意点
卒業生の進路先について調べ，まとめる。 （放課後・実行委員会）	過去数年のデータをもとにする。

② 本時の展開

過程	学習活動と内容	指導上の配慮事項と評価 配慮事項（○） キャリア教育の視点から見て特に重要なこと（◎） 評価（☆）
導入	1 卒業生がどのような上級学校・学科に進んでいるのかを知る。	○過去数年間のデータを提示する。 ○「卒業生の進路先」に関心をもたせるように工夫する。
展開	本時の活動テーマ　学びの道を調べよう〈卒業生からの進路情報の活用〉 2 卒業生の進路先を設置者別・課程別に分類し，それぞれの特徴を考える。 （ワークシート） 3 上級学校の学科の主な特徴をまとめ，卒業生の進路先の学校名を記入する。 （ワークシート）	○ワークシートの項目（設置者別・課程別）ごとに卒業生の進路先を分類させる。 ○分類の項目のわからないところは，班で確認させながら行わせる。 ☆上級学校にはいろいろな特徴があることを理解しようとしている。　　　　　　［ワークシート］ ◎詳しく知るためには，進路先の情報をいろいろな方法で入手することが大切であると気付かせる。
まとめ	4 先生の話を聞く。	○上級学校にはいろいろな特徴があって，進路選択・進路決定には「上級学校を知ること」が一番大切であることを理解できるように，具体例を交えて話をする。

Ⅴ 将来の計画を立てる

③ 事後の活動と指導

活動内容（活動場面など）	指導・援助の留意点
学級通信などから上級学校について知る。	進路選択に向けて，意識を高めさせる。

（4） 本時の評価
上級学校の種類・特徴や上級学校の学科の特徴について，積極的にまとめることができたか。

（5） 資料・ワークシート
[ワークシート]

中学校卒業後に学ぶ道

2年＿＿＿組＿＿＿番 氏名＿＿＿＿＿＿＿＿＿＿＿＿

1 高等学校を分類しよう。

（1） 設置者別による分類

設置者別	主 な 特 徴	卒業生の進路先学校名
国　立		
公　立		
市　立		
私　立		

（2） 課程別による分類

全日制		
定時制		
通信制		
単位制		

2 高等学校の学科について調べよう。

学　　科	主な特徴や学習内容	高 等 学 校 名
普 通 科		
工業に関する学科		
商業に関する学科		
農・林業に関する学科		
水産業に関する学科		
家庭に関する学科		
看護に関する学科		
福祉に関する学科		
総合学科		
その他に関する学科		

3 その他にどんな学ぶ道があるのか。

❷自分の将来をデザインしよう

（1） 本実践とキャリア教育
「進路計画の立案と暫定的選択」「生き方や進路に関する現実的探索」

　将来の自分の生き方との関連の中で，今の学習の重要性や大切さを理解させる。また将来の自分（夢や職業）を思い描きながら，自分の生き方について考えさせ，自分にふさわしい職業や仕事への関心・意欲を高めさせる。

【自己理解・自己管理能力】【キャリアプランニング能力】

（2） 本時のねらい
①近い将来の自分について考え，自分の生き方についての意識を高めさせる。
②将来の夢や職業を思い描き，将来の自らの姿を想像させ，職業や仕事への関心・意欲を高めさせる。

（3） 展開の過程
① 事前の活動と指導

活動内容（活動場面など）	指導・援助の留意点
10年後の自分について考えてくる。 （帰りの会・放課後）	帰りの会などで10年後の自分をイメージできるようにさせる。

② 本時の展開

過程	学習活動と内容	指導上の配慮事項と評価 配慮事項（○） キャリア教育の視点から見て特に重要なこと（◎） 評価（☆）
導入	1　10年後の自分について，自由に考えを発表する。 2　資料を見て，10年後の自分をイメージする。	○多様な意見を肯定的に受け止めさせる。 ○自分の進路選択について，中学校卒業後のことだけではなく，その先まで考えることの大切さを理解させ，本時のテーマに結びつける。 ○P.184の資料を提示する。
展開	**本時の活動テーマ　自分の将来をデザインしよう** 3　「10年後の自分に聞いてみよう」を記入する。 　　　　　　　（ワークシート1） 4　「10年後の自分に聞いてみよう」の内容を発表する。 　　　　　　　（ワークシート1）	○将来を見通して，10年後の自分を想像しながら記入させる。 ○多様な考え方を肯定的に受け止めさせる。 ◎多様な考え方があることを理解させ，友人の発表を真剣に聞かせる。

Ⅴ　将来の計画を立てる

展開	5　他の人の発表を聞きながら自分と比較する。 6　友人の考えなども参考にしながら「自分史年表」を作成する。 　　　　（ワークシート2）	○自分と比較しながら，友人の良かったと思う内容を記録させる。 ○将来どのような生き方をしたいか考えさせながら具体的に記入させる。 ☆自分の将来を想像しながら記入している。 　　　　　　　　　　　　　［ワークシート］
まとめ	7　今日の授業の感想などをまとめる。 　　　　（ワークシート2） 8　感想を数人が発表する。 9　先生の話を聞く。	☆目先のことにだけとらわれるのではなく，将来のことを考えて計画することの大切さを理解している。　　　　［ワークシート・発表］ ○保護者の方にも感想を書いてもらうことを伝える。

③　事後の活動と指導

活動内容（活動場面など）	指導・援助の留意点
・保護者の感想を書いてもらう。 　　　　（ワークシート2） ・学級通信などに感想や意見を載せ，今後の参考となるようにする。	・担任からも，一言コメントを書き，返却する。 ・生徒の次の活動への意欲を喚起させるような生徒の感想や保護者の感想を学級通信などに載せる。

（4）　本時の評価
①近い将来の自分について考え，自分の生き方についての意識を高めることができたか。
②将来の夢や職業を思い描き，将来の自らの姿を想像させ，職業や仕事への関心・意欲を高めることができたか。

（5） 資料・ワークシート
［ワークシート１］

10年後の自分に聞いてみよう

２年＿＿＿組＿＿＿番　氏名＿＿＿＿＿＿＿＿＿＿＿＿

今，10年後の君が目の前にいます。10年後の自分に次の質問をしたら，何と答えるでしょうか。10年後の自分になったつもりで答えよう。

友人の話を聞いて思ったこと
⇩

Q1　どこに住んでいますか？

Q2　興味・関心をもっていることは何ですか？

Q3　自分は何をしていますか？

Q4　10年前の自分に伝えたいことはどんなことですか？

V 将来の計画を立てる

[ワークシート2]

自 分 史 年 表

2年____組____番 氏名_____

これから先のことを考え，自分の年表を作ってみよう。

（例）

年	歳	できごと
○年	0歳	誕生(12月3日4時50分) 3029gの赤ちゃんです。
○年	2歳	保育園に通い始める。
○年	6歳	○○小学校入学。
○年	8歳	遊んでいて骨折する。痛かった。
○年	12歳	□□中学校入学。……部に入部。
○年	14歳	□□中学校2年生。……で活躍する!!
○年	15歳	△△高等学校入学。……に燃える!!
○年	18歳	△△高等学校卒業。…………
○年	22歳	
○年	24歳	
○年	30歳	
○年	40歳	
○年	50歳	
⋮		

年	歳	できごと

（授業の感想）

（保護者の感想）

[資料]

中学校卒業後の学ぶための機会

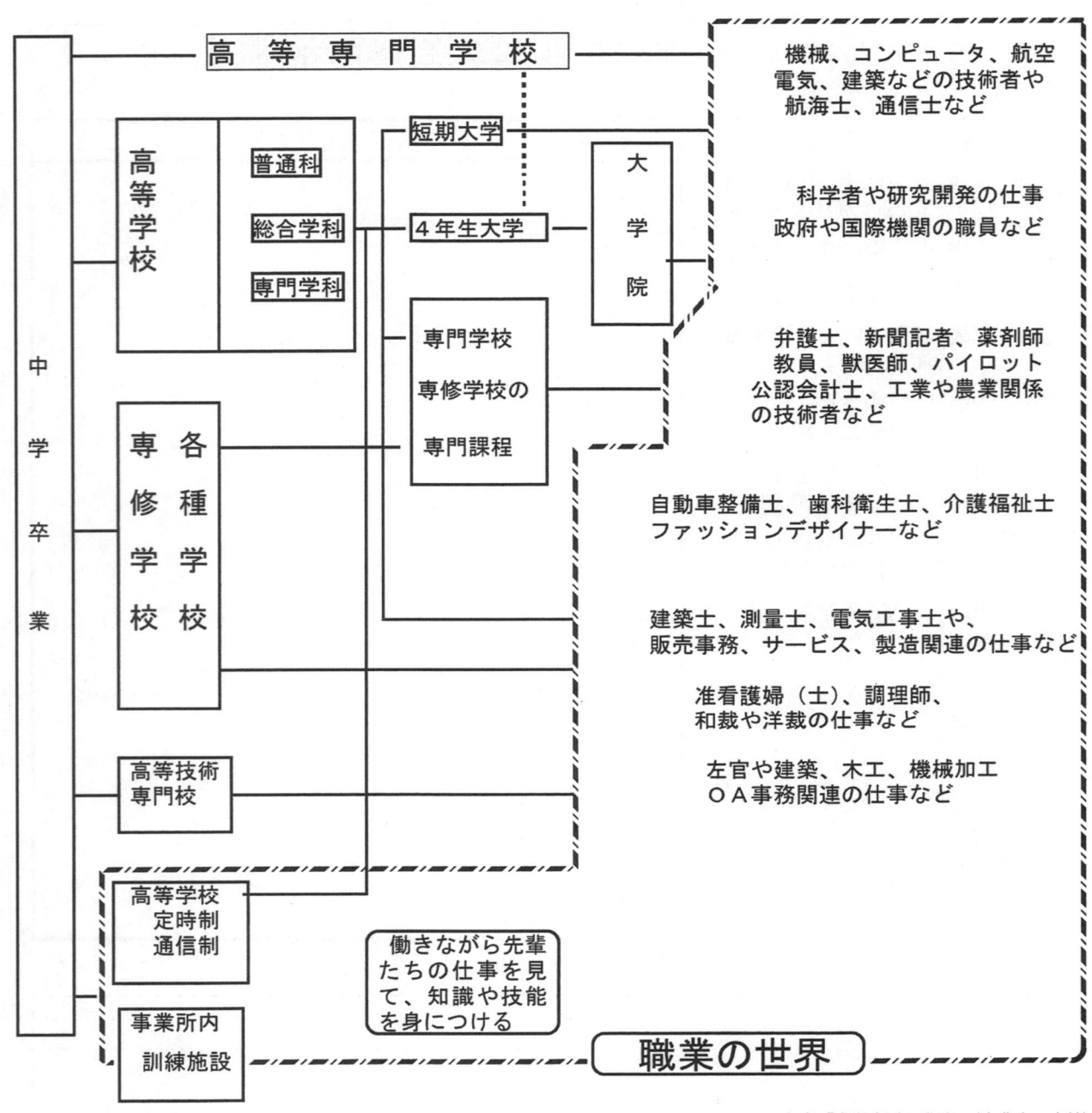

```
中学卒業 ┬─ 高等専門学校 ──────────────── 機械、コンピュータ、航空
         │                                    電気、建築などの技術者や
         │                                    航海士、通信士など
         │
         ├─ 高等学校 ┬ 普通科    ┬─ 短期大学 ──┐
         │          │ 総合学科  │              ├─ 大学院 ── 科学者や研究開発の仕事
         │          │ 専門学科  └─ 4年生大学 ─┘            政府や国際機関の職員など
         │          │
         │          └─ 専門学校       ──── 弁護士、新聞記者、薬剤師
         │             専修学校の              教員、獣医師、パイロット
         │             専門課程               公認会計士、工業や農業関係
         │                                   の技術者など
         │
         ├─ 専修学校  ─────────────── 自動車整備士、歯科衛生士、介護福祉士
         │  各種学校                        ファッションデザイナーなど
         │
         │                             ─── 建築士、測量士、電気工事士や、
         │                                   販売事務、サービス、製造関連の仕事など
         │
         │                             ─── 准看護婦（士）、調理師、
         │                                   和裁や洋裁の仕事など
         │
         ├─ 高等技術専門校 ──────────── 左官や建築、木工、機械加工
         │                                    ＯＡ事務関連の仕事など
         │
         ├─ 高等学校
         │   定時制
         │   通信制
         │
         └─ 事業所内  ── 働きながら先輩たちの仕事を見
             訓練施設     て、知識や技能を身につける
                                              　　　　　　職業の世界
```

※参考「中学生活と進路」（実業之日本社）

第3学年

I　ガイダンス・中学校生活最後の1年間

1　テーマ設定の理由

　生徒は中学校3年生となり，初めて自分の進路を決める年を迎える。1年間を見通したガイダンスを行うことにより，生徒一人一人にとってより良い進路を決定していくことが大切である。
　最後の1年間の思い出は大人になってからでも共有できる大切なものである。より良い経験と思い出をつくるため，学級や学年で取組む行事なども充実した有意義なものにしていくことが大切である。これらのことを実現していくためにこのテーマを設定した。

2　全体構想
（1）　他の教科・領域との関連性

<教科・道徳・総合> <道徳> 　1－(2)　強い意志 　1－(4)　理想の実現 　4－(4)　集団生活の 　　　　　向上，役割， 　　　　　責任	<特別活動（学級活動）> 1年　Ⅵ　将来の生き方と進路計画 2年　Ⅱ　学ぶことと働くこと 　　　Ⅲ　職業について学ぶ 　　　Ⅳ　自分について考える 　　　Ⅴ　将来の計画を立てる ●中学校生活の締めくくりの計画を立てよう 3年　Ⅲ　進路決定の日のために 　　　Ⅴ　進路の選択に向けて	<学校行事・その他> 修学旅行 体育祭 合唱祭 入学式 卒業証書授与式

（2）　家庭・地域社会との連携
　　・授業後，ワークシートをもとに3年生の1年間の見通しを家庭で話し合い，保護者に一言励ましの言葉を書いてもらう。
　　・地域の行事やボランティアなどに積極的に参加しようとする態度を育成する。

3　指導計画（1時間扱い）
　　●中学校生活の締めくくりの計画を立てよう（1時間）

●中学校生活の締めくくりの計画を立てよう

（1） 本実践とキャリア教育
「進路計画の立案と暫定的選択」
　中学校卒業後の進路決定に向けた1年間の見通しを，将来の希望や適性を考えながら立てさせる。また，地域の仲間として学級や学年を捉え，より良い人間関係をつくろうとする態度を育てる。
【キャリアプランニング能力】【人間関係形成・社会形成能力】

（2） 本時のねらい
①1年間の予定を一人一人が把握し，進路決定に向けての意識を高めさせる。
②学級や学年の仲間と，より良い人間関係をつくろうという気持ちをもたせる。

（3） 展開の過程
① 事前の活動と指導

活動内容（活動場面など）	指導・援助の留意点
「3年生になって頑張りたいこと」を自由に書く。　　　　　　　　（帰りの会など）	・学級通信などに載せることを事前に知らせる。 ・学級通信などを家庭に持ち帰り，保護者の感想を聞いてくるように伝える。

② 本時の展開

過程	学習活動と内容	指導上の配慮事項と評価 配慮事項（○） キャリア教育の視点から見て特に重要なこと（◎） 評価（☆）
導入	1　学級通信などで紹介した「3年生になって頑張りたいこと」を読み，意識を高める。 2　1年間の大まかな予定を知り，本時の活動テーマについて確認する。　　　（ワークシート）	○学級通信などで紹介した作文を用意しておく。 ○学校行事や進路に関するものなどのわかっている日程はあらかじめ記入しておく。
展開	本時の活動テーマ　中学校生活の締めくくりの計画を立てよう 3　「1年間の予定」の説明を聞いて，理解する。	○メモなどをとらせながら，説明を行う。 ○1年間全体を見通すことを目的とし，行事などの説明に深入りしない。

展開	4	進路関係や行事関係で，自分が力を入れていくことを記入する。	○進路関係の日程については，具体的に説明し，把握させるようにする。 ☆進路決定に向けて1年間の見通しがもてている。　　　　　　　　　　　　　　[観察] ○記入できているか確認する。
	5	義務教育は住んでいる地域に根ざしたものであり，その最後の1年間の思い出は大人になってからでも共有できる大切なものであることを理解する。	◎教師の体験から，この1年の大切さを伝える。
まとめ	6	あらためて，「1年間の抱負」を書く。	○学期ごとや機会に触れ，見直していく。 ◎☆自分の進路決定の道筋を理解しようとしている。　　　　　　　　　　　[ワークシート] ◎☆仲間とより良い人間関係をつくろうとしている。　　　　　　　　　　　[ワークシート]

③　事後の活動と指導

活動内容（活動場面など）	指導・援助の留意点
保護者の感想を書いてもらい，先生からもコメントをもらう。　　　　　　（ワークシート）	・ワークシートの内容を「進路通信」「学年通信」などに載せて，共有化をはかる。 ・保護者の考えが生徒に伝わるように配慮する。

（4）　本時の評価
①自分の進路決定の道筋を理解し，意識を高めさせることができたか。
②仲間とより良い人間関係をつくろうという気持ちをもつことができたか。

I　ガイダンス・中学校生活最後の１年間

（5）　資料・ワークシート
[ワークシート]

3年生の1年間

3年＿＿＿組＿＿＿番　氏名＿＿＿＿＿＿＿＿＿＿＿＿

○１年間の予定

月	学校行事など	進路関係
4月		
5月		
6月		
7月		
8月		
9月		
10月		
11月		
12月		
1月		
2月		
3月		

○１年間の抱負

○保護者の方から一言

II 実りある学習

1 テーマ設定の理由

　生徒たちは中学3年生になり，進路選択の年を迎えた。しかし，この時期何かしなければならないと思っていても，どのように学習に取組み，また生活をどう変えていったらいいのかわからず，不安や焦りを感じている生徒も多い。

　生徒はこれまでに，学ぶことの意義について学習してきている。また学習方法についても考え，実践してきた。そこでこの時期に，目標や希望を意識させながら，自分の生活と学習を振り返り，課題を見出し，解決方法を考えながら，着実に学習を進めることは，目標とする進路決定のためにやっておかなければならないことである。中学3年生の1年間の生活や学習を充実させ，自分の希望を実現するための意志と行動力を身に付けさせるために，このテーマを設定した。

2　全体構想
（1）　他の教科・領域との関連性

＜教科・道徳・総合＞ ＜道徳＞　1－（2）　強い意志　1－（4）　理想の実現	＜特別活動（学級活動）＞　1年　Ⅱ　目的をもって学ぶ　　　　Ⅵ　将来の生き方と進路計画　2年　Ⅱ　学ぶことと働くこと　　　　Ⅴ　将来の計画を立てる　3年　Ⅰ　ガイダンス・中学校生活　　　　　　最後の1年間　●3年生の学習	＜学校行事・その他＞ ＜学校行事＞　進路説明会　三者面談

（2）　家庭・地域社会との連携
　　　授業で作成したワークシートを保護者に見せ，一言励ましを書いてもらう。

3　指導計画（2時間扱い）
　　●3年生の学習（1）：学習方法を改善しよう（1時間）
　　●3年生の学習（2）：効果的な1日の学習計画を立てよう（1時間）

●3年生の学習（1）
学習方法を改善しよう

（1） 本実践とキャリア教育
「生き方や進路に関する現実的探索」

より良い学習方法，進路選択を目指して具体的な努力目標を設定する。また，問題の解決の方法には，いろいろな考え方があることを理解し，自分の考えをまとめさせ，主体的に取組む態度を育成する。

【課題対応能力】【キャリアプランニング能力】

（2） 本時のねらい
自分の進路希望の実現のために，今後努力すべき具体的な学習目標や方法を明らかにする。

（3） 展開の過程
① 事前の活動と指導

活動内容（活動場面など）	指導・援助の留意点
・事前に先生の説明を聞きながら，アンケートを記入する。 　　　　（帰りの会・ワークシート1） ・アンケートの結果を集計する。　（放課後）	・客観的に捉えて記入するようにさせる。 ・グラフにする。

② 本時の展開

過程	学習活動と内容	指導上の配慮事項と評価 配慮事項（○） キャリア教育の視点から見て特に重要なこと（◎） 評価（☆）
導入	1　アンケートの集計結果から傾向を知る。	○アンケート結果をグラフ化するなど工夫して提示する。
展開	本時の活動テーマ　学習方法を改善しよう 2　家庭学習や授業についての悩みを書く。 3　解決策を自分で考えてみる。 4　班になり，解決策をそれぞれ発表し，話し合い，班で良いと考えたものを	 ○話し合う前に，課題の解決方法をまず自分でいくつかまとめさせる。 ○友人の意見を聞き，活発な意見交換ができるように援助する。

展開	ワークシートに記入する。 5　解決策を班ごとに発表していく。 6　いろいろな解決策から自分に合っていると思うものをワークシートに記入する。 7　これからの学習の決意を記入する。	◎☆自分の解決策を進んで見つけようとしている。　　　　　　　　［ワークシート］ ◎具体的な内容を捉えた決意を書いている。　　　　　　　　　　［ワークシート］
まとめ	8　先生の話を聞く。	○保護者に励ましの一言を書いてもらうことを伝える。学級通信に載せることを知らせる。

③　事後の活動と指導

活動内容（活動場面など）	指導・援助の留意点
・保護者の励ましを書いてきてもらう。 　　　　　　　　　　（ワークシート） ・学級通信を読み，友人の考えを知り，自分の行動も確認する。	アンケートの結果と決意，保護者のコメントを載せた学級通信を発行する。

（4）　本時の評価
　今の自分の学習の課題と改善策を考え，決意とともに努力しようとしていたか。

Ⅱ　実りある学習

(5)　資料・ワークシート
［ワークシート１］

希望の進路実現のために自分の学習をチェックしよう

3年＿＿＿組＿＿＿番　氏名＿＿＿＿＿＿＿＿＿＿

　3年生になって，気持ちも新たに学習に取組んでいる人が多いでしょう。今の学習をチェックして課題を改善し，学習効果を高め，希望の進路に向かって動きはじめましょう。

学習に関するチェック表　　当てはまる番号に○を付けましょう。
4 よくできている　3 ほぼできている　2 あまりできていない　1 できていない

	家庭での学習について	
1	毎日学習時間を確保している。	4 ・ 3 ・ 2 ・ 1
2	学習計画を立てている。	4 ・ 3 ・ 2 ・ 1
3	学習計画通りに勉強している。	4 ・ 3 ・ 2 ・ 1
4	集中して学習している。	4 ・ 3 ・ 2 ・ 1
5	学習の仕方を工夫し，自分に合った学習方法で勉強している。	4 ・ 3 ・ 2 ・ 1
6	わからない部分は，必ず解決している。	4 ・ 3 ・ 2 ・ 1

	授業について	
1	毎日，授業の忘れ物がない。	4 ・ 3 ・ 2 ・ 1
2	チャイム着席を守り，気持ちを授業に切り替えている。	4 ・ 3 ・ 2 ・ 1
3	授業中，先生の話や友人の発表を集中して聞いている。	4 ・ 3 ・ 2 ・ 1
4	授業中に積極的に発表や活動をしている。	4 ・ 3 ・ 2 ・ 1
5	授業の内容を理解している。	4 ・ 3 ・ 2 ・ 1
6	不得意な教科を克服できるように努力している。	4 ・ 3 ・ 2 ・ 1
7	ノートやプリントをていねいに記入している。	4 ・ 3 ・ 2 ・ 1
8	提出物を必ず提出している。	4 ・ 3 ・ 2 ・ 1
9	わからない部分は，質問して必ず解決している。	4 ・ 3 ・ 2 ・ 1

[ワークシート2]

希望の進路実現のために自分の学習を改善しよう

3年____組____番　氏名_____

1　今の学習についての悩みを書いてみよう。

（家庭での学習についての悩み）

（授業についての悩み）

2　解決策を書いてみよう。

	自分で考えた解決策	友人からのアドバイス
家庭の学習		
授業		

3　これからの学習の決意を書こう。

4　保護者の方に励ましの言葉を書いてもらおう。

Ⅱ 実りある学習

●3年生の学習（2）
効果的な1日の学習計画を立てよう

（1） 本実践とキャリア教育
「生き方や進路に関する現実的探索」
　自己の将来設計に基づく具体的な進路選択の時期を迎え，生徒によっては精神的な余裕がもてなくなる場合がある。このような時期にこそ，見通しをもった生活と学習が将来の生き方につながることを理解する必要がある。そのために，当面の目標を立て，その達成に向けて意欲的に取組むことが大切である。また，自分に合った計画を立てて努力していくことも大切である。
【課題対応能力】【キャリアプランニング能力】

（2） 本時のねらい
　①1日の生活を見直し，効果的な学習方法を見つけさせる。
　②自分の考えをまとめ，効果的な学習計画を立てさせる。

（3） 展開の過程
　① 事前の活動と指導

活動内容（活動場面など）	指導・援助の留意点
・自分の1週間のスケジュールを確認する。 ・1週間の学習時間を用紙に記録して提出する。　　　　　　　（宿題・ワークシート1）	塾や習い事など個人情報の取り扱いに注意させる。

　② 本時の展開

過程	学習活動と内容	指導上の配慮事項と評価 配慮事項（○） キャリア教育の視点から見て特に重要なこと（◎） 評価（☆）
導入	1　資料から1年間の見通しをもつ。	○1年間の見通しをもつことの大切さを理解させる。
展開	本時の活動テーマ　効果的な1日の学習計画を立てよう 2　事前に記入しておいた自分の1週間の記録と集計結果を見る。 　　　　　　　　　（ワークシート1） 3　効果的な学習のために大切なことは何か，自分の考えを記入する。 　　　　　　　　　（ワークシート2） 4　班ごとに効果的な学習の大切なことを	○1週間の学習時間の集計を掲示し，また学習時間帯に注目させる。 ○学習時間などが確保されているか確認させる。 ○画用紙に見やすいように箇条書きにする

展開		話し合い，班で良いと考えたものを画用紙に大きな字で書いていく。 5　班ごとに発表していく。 6　発表を聞いて自分に合っていると考える大切なことをワークシート2の右の欄に記入する。 7　自分の計画表を作成する。	ように指導する。 ☆班の仲間と意見を交換し，話し合ったことをしっかり発表しようとしている。 ［観察］ ○自分の生活サイクルに合ったものを書くように助言する。 ☆効果的な学習方法を見つけることができる。　　　　　　　［ワークシート］ ○自分に合った，余裕のある，続けて実行できる計画表を作成するよう助言をする。 ☆自分の学習計画を立てている。 ［ワークシート］
まとめ		8　先生の話を聞く。	○保護者に励ましの一言を書いてもらうことを伝える。

③　事後の活動と指導

活動内容（活動場面など）	指導・援助の留意点
ワークシートを見せて，家庭生活の時間など保護者と話し合う。	1日の学習計画（個人が特定できるものは載せない）のいくつかと励ましを学級通信に載せる。

（4）　本時の評価
　①1日の生活を見直し，効果的な学習方法を見つけることができたか。
　②将来の進路希望に向けて，意義や方法を理解し，計画を立てることができたか。

（5）　資料・ワークシート
［ワークシート1］
○1週間の学習時間を調べよう。　　　　　3年＿＿＿組＿＿＿番　氏名＿＿＿＿＿＿＿＿＿＿

	日	月	火	水	木	金	土	1週間
学習時間 00:00〜 00:00								
合計時間								

[資料]

1年間の学校行事と進路の計画（例）

月	学校行事，進路行事など	進路決定のための取組（例）
4	・入学式 ・始業式	**・学習の方法の確立**
5	・定期テスト	・入試までの学習計画を立てる ・志望校見学
6	・修学旅行 ・学校総合体育大会	・家庭学習の時間の見直しをする
7	・終業式 ・二者面談，三者面談	・夏休みの計画を立てる 「1年2年の復習・不得意教科の克服」
8	・会場テスト	・1年2年の復習を仕上げる ・不得意教科の克服 ・学校説明会，体験入学
9	・体育祭 ・公的テスト	・学校説明会，体験入学 （実力養成期間）
10	・定期テスト ・公的テスト	・学校説明会，体験入学 （実力養成期間）
11	・三者面談 ・定期テスト	
12	・三者面談 ・終業式	・第1志望校の決定 ・併願校の検討
1	・私立高校出願・入試	・総復習
2	・県公立高校出願	
3	・県公立高校入試 ・卒業式	

[ワークシート2]

4月の学習計画表を作ろう

3年_____組_____番　氏名_____

まずはポイントの確認です。次の各日に有効な学習をするための計画のポイントは何でしょう。左は自分で考えたこと，右は学級で出たポイントで自分に合っていると考えるものを書きましょう。

〈自分の考え〉　　　　　　　　　　〈学級で出た意見〉

・部活動や習い事のある平日

・部活動や習い事のない平日

・部活動や習い事のある休日

・部活動や習い事のない休日

1日の学習計画

・部活動や習い事のある平日

| 5 | 6 | 7 | 8 | 9 | 10 | 11 | 12 | 1 | 2 | 3 | 4 | 5 | 6 | 7 | 8 | 9 | 10 | 11 | 12 |

・部活動や習い事のない平日

| 5 | 6 | 7 | 8 | 9 | 10 | 11 | 12 | 1 | 2 | 3 | 4 | 5 | 6 | 7 | 8 | 9 | 10 | 11 | 12 |

・部活動や習い事のある休日

| 5 | 6 | 7 | 8 | 9 | 10 | 11 | 12 | 1 | 2 | 3 | 4 | 5 | 6 | 7 | 8 | 9 | 10 | 11 | 12 |

・部活動や習い事のない休日

| 5 | 6 | 7 | 8 | 9 | 10 | 11 | 12 | 1 | 2 | 3 | 4 | 5 | 6 | 7 | 8 | 9 | 10 | 11 | 12 |

保護者の方から一言

Ⅲ 進路決定の日のために

1 テーマ設定の理由

卒業期の進路選択，自己理解を深め，夢や希望をふまえた上で，長期的な視野に立つことが大切である。そのため，現在自分の希望している進路先について十分調査することが必要である。ここでは，将来を見通す力を高めるとともに，卒業後にどのような進路選択，決定があるかを理解し，積極的にさまざまな情報を集め，自分を見つめ直す機会とさせたい。そのためにこのテーマを設定した。

2 全体構想
（1） 他の教科・領域との関連性

<教科・道徳・総合>	<特別活動（学級活動）>	<学校行事・その他>
<道徳> 　1－（2）　強い意志 　1－（4）　理想の実現 　1－（5）　自己理解， 　　　　　個性の伸長 　3－（3）　人間の気高さ <総合的な学習の時間> 　情報収集活動 　言語活動(まとめ,発表)	1年　Ⅲ　働くことについて知る 2年　Ⅴ　将来の計画を立てる 　❶進路を考えよう 　❷将来の生き方 　❸進路希望先を調べてみよう 3年　Ⅵ　進路の決定	ふれあい講演会 職場体験 福祉体験 上級学校訪問 出前授業 学校説明会・体験入学 卒業生に学ぶ会

（2） 家庭・地域社会との連携

保護者や身近な人の進路選択を聞き，その際の不安や悩みはどのようなものだったのかを知る。また，事業所などでの職場体験を通して仕事の楽しさ，責任の大きさなどを理解する。

3 指導計画（4時間扱い）
❶進路を考えよう（2時間）
❷将来の生き方（1時間）
❸進路希望先を調べてみよう（1時間）

❶進路を考えよう（１）
卒業生の進路選択から学ぼう

（１）　本実践とキャリア教育
「生き方や進路に関する現実的探索」

　自分の将来の職業を暫定的にイメージし，そこまでの道筋を見通すことは，将来の進路選択のために必要なことである。そして，現在の自分が課題を自覚することが望ましいキャリア発達において重要である。また，生徒の多くは，周囲の大人がどのような進路選択を行ってきたかわからない。そこで，家庭や学級で話し合うことは，将来に対する見通しをもつために有効である。
【キャリアプランニング能力】

（２）　本時のねらい
　①将来設計と進路計画の考え方を知り，その必要性を認識させる。
　②将来の希望を実現するためには，どの時期に，どのような資格や意思決定が必要かを理解させる。

（３）　展開の過程
①　事前の活動と指導

活動内容（活動場面など）	指導・援助の留意点
保護者や身近な人に職業と，その職に就くまでの道筋を聞いてくる。自分の将来就きたい職業には，どのような資格や条件が求められ，どのような準備や努力が必要かを調べさせる。　　　　（宿題）	職業調べにつながる参考文献やホームページを事前に知らせておく。

②　本時の展開

過程	学習活動と内容	指導上の配慮事項と評価 配慮事項（○） キャリア教育の視点から見て特に重要なこと（◎） 評価（☆）
導入	1　「中学卒業後の進路図」と「看護師への道」を見る。　　　　（ワークシート） 2　進路図のア〜ケの中から自分の希望する進路選択に○をつける。	○自分の将来の希望は，現在からつながっていることを意識させる。 ○進路に対する意識を高めさせる。 ◎進路の道筋について考えさせる。
展開	**本時の活動テーマ　卒業生の進路選択から学ぼう** 3　「卒業生の体験」を読む。 4　この卒業生はどのような時期にどのよ	○文章からどのような時期にどのような選択があるかを捉えさせる。 ◎進路選択についての課題や努力点をまと

Ⅲ　進路決定の日のために

展開	うな準備や努力をしてきたかをまとめる。 5　自分の進路計画を立てる。 6　進路計画を実現するためにはどの時期にどのような準備や努力が必要かを具体的にまとめる。 7　自分の将来のためには何が必要かを発表する。	めさせる。 ○自分は今後，何を選択し，学ばなければならないのかを考えさせる。 ◎自分の将来について，計画を立てさせる。 ○将来，何が必要か考えさせる。 ☆将来設計と進路計画の考え方を知り，その必要性を理解しようとしている。 　　　　　　　　　　　　　[ワークシート] ○学級全体で発表し合うことにより，さまざまな職種に興味をもたせる。 ◎友人の発表を聞き，自分の進路と関連付けさせる。
まとめ	8　先生の進路選択や進路決定に関わる体験談を話す。	◎自分に望ましい進路を考えさせる。 ☆進路計画を立てることの大切さを実感しようとしている。　　　[ワークシート]

③　事後の活動と指導

活動内容（活動場面など）	指導・援助の留意点
ワークシートの内容が載った学級通信や進路通信を読み，友人の考え方などを知る。	望ましいものを載せていく。

（4）　本時の評価
①将来設計と進路計画の考え方を知り，その必要性を認識することができたか。
②将来の希望を実現するためには，どの時期に，どのような資格や意思決定が必要かを理解することができたか。

（5） 資料・ワークシート
[ワークシート]

進路を考えよう

3年＿＿＿組　＿＿＿番　氏名＿＿＿＿＿＿＿＿＿＿

（1）　中学校卒業後の進路図

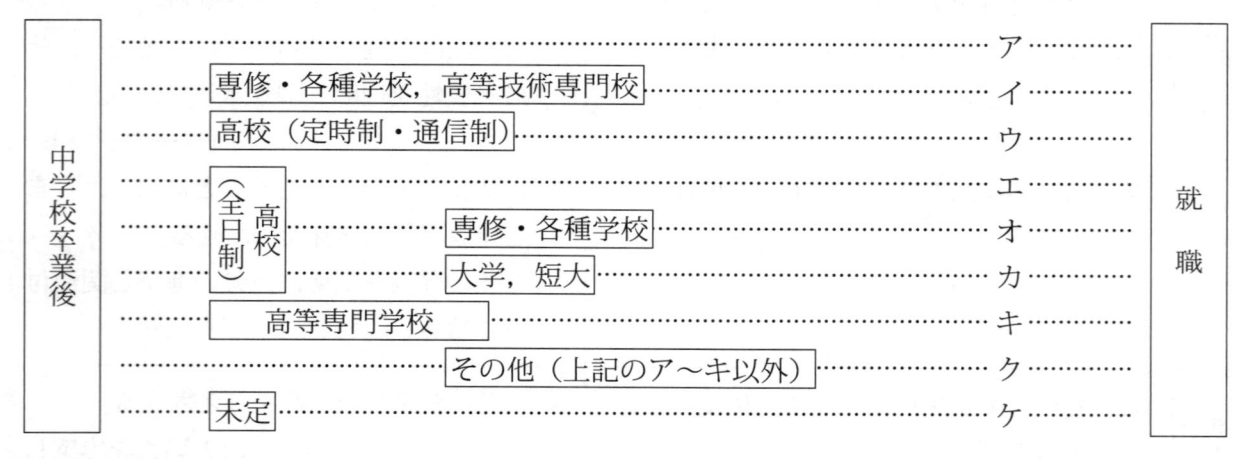

中学校卒業後
- ……………………………………………………………………………………… ア
- 専修・各種学校，高等技術専門校 ………………………………………… イ
- 高校（定時制・通信制） ……………………………………………………… ウ
- 高校（全日制）
  - ……………………………………………………………… エ
  - 専修・各種学校 ……………………………………… オ
  - 大学，短大 …………………………………………… カ
- 高等専門学校 …………………………………………………………………… キ
- その他（上記のア～キ以外） ……………………………………… ク
- 未定 …………………………………………………………………………………… ケ

就職

（2）　看護師への道

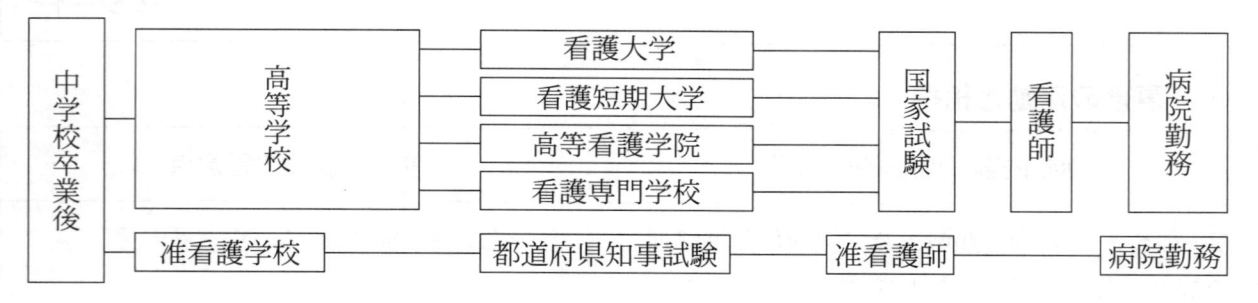

中学校卒業後 ─ 高等学校 ─ 看護大学／看護短期大学／高等看護学院／看護専門学校 ─ 国家試験 ─ 看護師 ─ 病院勤務

中学校卒業後 ─ 准看護学校 ─ 都道府県知事試験 ─ 准看護師 ─ 病院勤務

（3）　卒業生の体験

Aさん「税理士を目指して」

　今の社会では資格がとても重要視されているため，わたしは商業高校の中でも資格取得に力を入れているK高校を希望し，入学しました。ここではパソコンを使った「簿記」を中心に学んでいます。簿記とは，会社におけるさまざまな経営活動を，定められた帳簿に記録，計算，処理していくことを言います。わたしは1年生の時には，全国商業学校簿記検定総合1級，2年では日本商工会議所簿記検定2級に合格できました。わたしは検定に合格するために，学校と家での勉強の他，土日を利用し，専門学校でも勉強し，合格することができました。簿記の中で一番レベルの高いのが日本商工会議所簿記検定1級で，この資格をもっていると推薦で入学できる大学もあるくらいです。

　わたしは検定に挑戦することで，何かをやりとげた充実感を感じ，さらに自分への励みを感じます。わたしは，大学に進学し税理士になりたいという目標をもっています。高度な資格を取得するには並みの勉強では受からないので，努力と根気が必要でとても大変ですが，目標があればがんばっていくことができます。中学生のみなさんも将来の目標を早く決めるといいと思います。高校の3年間は中学の3年間よりさらに短く感じます。目標をもっていないと，むだな生活を続けてしまいます。妥協せず，がんばってください。

Ⅲ 進路決定の日のために

(4) どの時期に,どのような準備や努力が必要か考えてみよう。

	Aさんの進路計画	わたしの進路計画	わたしが準備や努力すること
15歳			
16歳			
17歳			
18歳			
19歳			
20歳			
21歳			
22歳			
23歳			
24歳			

(5) あなたの将来のためにやるべきことは何ですか。

第1学年

第2学年

第3学年

教科

❶進路を考えよう（２）
身近な社会人はどんな進路選択をしているのだろうか

（１） 本時のねらい
①将来設計と進路計画の考え方を知り，その必要性を認識させる。
②生きがいのある人生とは何か，学ぶことや働くことにはどのような意味があるのかを考えさせる。

（２） 展開の過程
① 事前の活動と指導

活動内容（活動場面など）	指導・援助の留意点
・保護者に「なぜ学ぶのか」「なぜ働くのか」保護者の意見を聞き，まとめる。（家庭・ワークシート） ・「職業調べで学んだこと」「職場体験で学んだこと」を書く。（帰りの会・放課後）	・保護者に文書を出し，子どもがインタビューをすることを伝えておく。 ・自分の考えを書かせる。　　［ワークシート］

② 本時の展開

過程	学習活動と内容	指導上の配慮事項と評価 配慮事項（○） キャリア教育の視点から見て特に重要なこと（◎） 評価（☆）
導入	1　「職業調べ，職場体験で学んだこと」を自由に出し合う。 2　「なぜ学ぶのか」「なぜ働くのか」保護者の意見から，本時の活動テーマを知る。	○多様な意見を肯定的に受け止めさせる。 ◎保護者の意見から，保護者の思いを理解させる。
展開	本時の活動テーマ　身近な社会人はどんな進路選択をしているのだろうか	
展開	3　中学校卒業までに学びたいことについて話し合う。 4　将来の職業についてなりたいものを出し合い，そのためには何が必要かを考え，発表する。	○前時の「①進路を考えよう（１）」で学習したことを振り返る。 ○話し合った内容を黒板に提示する。友人の願いや考えを受け止めさせる。 ☆友人の意見を聞き，参考にしようとしている。 　　　　　　　　　　　　　　　　　［観察］ ○変化の激しい社会では，就職してからも勉強が必要なことを押さえる。

Ⅲ　進路決定の日のために

展開	5	希望する職業に就くために，高校で学びたいことやどんな生活がしたいかをまとめる。	◎さらに自分を高める方法を考えさせる。
	6	職業生活を想像し，大切にしたいものを具体的に書く。	
	7	学ぶ目的や働く目的についてまとめる。（ワークシート）	○保護者の思いなども参考にさせる。 ◎なぜ学ぶのか，働くのかという情報を収集させる。 ☆生きがいのある人生とは何か，学ぶことや働くことにはどのような意味があるかを考えている。 ［ワークシート・観察］
まとめ	8	先生の話を聞く。	○夢と希望をもって生活していく意欲を確認したい。

③　事後の活動と指導

活動内容（活動場面など）	指導・援助の留意点
・ワークシートに保護者の感想を書いてもらう。 ・ワークシートの内容が載った学級通信を読み，友人の考えなどを理解する。	生徒に関する家庭での話題にする。

（3）　本時の評価
　①将来設計と進路計画の考え方を知り，その必要性を認識することができたか。
　②生きがいのある人生とは何か，学ぶことや働くことにはどのような意味があるのかを考えることができたか。

（4） 資料・ワークシート
［ワークシート］

将来を展望し，進路を考えよう

3年___組___番　氏名_____

1　「職業調べ，職場体験」で学んだことはどのようなことですか。	
2　中3の1学期で進路について考えたこと。	不安なこと。
3　卒業時，中3が終わるときまでに学びたいことは何ですか。	
4　将来の職業に向けて（なりたい職業）	これが必要！（資格・条件）

具体的に，自分には何が必要か？
・学習

・生活

・部活動

・習い事

・係，委員会など

5　高校で学びたいことは何ですか。また，どのような生活がしたいですか。

Ⅲ　進路決定の日のために

6　どのような職業生活がしたいですか。その中で大切にしたいものは何ですか？

7　なぜ，勉強するのですか。

保護者より	あなたの考え

8　なぜ，働くのですか。

保護者より	あなたの考え

9　働く喜びは何ですか。

保護者より	あなたの考え

保護者の感想（お子さんの考えをご覧になって，ご意見や，ご感想をお願いします。）

第1学年　第2学年　第3学年　教科

[資料　保護者宛の文書の例]

平成　　年　　月　　日

第３学年保護者　様

　　　　　　　　　　　　　　　　　　　　　　　　○○中学校長　　○○○○
　　　　　　　　　　　　　　　　　　　　　　　　第３学年主任　　○○○○

　　　　　　　　　　　　　「進路学習」についてのお願い

　○○の候，保護者の皆様にはますますご清祥のこととお喜び申し上げます。
　さて，３年生では，進路学習で，「将来を展望し，進路を考えよう（自分を見つめ直す）」の授業を行います。この授業を通して，将来を展望し，今の自分を見つめ直すとともに，よりよい進路を切り拓く足がかりにしたいと考えています。
　つきましては下記のような取組を行いますので，ご理解とご協力をよろしくお願いいたします。

　　　　　　　　　　　　　　　　　　　記

１　授業のねらい
　（１）　将来設計の考え方を知り，その必要性を認識する。
　（２）　生きがいのある人生とは何か，学ぶことや働くことにはどのような意味があるのかを考える。

２　取組の方法
　（１）　生徒（お子さん）が，保護者の方にインタビューをしますので，お答えください。
　　　　　内容は，①　なぜ，勉強するのか。
　　　　　　　　　②　なぜ，働くのか。
　　　　　　　　　③　働く喜びは何か。
　　　　　以上３点について，保護者のご意見をお願いいたします。
　　　　　　お聞きした内容については，生徒がまとめてワークシートに記入し，授業で参考にさせていただきます。
　（２）　授業が終わりましたら，生徒のワークシートをご覧いただき，この授業の取組についてのご意見，ご感想をお書きください。

　　　　　　　　　　　　　　　　　　　　　　　　　　　　　　　　　　　　　　以上

III 進路決定の日のために

❷将来の生き方
希望する職業をデザインしてみよう

（1） 本実践とキャリア教育
「進路計画の立案と暫定的選択」

　これまでの学習において職業観をもつことの大切さを知ることができた。ここでは，生き方や進路に関する情報をさまざまなメディアを通して調査・収集・整理し，それらを活用することで自分なりの職業観を形成させる。

【キャリアプランニング能力】

（2） 本時のねらい
①職業についての関心を高め，希望する職業についての見通しをもたせる。
②自分の進路をふまえて希望する職業について検討し，進路に目標と方向性をもたせる。

（3） 展開の過程
① 事前の活動と指導

活動内容（活動場面など）	指導・援助の留意点
「人気のある職業」についてのアンケートを取り，職業の人気ランキングをまとめる。（放課後・ワークシート）	・アンケート用紙の作成やまとめ方，発表の仕方を指導する。 ・参考図書の紹介を行う。

② 本時の展開

過程	学習活動と内容	指導上の配慮事項と評価 配慮事項（○） キャリア教育の視点から見て特に重要なこと（◎） 評価（☆）
導入	1　班長会代表からアンケートの集計結果を聞き，その理由や職業の内容，適性について考える。	○集計結果の傾向について補足する。 ○職業と適性については重要であるので，簡潔に説明する。 ◎☆職業についての関心が高まり，希望する職業についての見通しをもっている。　［観察］ ○職業についての差別意識・偏見をもたせないようにする。
展開	本時の活動テーマ　希望する職業をデザインしてみよう	

展開	2　就きたいと思っている職業とその理由を書く。　　（ワークシート） 3　希望する職業についてどんなことを学ぶ必要があるのかを話し合う。 　①職業と適性 　②職業の種類と内容 　③職業に就くまでの道 4　話し合いの内容をもとに，自分が就きたい職業についての内容，資料などをまとめる。 　　　　　　　（ワークシート）	○職場体験の機会を通して学習したことを思い出させる。 ☆職業に就くまでの道筋について調べ，今後の自分の生活と結びつけて考えようとしている。 　　　　　　　　　　　　　　［観察］ ◎☆自分の進路をふまえて，希望する職業について検討し，進路の目標と方向性をもっている。　　　　　　　［ワークシート］ ◎職業を通して，人間関係を築き，社会に貢献する生き方が基本的に大切だと気付かせる。
まとめ	5　先生の話を聞く。	○社会の変化に伴い，新たな職業が生まれることを知り，今後も，さまざまな手段を通じて情報収集すること，生き方との関連を考えることの大切さに気付かせる。

③　事後の活動と指導

活動内容（活動場面など）	指導・援助の留意点
中学校卒業後の進路希望先の選択に生かす。 　　　　　　　　　　　　　　（家庭）	三者面談やキャリアカウンセリングなどの資料にする。

（4）　本時の評価
①職業についての関心を高め，希望する職業についての見通しをもつことができたか。
②自分の進路をふまえて希望する職業について検討し，進路の目標と方向性をもつことができたか。

Ⅲ　進路決定の日のために

（5）資料・ワークシート
［ワークシート］

希望する職業をデザインしてみよう

3年____組____番　氏名_____

1　現在,「人気のある職業」はどんな職業だと思いますか。
　　あなたがそう思う職業を6つ選んで答えてください。

①	④
②	⑤
③	⑥

2　今後,あなたが就きたいと思っている職業は何ですか。
　　2つまで答えてください。

（職業名）　　　　　　　　　　　　（理由）_____
_____
_____

（職業名）　　　　　　　　　　　　（理由）_____
_____
_____

3　その職業の内容をどのくらい理解していますか。
　　上の1つの職業を選んで下記のことについて答えてください。

①知っていること（仕事の内容・資格・免許の必要性・適性など）

_____
_____
_____
_____

②知らないこと,調べておきたいこと（仕事の内容・資格・免許の必要性・適性など）

_____
_____
_____
_____

❸進路希望先を調べてみよう

（1） 本実践とキャリア教育
「生き方や進路に関する現実的探索」
　将来の職業生活との関連の中で，進路選択の大切さとそれに関わる情報収集の必要性を理解する。また進路希望先を調べることにより，自らの生き方を考え，進路を切り拓く力を育成する。
【キャリアプランニング能力】

（2） 本時のねらい
　①自分の進路に関する具体的な情報について，入手する方法を理解させる。
　②実際に進路希望先を調べることの大切さに気付かせる。

（3） 展開の過程
① 事前の活動と指導

活動内容（活動場面など）	指導・援助の留意点
パンフレットや掲示物から情報を収集する。 （家庭・学校）	校内の進路情報を充実させ，啓発を図る。

② 本時の展開

過程	学習活動と内容	指導上の配慮事項と評価 配慮事項（○） キャリア教育の視点から見て特に重要なこと（◎） 評価（☆）
導入	1　自分が希望している進路先について，どの程度理解しているかチェックする。	○ワークシートに○，×を付けさせる。 ○進路希望先についてもっと調べなければならないという課題意識をもたせる。
展開	本時の活動テーマ　進路希望先を調べてみよう 2　現時点で考えられる進路希望先をあげる。 3　進路希望先を調査する。	○前時で学習したことを生かせるようにする。 ☆進路情報の大切さを理解しようとしている。 　　　　　　　　　　　　　　　［観察］ ○インターネット，パンフレット，書籍，掲示物などから情報を収集させる。 ◎☆具体的な情報について，入手する方法を理解している。　　　［ワークシート・観察］

Ⅲ　進路決定の日のために

まとめ	4　進路希望先の調査の大切さについて，先生の話を聞く。	◎☆情報収集の大切さに気付かせる。[観察]

③　事後の活動と指導

活動内容（活動場面など）	指導・援助の留意点
自分が立てた計画にもとづいて，説明会などに参加する。　　　　　（学校説明会など）	・ワークシートの内容を「進路通信」「学年通信」などに載せて，共有化をはかる。 ・三者面談やキャリアカウンセリングなどの資料にする。

（4）　本時の評価
①自分の進路に関する具体的な情報について，入手する方法を理解することができたか。
②実際に進路希望先を調べる大切さに気付くことができたか。

(5) 資料・ワークシート
[ワークシート１]

あなたは自分の進路希望先について知っていますか

3年＿＿＿組＿＿＿番　氏名＿＿＿＿＿＿＿＿＿＿

○希望する上級学校について

No	調査項目		○知っている ×知らない
1	学　校　名	高等学校	
2	所　在　地	（市・町・村）	
3	最 寄 り 駅		
4	募 集 定 員		
5	入 試 科 目		
6	取得できる資格		
7	部活動について知っていること		
8	卒業生の進路状況		

○希望する職場について

No	調査項目		○知っている ×知らない
1	事 業 所 名		
2	所　在　地	（市・町・村）	
3	最 寄 り 駅		
4	仕 事 内 容		
5	従 業 員 数		
6	賃　　　　金		
7	採 用 人 数		

Ⅲ　進路決定の日のために

[ワークシート2]

進路希望先を調べてみよう

3年____組____番　氏名_____

調　査　日　時	月　　日（　）
進 路 希 望 先 名	
所　　在　　地	
電　話　番　号	
交 通 手 段・最 寄 り 駅	

調　査　項　目		
〔　　　　　　〕	〔　　　　　　〕	〔　　　　　　〕
〔　　　　　　〕	〔　　　　　　〕	〔　　　　　　〕
〔　　　　　　〕	〔　　　　　　〕	〔　　　　　　〕

進路希望先付近の地図

Ⅳ 学び続ける意義

1 テーマ設定の理由

3年生も2学期に入り，いよいよ本格的に進路先を決定する時期となってきた。この時期になると，志望校に合格するための条件や点数などが中心的な関心事となってくる生徒が多く，学ぶことの目的や意義が薄れがちである。そこで，学ぶことの目的とそのすばらしさを確認させるとともに，学ぶことの本来の必要性や喜びを理解させ，学習に対する意欲を高められるよう，このテーマを設定した。

2 全体構想
（1） 他の教科・領域との関連性

＜教科・道徳・総合＞ ＜道徳＞ 1－（5） 自己理解，個性の伸長	＜特別活動（学級活動）＞ 1年 Ⅱ 目的をもって学ぶ 2年 Ⅱ 学ぶことと働くこと ❶生涯学習の実践者から学ぼう ❷学校応援団・コーディネーターから学ぶ	＜学校行事・その他＞ ＜学校行事＞ ふれあい講演会

（2） 家庭・地域社会との連携
・保護者や身近な人に「なぜ学び続けるのか」を聞く。
・地域での生涯学習を実践されている方の話を聞く。

3 指導計画（2時間扱い）
❶生涯学習の実践者から学ぼう（1時間）
❷学校応援団・コーディネーターから学ぶ（1時間）

Ⅳ　学び続ける意義

❶生涯学習の実践者から学ぼう
なぜ，人は学び続けるのだろうか

（1）　本実践とキャリア教育
「生き方や進路に関する現実的探索」
生涯学習の考え方を理解し，生涯にわたって主体的に学んでいこうとする意欲をもたせる。
【キャリアプランニング能力】

（2）　本時のねらい
①学ぶことの目的についての視野を広め，自分は将来にわたって何のために学ぶのかを考えさせる。
②生涯学習についての意味を知り，その大切さに気付かせる。

（3）　展開の過程
　①　事前の活動と指導

活動内容（活動場面など）	指導・援助の留意点
・「学ぶこと」に関するアンケートを実施する。 　　　　　（帰りの会・ワークシート1） ・保護者や身近な人に，「なぜ学び続けているのか」を事前に聞く。　（放課後・ワークシート2）	・現在自分が考えていることを素直に書く。 ・身近な方や地域の方には，事前に趣旨や内容を知らせてから，話を聞きに行くように指導する。

　②　本時の展開

過程	学習活動と内容	指導上の配慮事項と評価 配慮事項（○） キャリア教育の視点から見て特に重要なこと（◎） 評価（☆）
導入	1　「学ぶこと」に関するアンケート結果を提示し，自由に意見を出し合う。 2　本時のテーマとねらいを知る。	○多様な意見を肯定的に受けとめさせる。 ○学校で学ぶことだけにしぼらない。
展開	**本時の活動テーマ　なぜ，人は学び続けるのだろうか** 3　「学ぶこと」についての意味を考え，ワークシート3に記入する。 4　ワークシートに基づいて，「学び続けること」の意義について話し合う。	○具体的な例をあげて説明し，ワークシートに記入させる。 ◎自分の学ぶことの意義についての考えをまとめる。 ○「学ぶこと」の本来の意味について考えさせる。

展開	5 「学び続けること」についての保護者や地域の方からのアンケート結果を発表する。	○話し合いで「学ぶこと」についての意見をまとめさせる。 ○生涯学習の考え方を確認する。 ○「学ぶきっかけ」や「現在の気持ち」に注目しながら，聞かせるようにする。 ☆生涯学習の意味について理解している。 ［ワークシート・観察］
	6 生涯学習を実践している地域の方を紹介し，話を聞く。	◎生涯学習の大切さについて実感させ，主体的に学んでいこうとする意欲をもたせる。
	7 ビデオや話し合いなどから，「生涯学習」について学んだことをまとめる。	○アンケートの結果やビデオなどを通して，一生学ぼうとする姿勢を感じさせるとともに，生きがいとなっていることに気付かせる。 ☆学習の意義と必要性を認識し，学び続ける意欲をもとうとしている。 ［ワークシート］
まとめ	8 先生の話を聞く。	○学ぶことに終わりはないことを話す。

③ 事後の活動と指導

活動内容（活動場面など）	指導・援助の留意点
「人はなぜ学び続けるのか」の意見を学級通信や掲示物から友人の考え方にふれ，学び続けることへの意識を高める。	ワークシートを学級通信や掲示物で紹介する。

（4） 本時の評価
①学ぶことの意義と必要性を認識し，学び続けようとする意欲を高めようとしていたか。
②生涯学習についての意味を知り，その大切さを理解したか。

（5） 資料・ワークシート
・ワークシート１……（事前の活動）帰りの会などで，生徒が記入。
・ワークシート２……（事前の活動）保護者や地域の方に趣旨やアンケート内容を知らせて，話を聞きに行ってから記入。
・ワークシート３……（本時の展開）授業の中で生徒が記入。

Ⅳ　学び続ける意義

[ワークシート1]

学ぶことに関するアンケート

3年＿＿＿組＿＿＿番　氏名＿＿＿＿＿＿＿＿＿＿

1　あなたは，今までにどんなことを学んできましたか？（学校生活や家庭生活など）
- ＿＿＿＿＿＿＿＿＿＿＿＿＿＿（時期　　　　　　　　　　　　　　　　　　　　）
  きっかけ（　　　　　　　　　　　　　　　　　　　　　　　　　　　　　　　）
- ＿＿＿＿＿＿＿＿＿＿＿＿＿＿（時期　　　　　　　　　　　　　　　　　　　　）
  きっかけ（　　　　　　　　　　　　　　　　　　　　　　　　　　　　　　　）
- ＿＿＿＿＿＿＿＿＿＿＿＿＿＿（時期　　　　　　　　　　　　　　　　　　　　）
  きっかけ（　　　　　　　　　　　　　　　　　　　　　　　　　　　　　　　）

2　あなたは，今，何のために学んでいますか？

＿＿＿＿＿＿＿＿＿＿＿＿＿＿＿＿＿＿＿＿＿＿＿＿＿＿＿＿＿＿＿＿＿＿＿＿＿＿
＿＿＿＿＿＿＿＿＿＿＿＿＿＿＿＿＿＿＿＿＿＿＿＿＿＿＿＿＿＿＿＿＿＿＿＿＿＿
＿＿＿＿＿＿＿＿＿＿＿＿＿＿＿＿＿＿＿＿＿＿＿＿＿＿＿＿＿＿＿＿＿＿＿＿＿＿
＿＿＿＿＿＿＿＿＿＿＿＿＿＿＿＿＿＿＿＿＿＿＿＿＿＿＿＿＿＿＿＿＿＿＿＿＿＿

[ワークシート2]

なぜ，学び続けているのか（保護者や地域の方への聞き取りアンケート）

○調査した方の氏名　＿＿＿＿＿＿＿＿＿＿＿＿＿＿＿＿＿（年齢　　　　歳）

○職業　　　　　　　＿＿＿＿＿＿＿＿＿＿＿＿＿＿＿

○学んでいること　　＿＿＿＿＿＿＿＿＿＿＿＿＿＿＿

○学び始めた時期　　＿＿＿＿＿＿＿＿＿＿＿＿＿＿＿

○学ぶきっかけ

＿＿＿＿＿＿＿＿＿＿＿＿＿＿＿＿＿＿＿＿＿＿＿＿＿＿＿＿＿＿＿＿＿＿＿＿＿＿
＿＿＿＿＿＿＿＿＿＿＿＿＿＿＿＿＿＿＿＿＿＿＿＿＿＿＿＿＿＿＿＿＿＿＿＿＿＿

○現在の気持ち

＿＿＿＿＿＿＿＿＿＿＿＿＿＿＿＿＿＿＿＿＿＿＿＿＿＿＿＿＿＿＿＿＿＿＿＿＿＿
＿＿＿＿＿＿＿＿＿＿＿＿＿＿＿＿＿＿＿＿＿＿＿＿＿＿＿＿＿＿＿＿＿＿＿＿＿＿

[ワークシート3]

学ぶことに関するアンケート

3年_____組_____番　氏名_____

1　「学ぶこと」の本来の意味について考えよう。

●今までの学習が，生活などで生かされた場面を思い出そう。

（1）学んだこと

・それが生かされた場面

（2）学んだこと

・それが生かされた場面

●「学ぶこと」の本来の意味は

2　生涯学習について考えよう。

●「生涯学習」とは

●アンケートやビデオから「生涯学習」について学んだことは

Ⅳ　学び続ける意義

❷学校応援団・コーディネーターから学ぶ

（1）　本実践とキャリア教育
「肯定的自己理解と自己有用感の獲得」「興味・関心等に基づく勤労観・職業観の形成」
「生き方や進路に関する現実的探索」

社会の一員としての義務や責任を果たすとともに，地域での人間関係づくりやその集団に適応することが大切である。そこで，自分の在り方や生き方を地域社会に役立てることの大切さを生徒の心に育みたい。

【人間関係形成・社会形成能力】【自己理解・自己管理能力】【キャリアプランニング能力】

（2）　本時のねらい
①地域での人間関係づくりやその集団に適応していくことの大切さを理解させる。
②自分の在り方や生き方を地域社会で役立てることの大切さを理解させる。

（3）　展開の過程
①　事前の活動と指導

活動内容（活動場面など）	指導・援助の留意点
・ワークシートを配付して「学校応援団」「コーディネーター」について調べる。　　　　　　　　　　　　　　（家庭） ・ボランティアの体験を思い出す。 ・「学校応援団」と「コーディネーター」にアンケートをお願いする。	・地域ではどんなボランティア活動があるかを問いかける。 ・過去の大震災などのボランティアを考えさせる。

②　本時の展開

過程	学習活動と内容	指導上の配慮事項と評価 配慮事項（〇） キャリア教育の視点から見て特に重要なこと（◎） 評価（☆）
導入	1　「学校応援団とコーディネーター」について調べたこと(ワークシートに記入してある内容)を発表する。 2　本時のテーマとねらいを知る。	〇地域社会で人のために生き生きと働く人がたくさんいることを知らせる。 〇本時のテーマに興味をもって取組めるよう，他の生徒の発表を聞かせる。
展開	本時の活動テーマ　学校応援団・コーディネーターから学ぶ	

展開	3 自分の学校の「学校応援団とは」「コーディネーターとは」どんなことをしている人たちなのかをまとめ，確認する。 （内容・システム・活動計画） 4 「ボランティア」とは何かを知る。 5 「学校応援団」のいくつかの活動やアンケートの結果を参考にして，地域の人たちがボランティアで学校応援団に参加してくれる理由について考える。 6 自分の学校の「学校応援団とコーディネーター」の方に事前にお願いしたアンケートの結果を聞く。（または，学校応援団やコーディネーターの方に実際に来てもらってお話ししていただいてもよい。） 7 学校応援団，コーディネーター，ボランティアで活動する人たちに対する自分の考えをまとめる。	○「学習支援，登下校見守り，環境美化，地域貢献」などの4項目について考え，まとめさせる。 ○活動の中でのコーディネーターの役割，ボランティアであることについてもまとめさせる。 ○報酬をもらわず，自分の意思で，社会や人のために役に立つ活動であることを理解させる。 ○学校応援団の資料などを用意する。 ○どんな気持ちから学校応援団に入ってわたしたち生徒のために活動してくれるのかを想像させる。 ○アンケートの中からも答えを拾う。 ○具体的な一人一人のアンケートの結果の中から答えを探しておき，生徒に示す。 ◎地域での人間関係づくりやその集団へ適応して自分の在り方や生き方を地域社会に役立てることの大切さを理解させたい。 ☆地域や社会に貢献することを通して自己有用感を獲得し，それが生きがいにつながることを理解しようとしている。 ［観察・ワークシート］
まとめ	8 学習のまとめをする。	○生徒が自分もできるところから社会の一員として地域の活動などに参加しようとする意欲付けを図る。

③ 事後の活動と指導

活動内容（活動場面など）	指導・援助の留意点
・道徳の学習で「社会の一員として生きる」ことへの道徳的な心情を深める。 ・学級通信に載せられた「社会の一員として生きる」のまとめを読む。	・地域での人間関係づくりや自分の在り方や生き方を地域社会に役立てることの大切さが理解できるよう支援，助言する。 ・個人情報の扱いなどに十分配慮する。

（4） 本時の評価
①地域での人間関係づくりやその集団に適応していくことの大切さを理解することができたか。
②自分の在り方や生き方を地域社会に役立てることの大切さを理解することができたか。

Ⅳ　学び続ける意義

（5）資料・ワークシート
[資料]

学校応援団・コーディネーターの皆様へ　アンケートのお願い

　日頃より中学校の活動にご理解，ご協力をいただきまして心より感謝申し上げます。
　さて，この度3年生で「社会の一員として生きる，学校応援団・コーディネーターに学ぶ」と題しての授業を計画しております。この授業では「①地域での人間関係づくりやその集団に適応していくことの大切さを学ばせる」「②自分の在り方や生き方を地域社会に役立てることの大切さを理解させる」をねらいとしております。まさに，学校応援団に関わる皆様方のお姿そのものと存じます。
　つきましては，以下のアンケートにご回答くださいますようお願いいたします。

1　あなたはご自分が住まわれている地域に対してどのような印象をおもちですか。

2　あなたは中学校に対してどのような印象をおもちですか。

3　あなたは中学校の学校応援団に参加いただいておりますが，どのようなお気持ちからお引き受けいただきましたか。

4　学校応援団に参加して楽しさややりがいを感じるのはどのようなところですか。

5　学校応援団のほかにどのようなボランティア活動をされていますか。

6　地域が協力して子どもを育てることの意義についてお書きください。

ご協力ありがとうございました。

[ワークシート]

学校応援団・コーディネーターから学ぶ

3年_____組_____番　氏名_____

1　学校応援団とコーディネーターについて調べてみよう。
　（1）　学校応援団とは何ですか。
　
　
　（2）　コーディネーターとは何ですか。
　

2　中学校の学校応援団とコーディネーターについてまとめてみよう。

（1）　内容
（2）　組織
（3）　システム
（4）　活動計画

3　ボランティアとは何かを確認してみよう。
　

4　あなたは地域の方が学校応援団に入って活動することに関してどう思いますか。
　

5　この方々は，どのような気持ちから学校応援団に入ってくれて，わたしたち生徒のために活動してくれるのかを想像して書いてみよう。
　

6　学校応援団の方にあらかじめ書いていただいたアンケートの集計を公表してみよう。
　　特に，「アンケート3，4」についての気持ちを聞いてみよう。
　

7　学校応援団，コーディネーター，ボランティアで活動する方々に対する自分の考えをまとめてみよう。
　

8　あなたも自分ができるところから地域の活動に参加するとしたらどのようなことから始めますか。

Ⅴ　進路の選択に向けて

1　テーマ設定の理由

　進路の選択に必要な要素や決定の手順を学び，実際の進路決定において，自分の興味や関心，能力・適性を生かすように指導することが大切である。

　この学習では，自分自身について深く見つめ直させ，自分に合った進路先を選択できるようにさせる。さらに，学級の人間関係を深め，学校選びには人によって判断基準が異なることを学ばせるためにこのテーマを設定した。

2　全体構想
（1）　他の教科・領域との関連性

<教科・道徳・総合>	<特別活動（学級活動）>	<学校行事・その他>
<道徳> 　1－(5)　自己理解， 　　　　　個性の伸長 　1－(2)　強い意志 　2－(5)　寛容，謙虚 <総合的な学習の時間> 　職業や自己の将来に関する活動	1年　Ⅴ　集団の中で自分を 　　　　　生かす 　　　Ⅵ　将来の生き方と進 　　　　　路計画 2年　Ⅳ　自分について考える 　　　Ⅴ　将来の計画を立てる ❶自分の特徴を再確認しよう ❷自分に合った進路選択の情報 　を収集しよう 3年　Ⅵ　進路の決定 　　　Ⅶ　将来に向けて	卒業生と語る会 二者面談・三者面談 事業所・上級学校見学会 職場体験学習 進路PTA保護者会

（2）　家庭・地域社会との連携
　　保護者や身近な人に協力してもらう。

3　指導計画（2時間扱い）
　❶自分の特徴を再確認しよう（1時間）
　❷自分に合った進路選択の情報を収集しよう（1時間）

❶自分の特徴を再確認しよう

（1） 本実践とキャリア教育
「肯定的自己理解と自己有用感の獲得」「進路計画の立案と暫定的選択」
　自分自身に関する理解を深める意義と視点を確認し，そのためのさまざまな方法に取組み，自分に合った進路選択の情報を収集する。
【自己理解・自己管理能力】

（2） 本時のねらい
　①自分自身を見つめることの大切さを理解させ，自己理解を深めさせる。
　②自己理解の意義やその方法を理解させ，それを進路指導に生かすようにさせる。

（3） 展開の過程
　① 事前の活動と指導

活動内容（活動場面など）	指導・援助の留意点
・「自分についてのまとめ」を記入する。 　　　　　　（帰りの会・ワークシート） ・家族から自分の良い点について話を聞く。	・身近な人から自分の良い点について聞くように話す。 ・先生が，一人一つ良いところを示しても良い。

　② 本時の展開

過程	学習活動と内容	指導上の配慮事項と評価 配慮事項（○） キャリア教育の視点から見て特に重要なこと（◎） 評価（☆）
導入	1　「自分についてのまとめ」（ワークシート1）の感想を発表する。 2　本時のテーマとねらいを知る。	○進路選択にあたり，自分の特徴を知ることは大切なことであることを知らせる。 ○本時のテーマに興味をもって取組めるよう他の生徒の発表を聞かせる。 ＊資料の「キャリア教育アンケートの例」は「中学校キャリア教育の手引き（文部科学省）」より抜粋。
展開	本時の活動テーマ　自分の特徴を再確認しよう 3　自分自身の良いところを「自己分析表」（ワークシート2）に記入する。	○「性格や行動，学習，健康や身体，趣味や特技，興味や関心，将来の夢，学校内

V 進路の選択に向けて

展開	・自分を見つめるポイントを確認する。 ・自分の良いところを書き出す。 4　班でブレインストーミングを行い，カードを使っての分類法でまとめる。 ・「班のメンバーの良いところをたくさん見つけよう」 ＊「ブレインストーミング」については，P.42を参照。 5　ワークシート2「自己分析表」に自分から見た良い点，周りの生徒から見た良い点，保護者から見た良い点を項目ごとにまとめる。	の活動」の7項目をポイントとする。 ◎自分自身の良いところを書き出させる。 ○ブレインストーミングのやり方を説明する。 ○思いついたものをできるだけたくさん付箋紙に書く。他人の意見は批判しない。 ○いろいろな面から考えさせる。出された付箋紙を班ごとにまとめ，その班の項目名を考える。その項目名がその生徒の特徴になる。 ◎この活動から，肯定的自己理解を深め，自己有用感を獲得させる。 ○机間指導をしながら適切な助言を行う。 ◎自分を肯定的に捉え，班員から出された情報を項目ごとにまとめさせる。 ☆自分の良さをまとめることを通して肯定的自己理解を深めている。 　　　　　　　　　[観察・ワークシート]
まとめ	6　学習のまとめをする。 ・自己分析表を記入しての感想を発表する。	○より良い進路選択のためには，自分に関する理解を深めることが大切であることを知らせる。

③　事後の活動と指導

活動内容（活動場面など）	指導・援助の留意点
・自己分析表の記入が終わっていない生徒は，次時までに記入する。　　　　　　　（家庭） ・他者の考えや学級の様子を知る。	・生徒の取組や理解度を確認する。 ・保護者に授業の内容について学級通信などで知らせ，キャリア教育の啓発を図る。

（4）　本時の評価
①自分自身を見つめることの大切さを知り，自己理解を深めようとしていたか。
②自己理解の意義やその方法を知り，それを進路選択に生かそうとしていたか。

(5) 資料・ワークシート
[ワークシート1]

自分についてのまとめ

3年＿＿＿組＿＿＿番　氏名＿＿＿＿＿＿＿＿＿＿

　自分の進路を最終的に決定する時期になりました。自分自身を正しく知ることが進路選択の基本であることを考え，ここで自分についてのまとめをして，進路決定に役立てましょう。

○自分の行動の傾向や性格について，下のような観点から自己評価し，あてはまる数字に○印をつけて特徴をまとめてみよう。
　　（4：いつもしている　3：時々している　2：あまりしていない　1：ほとんどしていない）

1　自分のやるべきことよりも，係の仕事や約束を優先させるほうである。………（4　3　2　1）

2　自分の思ったことは，学級や委員会などではっきりと言うことができる。……（4　3　2　1）

3　先生や親からの注意は素直に聞いて，きちんと改めるほうである。……………（4　3　2　1）

4　リーダーの立場になったとき，しっかりと指示できるほうである。……………（4　3　2　1）

5　失敗してもあまり落ち込まず，すぐに立ち直るほうである。………………………（4　3　2　1）

6　学校や学級で行う行事などに，積極的に参加するほうである。……………………（4　3　2　1）

7　すぐに怒ったり，人にあたったりすることは少ない。…………………………………（4　3　2　1）

8　学級の仕事や清掃を人が見ていなくてもきちんとするほうである。……………（4　3　2　1）

9　部活動で厳しい練習に耐えるなど，忍耐強いほうである。………………………（4　3　2　1）

10　何事にも細かなことまでよく考え，気を配るほうである。…………………………（4　3　2　1）

Ⅴ　進路の選択に向けて

[資料]

キャリア教育アンケートの例

3年＿＿＿組＿＿＿番　氏名＿＿＿＿＿＿＿＿＿

◇これはテストではありません。あなたの日常生活（授業中や放課後，家庭での生活など全般を含みます）の様子を振り返って，あてはまる番号に○を付けてください。
（4：いつもしている　　3：時々している　　2：あまりしていない　　1：ほとんどしていない）

1　友人や家の人の意見を聞く時，その人の考えや気持ちを受け止めようとしていますか。……………………………………………………………………………………（4　3　2　1）
2　相手が理解しやすいように工夫しながら，自分の考えや気持ちを伝えようとしていますか。……………………………………………………………………………………（4　3　2　1）
3　自分から役割や仕事を見つけたり，分担したりしながら，周囲と力を合わせて行動しようとしていますか。……………………………………………………………………（4　3　2　1）
4　自分の興味や関心，長所や短所などについて，把握しようとしていますか。……………………………………………………………………………………（4　3　2　1）
5　気持ちが沈んでいるときや，あまりやる気が起きない物事に対するときでも，自分がすべきことに取組もうとしていますか。……………………………………………………（4　3　2　1）
6　不得意なことでも，自ら進んで取組もうとしていますか。……………………………………………………………………………………（4　3　2　1）
7　わからないことやもっと知りたいことがあるとき，自分から進んで資料や情報を収集したり，誰かに質問したりしていますか。………………………………………………（4　3　2　1）
8　何か問題が起きたとき，次に同じような問題が起こらないようにするために，何をすれば良いか考えていますか。……………………………………………………………（4　3　2　1）
9　何かするとき，見通しをもって計画的に進めたり，そのやり方などについて改善を図ったりしていますか。……………………………………………………………………（4　3　2　1）
10　学ぶことや働くことの意義について考えたり，今学校で学んでいることと自分の将来とのつながりを考えたりしていますか。……………………………………………………（4　3　2　1）
11　自分の将来について具体的な目標を立て，その実現のための方法について考えていますか。……………………………………………………………………………………（4　3　2　1）
12　自分の将来の目標に向かって努力したり，生活や勉強の仕方を工夫したりしていますか。……………………………………………………………………………………（4　3　2　1）

※『中学校キャリア教育の手引き』（平成23年5月／文部科学省）より。

自分の特徴をまとめよう。

[ワークシート2]

自己分析表

3年＿＿＿組＿＿＿番　氏名＿＿＿＿＿＿＿＿＿＿＿

自分をよく見つめ，項目ごとにまとめよう。

	自分から見た良い点	まわりの生徒からみた良い点	保護者から見た良い点
性格や行動			
学習			
健康や体力			
趣味や特技			
興味や関心			
将来の夢			
学校内の活動			

V 進路の選択に向けて

❷自分に合った進路選択の情報を収集しよう
何が大切？ 進路先選び

（1） 本実践とキャリア教育

「肯定的自己理解と自己有用感の獲得」「進路計画の立案と暫定的選択」
「生き方や進路に関する現実的探索」

自分自身に関する理解を深め，自分に合った進路選択の情報をさらに収集し，実際の進路選択に役立てる。

【自己理解・自己管理能力】【課題対応能力】【キャリアプランニング能力】

（2） 本時のねらい

①自分の良さや個性がわかり，他者の良さや感情を理解し尊重する。また，班ごとの討議を通して，自己理解，他者理解を進める。

②進路の選択には，さまざまな判断材料があることを学び，自分に合った進路の選択ができる能力を身に付ける。

（3） 展開の過程

① 事前の活動と指導

活動内容（活動場面など）	指導・援助の留意点
生徒が自分の進路先をいくつかあげ，その特徴を考えておく。　　　　　（家庭）	保護者と話し合うようアドバイスする。

② 本時の展開

過程	学習活動と内容	指導上の配慮事項と評価 配慮事項（○） キャリア教育の視点から見て特に重要なこと（◎） 評価（☆）
導入	1　本時の目標を知る。進路先を選ぶ条件について知る。	○就職希望者についても十分な配慮をする。 ○ワークシートを配付する。
展開	本時の活動テーマ　何が大切？　進路先選び 2　自分が大切と考える基準を5つ選び，重視する順に並べる。 3　班の中で自分の意見を発表する。	○現在の自分の基準で並べるように話す。 ◎自分の進路先を選ぶ条件を考え，ワークシートに記入させる。 ○並べた結果とその理由も述べさせる。 ◎人それぞれいろいろな考え方があることをおさえ，班内の相互理解を深めさせる。

展開	4 班として，進学先選びで大切だと思う条件をまとめる。	○各自が述べた理由で，班の考えとしてまとめる。 ◎情報を整理し，さまざまな判断材料があることを理解させる。 ☆班ごとの討議を通して自己理解，他者理解を深めようとしている。　　　　　　　［ワークシート］
	5 班ごとの発表を聞き，学級としての考えをまとめさせる。 6 個人の進路先を記入する。	◎情報を整理し，学級の考えをまとめさせる。 ◎自分の進路選択に生かすようにさせる。 ☆自分の今の段階での進路先を複数あげられる。 　　　　　　　　　　　　　　　　［ワークシート］
まとめ	7 学習のまとめをする。 ・今日の授業の感想をまとめる。 ・自己評価をつける。 ・保護者に意見を書いてもらう。	○生徒の感想を発表する。 ◎今後変わる可能性があることを話す。また，さまざまな角度から吟味することの大切さを伝える。

③ 事後の活動と指導

活動内容（活動場面など）	指導・援助の留意点
授業の内容を掲示物や学級新聞によって再確認する。	進路選択に関する自己の視野を広げて，これからの活動に参加する意欲をもたせる。

（4）本時の評価

①自分を肯定的に理解するとともに，他者を尊重し，班ごとの討議を通して自己理解，他者理解を深めようとしていたか。

②進路の選択には，さまざまな判断材料があることを学び，自分にあった進路の選択ができる能力を身に付けようとしていたか。

V　進路の選択に向けて

（5）資料・ワークシート
［ワークシート1］

何が大切？　進路先選び

3年＿＿＿組＿＿＿番　氏名＿＿＿＿＿＿＿＿＿＿＿＿

進学先を選ぶのにどのようなことを条件に考えたら良いか，意見を出し合ってみよう。

1　下の項目の中から，重視したいことを5個選び，記号に○を付けよう。

a	校風	k	人気校
b	校舎内，施設・設備	l	自分の学力
c	体育館・グラウンドの施設・設備	m	共学か別学か
d	食堂の有無	n	学科・コース
e	学費（公立か私立か）	o	学習内容（カリキュラム）
f	通学時間や通学方法	p	部活動
g	制服	q	修学旅行
h	校則	r	学校行事
i	卒業後の進路	s	先生や先輩の雰囲気
j	どんな資格が取れるか	t	その他（　　　　　　　）

2　あなたが選んだ5個の記号を最も重視するものから順番に並べてみよう。

	自分の考え	理由
1位		
2位		
3位		
4位		
5位		

3　班の中で意見を発表しよう。また，他の意見を記入しよう。

	自分	さん	さん	さん	さん	さん	班の考え
1位							
2位							
3位							
4位							
5位							

4　班の意見をまとめよう。

5　他の班の意見を記録しよう。

	1班	2班	3班	4班	5班	6班	クラスの考え
1位							
2位							
3位							
4位							
5位							

6　各自が今の段階で考えている進路先を3つ書いてみよう。

（進路先）	（進路先）	（進路先）
（理由）	（理由）	（理由）

Ⅴ　進路の選択に向けて

[ワークシート２]

学習のまとめ

<u>　３年　　組　　番　氏名　　　　　　　　　　</u>

1　今日の授業の感想をまとめよう。

2　自己評価をつけよう。　　　　　（Ａ：はい　Ｂ：だいたい　Ｃ：あまり　Ｄ：いいえ）

	評価項目	評価
1	課題に真剣に取り組んだ。	Ａ　Ｂ　Ｃ　Ｄ
2	班ごとの発表で，互いの意見を聞き合うことができた。	Ａ　Ｂ　Ｃ　Ｄ
3	進学先を選ぶポイントについて，考えが深まった。	Ａ　Ｂ　Ｃ　Ｄ
4	発表をするときや聞くときのマナーが守れた。	Ａ　Ｂ　Ｃ　Ｄ

3　保護者の感想。

Ⅵ 進路の決定

1 テーマ設定の理由

　高校の中途退学の問題については，いまだ深刻な状況である。

　中途退学の理由は，授業に興味がわかないなどの「学校生活・学業不適応」が最も多い。一方，単に，高校が「つまらない」「通うのが面倒になった」などで退学するケースも少なくない。進路を決定する際に，進路に対する知識や現状の認識不足，自らの考えの甘さや他人任せ，自分自身の適性や能力，可能性を十分把握できていないことが原因と考えられる。そこで，自分の進路は自分で決定すること，決定には責任が伴うことを改めて自覚させ，卒業後の第一歩を，自信をもって歩んでいけるように願いを込めて，本テーマを設定した。

2 全体構想

（1） 他の教科・領域との関連性

<教科・道徳・総合>	<特別活動（学級活動）>	<学校行事・その他>
<道徳> 　1－(2)　強い意志 　1－(3)　自主・自律 　1－(5)　自己理解， 　　　　　個性の伸長	1年　Ⅰ　ガイダンス・中学校生活の 　　　　　スタート 　　　Ⅲ　働くことについて知る 　　　Ⅳ　自分を知ろう 　　　Ⅵ　将来の生き方と進路計画 2年　Ⅱ　学ぶことと働くこと 　　　Ⅲ　職業について学ぶ 　　　Ⅳ　自分について考える 3年　Ⅱ　実りある学習 　　　Ⅴ　進路の選択に向けて ❶進路の最終決定をしよう ❷自分の道を切り拓こう	<学校行事> 　進路講演会 　卒業生と語る会 　ふれあい講演会 　上級学校見学

（2） 家庭・地域社会との連携

　　・進路選択をしていく重要な時期であることをふまえ，社会の厳しさや人間として生きていく上での強い意志をもつことの大切さを人生の先輩から学ぶ。
　　・子どもの望ましい進路選択のため，家庭からの助言や激励を取り入れ，ねらいにせまる。

3 指導計画（4時間扱い）

　❶進路の最終決定をしよう（2時間）
　❷自分の道を切り拓こう（2時間）

❶進路の最終決定をしよう（１）
中退者の現状から学ぶ〈ロールプレイ〉

（１）　本実践とキャリア教育
「生き方や進路に関する現実的探索」

高校中退者の情報を収集し，その原因を分析し，望ましい進路選択に生かしていく。

また，高校選択を通して将来を展望し，自分の意見がもてるようにする。

【課題対応能力】【自己理解・自己管理能力】

（２）　本時のねらい
①中途退学者の現状を把握し，自分の進路計画の見直しをさせる。

②自他の意見を比較検討し，望ましい進路選択を見出させる。

（３）　展開の過程
①　事前の活動と指導

活動内容（活動場面など）	指導・援助の留意点
・高校中退者の状況を調査する。 ・中退者の個々の事例を調べる。 ・中退者の事例をもとにシナリオを作る。 ・授業のリハーサル・ロールプレイを行う。	・データを提供する。 ・中退者が特定できないように配慮する。 ・衣装などにも工夫して，興味や関心をもたせる。 ・授業の流れを確認しながら行う。

②　本時の展開

過程	学習活動と内容	指導上の配慮事項と評価 配慮事項（○） キャリア教育の視点から見て特に重要なこと（◎） 評価（☆）
導入	1　埼玉県内の中途退学者の現状を知る。 2　本時のねらいを示す。 本時の活動テーマ　中退者の現状から学ぶ＜ロールプレイ＞	○最新の資料を提示する。

展開		3　中退した生徒の実態にせまるために，事例をもとにロールプレイをする。　　　（資料A） 4　メモをもとに感想を発表する。 5　事例の生徒の進路決定時の問題点を探る。 6　話し合いの結果を発表し，まとめる。 7　進路決定に向けて，必要な力を考え，ワークシートに記入する。 8　自分の進路計画を再考し，ワークシートに記入する。	○中退者の事例を理解し，問題点をメモさせる。 ・事例は生徒6人が担当 ・聞く内容は次の3点(資料：事例のプリント) （1）現在していること　（2）中退した理由 （3）進路決定の決め手(中学3年時の主な理由など) ◎中退の理由にもさまざまなケースがあることに気付かせる。 ◎問題点を明確にするとともに，発表された問題点を分析し，進路決定に必要な力を考えさせる。 ○他者の場合と自分の場合を重ね合わせて考えさせる。（数人に発表させる） ☆進路を決定するためにはどのような力が必要なのかをまとめている。 ［ワークシート］ ☆進路決定の心構えや留意点を，他者の事例を見て，友人と分析し，参考にしながら自己選択している。　　　　　　　　［発表・ワークシート］
まとめ		9　先生の話を聞く。	

③　事後の活動と指導

活動内容（活動場面など）	指導・援助の留意点
必要に応じて適宜二者面談を実施する。	適切な進路情報を与える。

（4）　本時の評価
①中退者の現状を把握し，自分の進路計画を見直しているか。
②自他の意見を比較検討し，望ましい進路選択をすることができたか。

Ⅵ　進路の決定

（5）資料・ワークシート
[資料A]

3年＿＿＿組＿＿＿番　氏名＿＿＿＿＿＿＿＿＿＿

> 進路の最終決定をしよう
> 　自分の進路計画は今のままで良いのか，もう一度考え直す機会としましょう。
> 　今日の授業で感じたこと，考えたことを書きましょう。
> （1）　中退した生徒にとって，進路決定の際に何が不適切であったのか。
> （2）　進路を決定するために，どんな力が必要なのか。
> （3）　自分の進路決定へ向けての考えをまとめよう。
>
> 高校中退者ロールプレイ事例
>
> ※質問項目　①高校を中退してから，現在は何をしていますか。
> 　　　　　　②高校を中退した理由を教えてください。
> 　　　　　　③中学校3年生の時に，どのような考えで進路決定をしましたか。
>
> ◎事例1（18歳，男子）
> 　①俺？　俺は土木作業員だよ。仕事があれば現場に行く生活だよ。
> 　②う～ん。つまらなかったからかなあ。やりたいこともなかったし。
> 　③作業は好きだったから，工業高校でも行こうか，そんな程度かな。
>
> ◎事例2（17歳，女子）
> 　①わたしは看護師の見習いをしています。病院で働きながら准看護師の資格を取るために学校に通っています。
> 　②普通科に進学したのですが，少しでも早く看護師になりたかったからです。
> 　③看護師になりたいという夢は以前から持っていました。正看護師になるには高校を卒業して，短大に進学しなければいけないと思っていました。
>
> ◎事例3（17歳，男子）
> 　①僕は今，ガソリンスタンドで，スタンドスタッフとして働いています。
> 　②僕は部活をやりたくて高校へ行ったんですけど，顧問の先生は厳しくて，先輩は威張っていて，ケンカしちゃったんです。しかも，練習が毎日夜の10時までやっていて，すごく疲れてしまいました。
> 　③とにかく部活を続けられればよかったですね。
>
> ◎事例4（16歳，女子）
> 　①え～。コンビニでバイト。
> 　②っていうか，学校にあんまり行かなかったし～，勉強もできなかったし～，なんとなくね。
> 　③制服がかわいくって～，電車で行けて～，友達とおなじところ。
>
> ◎事例5（18歳，男子）
> 　①今？　何もしていないよ。ぶらぶらしているだけだよ。
> 　②朝8時から夜の9時まで毎日毎日勉強づけの生活で，自分の時間もなく爆発しそうになっちゃったんだ。
> 　③やっぱり一流の大学に行きたかったから，少しでも進学校に行くことしか考えていなかったね。
>
> ◎事例6（17歳，男子）
> 　①今，フリーターだよ。いろんなバイトをやっているよ。
> 　②機械科の勉強は，おもしろそうだったんだけど実際にやってみるとつまらなかった。
> 　③中学校を出て，何をやっていいかわからない者は，工業高校の機械科へ行けって言われて，だから。

[ワークシート]

進路の最終決定をしよう

3年＿＿＿組＿＿＿番　氏名＿＿＿＿＿＿＿＿＿＿

1　6つの事例を見て，気が付いたことをメモしよう。

事例1

事例2

事例3

事例4

事例5

事例6

2　中退した生徒にとって，進路決定の際に何が不適切だったのか考えてみよう。

3　進路を決定するために，どんな力が必要なのか考えてみよう。

4　自分の進路決定へ向けての問題点をまとめよう。

Ⅵ 進路の決定

[資料B]

授業の流れ，司会者用プリント（例）

先　生：（プリントを配り，今日の授業のねらいを話す）
　　　　では，司会者お願いします。
司会者：（　　　　）さん，（　　　　）君
　　　　では，埼玉県内の中退者の現状を報告してもらいます。
　　　　（　　　　）君，（　　　　）さん，お願いします。
　　　　（　　　　），（　　　　）が発表する。
　　　　（先生の説明を聴く）
司会者：次に，中退した生徒の実態にせまるために，事例をもとに，ロールプレイをしてもらいます。
　　　　6人の担当の人は前に出てきてください。では，わたしが次の3点について質問しますから，
　　　　それについて答えてください。
　　　　第1点は①現在何をしていますか。
　　　　第2点は②高校を中退した理由は何ですか。
　　　　第3点は③中3の時に進路を決定した決め手は何ですか。
　　　　見ている人は，それぞれのロールプレイを見て，気が付いたことをメモしてください。
　　　　では，第1のケースです。「　　　　　　　」君お願いします。
　　　　（続いて第2，第3，第4，第5，第6のケースの発表をする）
　　　　ありがとうございました。では，自分の席に戻ってください。
　　　　これから高校を中退した生徒にとって，進路決定の際にどこに問題があったのかを話し合っ
　　　　てもらいます。それぞれのケースごとに話し合い，内容を模造紙にまとめ，黒板のそれぞれ
　　　　の場所に貼ってください。
　　　　（全部貼れたら）
　　　　それぞれの班で，ケース1から6を担当した人は，貼ったところへ集まってください。そし
　　　　て，貼った内容をまとめてください。
　　　　（まとまったら）
　　　　自分の席についてください。
　　　　代表の人に発表してもらいます。
　　　　それでは，ケース1の発表をお願いします。
　　　　（続いて2，3，4，5，6の発表）
　　　　ありがとうございました。
司会者：先生，何かありますか。
司会者：これらの問題点をもとに，進路決定に必要な力を考え，プリントに各自で記入してください。
　　　　（少し時間をとる）（先生が発表者を決めて，司会者に知らせるので，その生徒を指名する）
　　　　では，発表してもらいます。（3人くらい）
　　　　（発表が終わると）
　　　　ありがとうございました。
司会者：先生，何かありますか。
司会者：では次に，自分の進路決定に向けて，進路計画を考え直し，プリントにまとめてください。
　　　　（司会者も自分の席について，記入する）

❶進路の最終決定をしよう（２）
自分の進路決定を自己評価し，決意を固めよう

（１） 本実践とキャリア教育
「興味・関心等に基づく勤労観・職業観の形成」

　自らの良さや適性を再確認し，自己の興味・関心に基づいて，より良い進路選択をする。また，将来の夢や職業を思い描き，自分にふさわしい職業や仕事への関心意欲を高める。
【キャリアプランニング能力】【自己理解・自己管理能力】

（２） 本時のねらい
①より良い進路選択のために，自己評価を行い，決意を固めさせる。
②さまざまな事例から，自分に合った進路選択の方法を見出させる。

（３） 展開の過程
① 事前の活動と指導

活動内容（活動場面など）	指導・援助の留意点
自分の選択した進路先の情報をしっかり集めておく。	進路が未決定な場合でも，一つは考えてくるように指導する。

② 本時の展開

過程	学習活動と内容	指導上の配慮事項と評価 配慮事項（○） キャリア教育の視点から見て特に重要なこと（◎） 評価（☆）
導入	1　本時の課題を理解し，ワークシートに自分の希望する進路希望先を記入する。 2　本時のねらいを示す。	○既習事項をもとに，スムーズに記入できるよう配慮する。
展開	本時の活動テーマ　自分の進路決定を自己評価し，決意を固めよう 3　自己チェックを行い，合計点を出す。 4　自分の結果を比較，検討する。 5　先輩の事例から，班ごとに進路決定の要点を話し合い，まとめる。 6　各班の代表が班ごとに発表する。	○チェック項目についての説明を，適宜行う。 ☆さまざまな事例から適切な判断をして，自らの適性に合った進路を真剣に考えている。［観察］ ◎自分の意見と学級の現状を比較検討し，類似点

Ⅵ　進路の決定

		や相違点を整理させる。
展開	7　2人の例を参考に自分の進路選択を振り返ってみる。 8　自分の決意を記入する。	◎他者の意見を参考に，改めて自分の現在の問題点や課題を見出して，適切な進路決定につなげる。 ☆チェック結果や話し合い活動を通して，自分を見つめ，自分の決意を書いている。 ［ワークシート］
まとめ	9　先生の話を聞く。	○保護者に「励ましの一言」を書いてもらうことを伝える。

③　事後の活動と指導

活動内容（活動場面など）	指導・援助の留意点
ワークシートに保護者の励ましを書いてきてもらう。	決意と保護者の励ましを学級通信に載せる。

（4）　本時の評価

①より良い進路選択について，事例を参考に考えていたか。

②さまざまな事例から，自分に合った進路選択の方法を見出していたか。

（5） 資料・ワークシート
［ワークシート］

進路決定の自己評価をして，決意を固めよう

3年＿＿＿組＿＿＿番　氏名＿＿＿＿＿＿＿＿＿＿

　進路決定の時期になりました。自己評価し，希望の進路実現のために全力で取組んでいけるようにしよう。

「わたしの進路希望」

中学校卒業後は ［　　　　　　　　　　　　　　　］ に進みたい。

1　当てはまる番号に○を付けよう。

進路選択に関するチェック表
（4 合っている　3 だいたい合っている　2 あまり合っていない　1 合っていない）

①	行動や性格から考えて。	4 ・ 3 ・ 2 ・ 1
②	興味関心から考えて。	4 ・ 3 ・ 2 ・ 1
③	趣味や特技から考えて。	4 ・ 3 ・ 2 ・ 1
④	体力や健康面から考えて。	4 ・ 3 ・ 2 ・ 1
⑤	学力や成績から考えて。	4 ・ 3 ・ 2 ・ 1
⑥	将来の希望職種から考えて。	4 ・ 3 ・ 2 ・ 1
⑦	家族の希望から考えて。	4 ・ 3 ・ 2 ・ 1
⑧	先生の意見から考えて。	4 ・ 3 ・ 2 ・ 1
⑨	希望進路先の特色から考えて。	4 ・ 3 ・ 2 ・ 1
⑩	自分の意志の強さから考えて。	4 ・ 3 ・ 2 ・ 1
		合計　　　　　　　点

あなたの点の低い項目は

Ⅵ　進路の決定

2　「U君の事例」「Hさんの事例」を読んで，まとめてみよう。

U君の事例

　高校へ進学するときは，高校卒業後のことをよく考えたことはありませんでした。そこで，成績や通学距離などを考えて，ある公立高校の商業科へ進学しました。

　高校1年の終わりに，大学への進学か，就職かを考えなければならなくなったとき，自分の進みたい国立大学の経済学部には，その高校で勉強している学科の内容ではとても無理であることがわかりました。特に数学や英語，日本史などは，相当独学しなければならない状態でした。そのとき，高校を決めるには，自分の進むべき方向をよく考えて，それに合った高校を選ぶべきだったことに気付きました。

　それでも，高校は中退せずに卒業し，今は浪人中で，私立大学の経済学部をめざして予備校に通って勉強しています。

Hさんの事例

　ぼくは勉強が嫌いなので，中学を卒業したら，就職してお金をため，好きな車やバイクに乗ろうと早くから決めていました。仕事は何でも良いから，給料が一番高い会社を選ぼうと資料を見て，選びました。ほかの会社よりも1万円高く，しかも，賞与も多かったので，面接をしてすぐに決めました。

　しかし，仕事はつらく，家に帰ったらくたくたで遊ぶ気にもなれず，それに仕事が難しく，なかなか一人前にはなれませんでした。先輩には怒られるし，何度もやめたくなった末に，とうとう半年後にやめてしまいました。

　現在は，車関係の仕事についてがんばっています。やはり，前の仕事は，ぼくには向いていなかったと思います。今になって考えると，給料よりも，自分に合っている仕事を選ぶべきだったとつくづく思います。

○U君のポイント

・自分の考え

・学級で話し合ったこと

○Hさんのポイント

・自分の考え

・学級で話し合ったこと

3 「U君の事例」「Hさんの事例」を参考に，自分の進路選択を振り返ってみよう。

- 「1」のチェック表で，点の低い項目の原因は何だろう。

- 点の低い項目を克服するためには，どうすれば良いのだろう。

4 これからの決意を書いてみよう。

5 保護者の方に励ましの一言を書いてもらおう。

❷自分の道を切り拓こう（1）
進学や就職への道を自分で切り拓こう〈ピア・カウンセリング〉

（1） 本実践とキャリア教育
「進路計画の立案と暫定的選択」

進路計画を立てる意義や方法を理解し，自分の目指すべき将来への暫定的計画を立てる。将来の進路希望に基づいて当面の目標を立て，その目標に向けて努力する。

【キャリアプランニング能力】

（2） 本時のねらい
①進路希望を実現させるための諸準備の計画を立てさせる。
②受験期を迎え，さまざまな悩みや心配ごとをお互いがもっていることを共通理解させ，解決に向けて努力させる。

（3） 展開の過程
① 事前の活動と指導

活動内容（活動場面など）	指導・援助の留意点
進路について，今悩んでいること，知りたいことはどんなことがあるのかアンケートをとる。　　　　　　　　（放課後・班長会）	アンケート用紙の作成やまとめ方，発表の仕方を指導する。（先輩の例を示す）

② 本時の展開

過程	学習活動と内容	指導上の配慮事項と評価　　配慮事項（○）　　キャリア教育の視点から見て特に重要なこと（◎）　　評価（☆）
導入	1　進路決定までの具体的な準備を確認する。　（ワークシート1）	○一人一人の受験について計画を立てる必要性を説明する。 ○受験期までの日程に向け，計画的に準備をする必要性を理解させる。
展開	**本時の活動テーマ　進学や就職への道を自分で切り拓こう〈ピア・カウンセリング〉** 2　この時期における悩みや心配ごとはどんなことがあるかを知る。　　　　　（ワークシート2）	○アンケートの結果を発表させる。 ○似たような悩み・心配ごとをまとめて改善策を考えさせる。 ○先生の体験や今までの卒業生の指導の体験を話し，解決に向けていくつかの案を示す。

展開	3　ピア・カウンセリングを行う。 　　　　　　　　（ワークシート3）	◎学級の友人も悩みを抱えていることを知ることで情報を共有するとともに、必要な情報がお互いの話し合いから見出せることを知る。 ○悩みについては、今後とも機会を設けて継続して解決を図ることに触れ、今は受験を前にして計画を立てることを優先させる。
	4　自分の相談用紙を読む。	☆学級の仲間の意見を参考にして、進学や就職の準備のために何が必要か、何をいつまでに準備するかを理解している。［ワークシート・観察］
まとめ	5　先生の話を聞き、次回の予定を確認する。	

③　事後の活動と指導

活動内容（活動場面など）	指導・援助の留意点
進路先の決定に向けての準備計画を完成させ、わからないことについて、助言を行う。 　　　　　　　　　　　（放課後・面談）	・ワークシートを提出させ、その記入状態から、準備計画を把握する。 ・個別の面談で指導する。

（4）　本時の評価
①受験に向けて準備しようとする意欲化が図れたか。
②悩みの解決、準備の計画について助言を受け入れることができたか。

Ⅵ 進路の決定

（5）資料・ワークシート
［ワークシート１］

進学や就職の準備をしよう

3年＿＿＿組＿＿＿番　氏名＿＿＿＿＿＿＿＿＿＿

番	チェック項目	わたしの計画表	確認
①	受験先の名称		
②	受験先の住所と電話番号		
③	出願期間や応募期間		
④	願書等の書類の購入の方法		
⑤	出願書類や応募書類の内容		
⑥	上級学校の受験料		
⑦	試験の日程		
⑧	受験会場		
⑨	受験会場までの交通手段とかかる時間・交通運賃		
⑩	試験当日までに準備すること		
⑪	試験当日の持ち物		
⑫	試験科目や内容		
⑬	面接試験の内容・方法		
⑭	合格発表		
⑮	入学や入社の手続き　入学金等の支払い		

（その他）
　希望先上級学校の見学・説明会，進学相談日，学校の回りの雰囲気調べなど，自分で必要と思われるチェック項目をつくる。

[ワークシート２] 悩みアンケート

あなたは，この時期受験等で悩んだり，心配したりすることがありませんか。
下記の内容であなたが抱える問題がありましたら書いてください。（○×で記入）

①	進路希望先が決まらない。		⑥	進学について経済的な心配がある。	
②	勉強がはかどらない。		⑦	希望の高校のレベルに達していない。	
③	保護者と進路の考えが異なる。		⑧	健康面の悩みがある。	
④	私立か公立か迷う。		⑨	対人関係の悩みがある。	
⑤	進路情報が十分でない。		⑩	将来のことで悩む。	
⑪	その他				

現在困っていることや相談したいこと（記述）

[ワークシート３] 悩み解決に向けてのアドバイスカード〈ピア・カウンセリング〉
悩みに答えます。わたしのアドバイス

マークを記入

悩 み

わたしのアドバイス

VI　進路の決定

❷自分の道を切り拓こう（2）
模擬面接を通して面接の自信を付けよう

（1）　本実践とキャリア教育
「肯定的自己理解と自己有用感の獲得」

　自分の良さや個性がわかり，他者の良さや感情を理解し，尊重するようにする。そして，自分の言動が相手や他者に及ぼす影響がわかるようにする。さらに人間関係の大切さを理解し，コミュニケーションスキルの基礎を習得させる。

【人間関係形成・社会形成能力】【自己理解・自己管理能力】

（2）　本時のねらい
①模擬面接を通して，自己の個性や長所を表現することができるようにする。
②友人の模擬面接の様子を見ながら，自己表現の仕方についての基本的な態度を身に付けることができるようにする。

（3）　展開の過程
①　事前の活動と指導

活動内容（活動場面など）	指導・援助の留意点
・学級活動委員会で，進め方について役割分担を決める。　　　　　　　　　　　（放課後）	・一人一人の役割をはっきりさせる。
・入試面接の質問例（資料）を見て，事業所や上級学校が望む生徒像をつかんでおく。（家庭）	・資料を前もって渡し，次の授業で使うことを予告し，自主的活動を促す。
・代表生徒との面接試験のロールプレイの準備を行う。　　　　　　　　　　　（放課後）	・面接会場の雰囲気が出るように工夫を行う。

②　本時の展開

過程	学習活動と内容	指導上の配慮事項と評価 配慮事項（○） キャリア教育の視点から見て特に重要なこと（◎） 評価（☆）
導入	1　模擬面接のビデオを視聴する。 2　模擬面接についての説明を聞く。 　①班分けと役割分担 　②質問内容 　③評価方法	○模擬面接のビデオを見せてどのような注意をする必要があるか説明しておく。 ○模擬面接の方法を確認させる。 ○声の大きさ，姿勢など基本的な面接態度についても助言する。 ◎面接について，どのようなことが大切かに関心をもたせ，各上級学校の資料を集めさせる。

		本時の活動テーマ　模擬面接を通して面接の自信を付けよう	
展開		3　面接試験でのロールプレイを行う。 　①面接官役を生徒 　②生徒役を先生 　③評価する生徒 4　模擬面接で気付いたことの意見交換をする。	○面接官役の生徒との真剣なやりとりに注目させる。 ○面接での良くない例を意図的に演じる。 ○失敗した点を指摘させる。 ☆模擬面接の指摘や評価の中から，自分の長所や改善点を探している。　　　　　　　　　　［観察］ ◎演技を通して，面接で大切なポイントに気付くとともに，お互いの良さを理解し，それを表現させる。
		5　班内で面接練習をさせる。 　①面接官役 　②受検者役 　③評価する役 　面接を行い，その様子を評価者が感想を発表して，3つの役を交替する。 6　友人の模擬面接の内容を班内で意見交換する。	○机間指導を通して，助言を行う。 ○資料を参考に練習を行う。 ◎適切な自己表現の内容を考え工夫しながら，積極的に模擬面接に臨むことができるようにする。 ○できるだけ友人の良い点を見つけ，アドバイスをするように指導する。
まとめ		7　模擬面接で気付いたことを発表する。 8　面接を含め，今後受験に向けて準備することの確認を行う。	○模擬面接，評価活動について努力できた点を積極的に評価し，称賛・激励する。 ☆先生からの評価を聞き，不安や悩みの課題を解消できるように努めている。　　　　　　　　　［観察］

③　事後の活動と指導

活動内容（活動場面など）	指導・援助の留意点
・授業での反省を生かし，家庭でも面接練習を行ってみる。　　　　　（家庭） ・面接における基本的態度について今後の面接練習で修正していく。(随時)	・ワークシートについて，目を通してコメントを加え，生徒に返却する。 ・服装や言葉遣い，礼の仕方など，普段の生活態度に気を付けて生活することの大切さを理解させる。

Ⅵ 進路の決定

（4） 本時の評価
①模擬面接を通して，自己の個性や長所を表現することができたか。
②友人の模擬面接の様子を見ながら，自己表現の仕方についての基本的な態度を身に付けることができたか。

（5） 資料・ワークシート
[資料]
面接における主な質問の例

1	なぜ本校（会社）を選びましたか。
2	本校（会社）に入学（入社）したら何をがんばりたいですか。
3	中学生活で，一番印象に残っていることは何ですか。
4	将来の夢を教えてください。それは，どうしてですか。
5	本校（会社）について知っていることを教えてください。
6	あなたの趣味，特技は何ですか。
7	自分の長所，短所を教えてください。
8	好きな科目，嫌いな科目，得意，不得意な科目を理由を付けて話してください。
9	最近読んだ本とその感想を教えてください。
10	最近気になったニュースとその感想を教えてください。
11	あなたの好きな言葉を教えてください。また，それはどうしてですか。
12	あなたの中学校はどんな学校ですか。
13	あなたの学級の担任の先生は，どんな先生ですか。
14	
15	
16	
17	
18	
19	
20	

VII 将来に向けて

1 テーマ設定の理由

　進路先の目標に向けて生徒は懸命に勉強に専念していながら,「壁」にぶつかり,不安などから精神的に落ち込んだり,不安定な状態になったりすることが見られる。その不安や悩みを少しでも取り除き,進路決定に向けての準備が順調に進められるように支援する必要がある。

　この時期に,ストレスとうまくつき合う方法や緩和,解消する方法を知ること,同様な悩みで苦しんでいる友人もいることを知ること,先輩や著名人の困難を乗り越えた体験例を知ることで,もう一度生徒を奮い立たせ,目標を見据えて努力しようという気持ちを起こさせたいと考え,本テーマを設定した。

2 全体構想
（1） 他の教科・領域との関連性

| <教科・道徳・総合>
<道徳>
　1－（2）　強い意志
　1－（5）　自己理解,
　　　　　　個性の伸長

<保健体育（保健）>
　1年　欲求やストレスへ
　　　の対処と心の健康 | <特別活動（学級活動）>
　1年　Ⅱ　目的をもって学ぶ
　　　　Ⅴ　集団の中で自分を生かす
　　　　Ⅵ　将来の生き方と進路計画

❶ストレスと上手に付き合おう
❷自分を信じて
❸10年後のわたしの生活を考えよう | <学校行事・その他>
<学校行事>
　上級学校訪問
　高校説明会
　先輩と語る会 |

（2） 家庭・地域社会との連携
　　・家族や知人に「ストレス解消法」「受験の乗り越え方」などを聞く。
　　・家族や兄姉から,光熱費・食費・家賃などの生活に必要な費用を聞く。
　　・地域の不動産広告などから,賃料や交通の便などの情報を得る。

3 指導計画（3時間扱い）
　❶ストレスと上手に付き合おう（1時間）
　❷自分を信じて（1時間）
　❸10年後のわたしの生活を考えよう（1時間）

❶ストレスと上手に付き合おう

（1） 本実践とキャリア教育
「肯定的自己理解と自己有用感の獲得」
　1年生では，集団の中で自己を生かすために「悩みや不安は誰にでもあり，成長の糧であることを知り，緩和への姿勢をもつ」ことを学習し，相談することの意義について考えた。班活動（相談活動）を通して，自己理解・他者理解を深め，それをもとに，自分のストレスに対する「対処（対応行動）」について考え，生活の見直しを図りたい。**【自己理解・自己管理能力】**

（2） 本時のねらい
①友人もストレスを感じながら生活していることに気付かせ，対処について考えさせる。
②友人の心の状態を理解し，励まし合い，支え合って生活することができるようにする。

（3） 展開の過程
① 事前の活動と指導

活動内容（活動場面など）	指導・援助の留意点
・朝の会や帰りの会を利用して，「気になること・イライラの原因」についてアンケートを行う。 　（朝の会・ワークシート１） ・家族にストレスの解消法について聞く。 　（家庭） 　※ワークシートなし	・学級の様子やストレインについて簡単に話してから，アンケートを実施する。 ・アンケート実施後に，ストレス解消法＝「対処」について話す。 ・授業前にワークシートを集計しておく。 ・付箋と台紙を準備（※本時の展開「導入」参照）。

② 本時の展開

過程	学習活動と内容	指導上の配慮事項と評価 配慮事項（○） キャリア教育の視点から見て特に重要なこと（◎） 評価（☆）
導入	1　アンケートの集計結果を知る。 2　本時のテーマ，ねらい，学習の流れを知る。	○共感的な態度でアンケート結果を聞くことができるよう，声かけをする。 ○結果を読み上げて確認する。（３点程度）または数点を黒板に示し，本時の課題とする。 　準備 　・付箋（又は小紙）を一人当たり６〜10枚 　・課題を中央に書いた台紙３種（枚） 　　（模造紙半切またはA3普通紙）

		本時の活動テーマ　ストレスと上手に付き合おう	
展開		3　課題について自分なりの対処（またはアドバイス）を付箋に書く。	取組方法 ・台紙に書かれた課題（ストレス）に対する個人の対処を付箋に書く。家族から聞いた対処も加える。
		4　グループで話し合い，対処を見せ合いながら，似た意見をまとめ，台紙に貼る。	・話し合った対処を班分けして台紙に貼る。付箋は全て貼り，意見の多少がわかるように班を明確にする。 ○机間指導をしながら良い対処を評価しておく。 ○自分のこととして考えるよう助言する。 ◎班全員が意見を出すよう助言する。 ☆班で話し合いながら「対処」をまとめようとしている。　　　　　　　　［観察］
		5　各グループでまとめたものを簡単に発表する。	○班の代表者が，話し合い結果を発表する。
		6　感想用紙（含：自己評価）に今後の生活で気を付けたいことや目標を書く。	○受験をふまえた上で生活目標を書かせる。 ☆ストレス緩和をめざして前向きに生活を見直そうとしている。　　　［ワークシート］
		7　感想や目標を発表する。（数名）	○机間指導で確認しておき，先生が指名する。
まとめ		8　先生の話を聞く。	○「ストレス原因」「反応」「対処」について簡単に触れる。（※「資料」参照）

③　事後の活動と指導

活動内容（活動場面など）	指導・援助の留意点
多くの生徒が見られるように，台紙に貼って掲示されたものを参考にする。	・個人が特定されないよう十分に配慮する。 ・生徒一人一人のストレスやそれに対する対処を把握し，必要に応じて適宜声かけや面談を行う。

（4）　本時の評価

①班で話し合いながら対処をまとめようとしていたか。
②友人の心の状態を理解し，励ますことができていたか。

（5）　資料・ワークシート

・［資料］…「ストレスについて」※先生用資料
・［ワークシート１］…（事前の活動）※集計時には，氏名を切り落とし，①〜⑤を切り分ける。
・［ワークシート２］…（本時の展開／まとめ）※生徒が記入

[資料] ※先生用

ストレスについて

①ストレス解消の基本的な考え方

ストレス対策は，大別して次の2つがあります。
- 個々の生徒の許容を超えるストレス要因（ストレッサー）に触れさせない。
    ※この対策を「ストレッサーコントロール」といいます。
- 既にストレスを感じている生徒に対し，カウンセリングなどでストレスを解消，軽減させる。
    ※この対策を「ストレスコントロール」といいます。

ストレス対策には，上記2つを有効に組み合わせて総合的な対策を実施することが重要です。

②ストレスの原因

ストレスの原因となるもの「ストレッサー」は，わたしたちのまわりにいくらでもあります。心や体に刺激となるあらゆる事物が「ストレッサー」となります。大別して次の4つがあります。

　　A　物理的刺激……………………（騒音，振動，過度の明るさなど）
　　B　化学的刺激……………………（建材などの有害物質，排気ガスなど）
　　C　生物学的刺激…………………（睡眠不足，不規則な食事，ウイルス感染など）
　　D　心理・社会的刺激……………（日々の生活に起こるさまざまな出来事など）

受験生のストレスの多くは「D　心理・社会的刺激」で，具体的には次の4つがあります。

　　1　推薦入試，併願入試の不合格体験（社会的な成功からの落伍）
　　2　合格への不安（達成目標との精神的な分断）
　　3　合格しなければならない理由の喪失
　　4　家庭環境，友人関係，学力不振（思い通りにならないことの存在）

刺激の受け止め方には個人差がありますが，「C」で示した「睡眠不足」「食事」「病気」が刺激を増幅してしまうことも多くあります。その意味では規則正しい生活がストレスを軽減させているといっても良いでしょう。また，適度なストレスは，精神力や適応力を高めることもわかっています。

③ストレス反応（心身のひずみ・ストレイン）

「イライラ」が最も多い症状ですが，「だるさ」「神経痛」「軽い痙攣」などの身体的異常もあります。

④ストレス解消法（対処・コーピング）

解消法には，積極的な解決，転嫁，逃避，断念，リフレッシュなどがあります。

　　1　問題解決計画を立てる＝原因を考え，問題を分割して，優先順位を決め，一つずつ解決する。
　　2　情報収集する＝経験者から話を聞く。（先輩，家族，先生，他）
　　3　話を聞いてもらう＝聞いてもらって気を晴らしたり話をまとめたりする過程で冷静になれる。
　　4　付随する良い面を考える＝悪いことばかりではないと楽観的に考える。
　　5　責任を逃れる＝自分は悪くないと考える。※他人から「君の責任ではない」「十分努力した」
　　6　きっぱりあきらめる＝「無理！」どうすることもできないと考える。
　　7　くよくよ考えない＝無理にでも忘れる。思い浮かべないようにする。
　　8　気晴らしをする＝趣味，おしゃべり，ゲーム，スポーツの時間をつくる。好物を食べる。

[ワークシート１]

生活を見直すためのアンケート

3年_____組_____番　氏名_____

○進路決定に向けて毎日努力を続けていることと思います。でも，毎日の生活の中で，やる気が出なかったりイライラしたりすることはありませんか？　気になることやイライラすることを書き出してみよう。

※誰の悩みなのかを発表することはありません。安心して書いてください。

	気になること・イライラの原因
①	
②	
③	
④	
⑤	

Ⅶ　将来に向けて

[ワークシート2]

ストレスと上手に付き合おう

3年＿＿＿組＿＿＿番　氏名＿＿＿＿＿＿＿＿＿＿

まとめ

　今日の活動を終えて、これからどんなことに気を付けて生活していきますか。気付いたことや目標、感想などをまとめてみましょう。

（気を付けたいこと・目標・感想・他）

自己評価

	評価項目	評価
1	家族に「ストレス解消法」を聞いてきましたか？	はい ・ いいえ
2	友人の「ストレス解消法」は参考になりましたか？	はい ・ いいえ
3	相談することの大切さがわかりましたか？	はい ・ いいえ
4	今日の活動でストレスは軽減されましたか？	はい ・ いいえ
5	ストレスと上手に付き合えそうですか？	はい ・ いいえ

❷自分を信じて
受験に負けない自分を見つけよう！（自分を信じて前に進もう）

（1） 本実践とキャリア教育
「肯定的自己理解と自己有用感の獲得」

　1，2年生で「なぜ学ぶのだろう」ということや自分を知ることに取組んできた。そのことをふまえて自分の目標を再確認させたい。また，生徒は入学試験への不安で精神的に落ち込み，自分の目標を見失いがちである。このような状況のなかで，もう一度初心に立ち戻り，困難を乗り越えたいろいろな人の体験を学び，この壁を乗り越える力強い意思をもたせたい。

【自己理解・自己管理能力】

（2） 本時のねらい
①入試などの不安で，学習も順調に進まないことが多い中，学級の友人も同様に壁にぶつかり，悩んでいることを理解させ，悩みを共有させる。
②試験直前の時期の重要性を確認し，夢や希望，前向きに努力する意欲をもたせる。

（3） 展開の過程
① 事前の活動と指導

活動内容（活動場面など）	指導・援助の留意点
・今，不安に思うことは何かについて，アンケートをとる。　　　　　（帰りの会・宿題）	アンケート用紙を配付するにあたり，ねらいをよく説明して理解・共感させる。
・保護者のアンケートで，どのようにして受験期を乗り越えたかを聞く。　　（宿題）	

② 本時の展開

過程	学習活動と内容	指導上の配慮事項と評価 配慮事項（○） キャリア教育の視点から見て特に重要なこと（◎） 評価（☆）
導入	1　現在抱える悩みについて発表する。 　　　　　　（ワークシート1）	○受験を前にした不安な心をわかってもらえるようにじっくり話をしてもらう。 ○事前にとったアンケートの結果を発表する。 ☆悩みを打ち明けたり答えたりすることで共感しようとしている。　　　　　　　　　　［発表］
展開	本時の活動テーマ　受験に負けない自分を見つけよう！（自分を信じて前に進もう）	

Ⅶ　将来に向けて

展開	2　悩みを克服した体験を紹介し合う。 　　　　　　（ワークシート２） 3　受験期の悩みをどのように解決したか，事例を発表する。 4　「上級学校や職場で積極的に生活するためにはどうしたらよいか」を聞く。 5　自分のこれからの人生を想像し，それをワークシート３にまとめる。	○中学校生活の中で，学習・生活・部活動・家庭のことで悩みを解決できた事例を書かせる。 ○家族や担任，参考図書などの事例を集めておき，係の生徒に発表させる。 ○担任から，資料の説明の他にいくつかの事例を話す。 　・部活動での生きがい 　・文化部での研究の成果 　・ボランティア活動 　・仕事の生きがい ◎自分が抱える悩みについてどう解決していくか，方策を決定させる。
まとめ	6　感想・決意を書く。 　　　　　　（ワークシート３） 7　先生の話を聞く。	○夢や希望に向かって生きていく時，不安があるのは当たり前であり，その壁を乗り越えて成長するのが人生であることを理解させる。 ☆受験期をどうたくましく生き抜いていくかを自分の決意として書こうとしている。 　　　　　　　　　　　　［ワークシート］ ○自分を信じて努力することの大切さについて話す。

③　事後の活動と指導

活動内容（活動場面など）	指導・援助の留意点
・道徳の授業でも，困難を克服した人生の例を取り上げ，成功体験の場面を感じ取る。 ・朝の会などの短い時間でも，本の読み聞かせや，新聞記事の紹介などを通して人生体験を聞く。	VTRの資料として，いろいろな困難から立ち直った人の生き方を紹介する。

（4）　本時の評価
①悩みを打ち明けたり答えたりすることで学級の友人と共有しようとしていたか。
②受験期をどうたくましく生き抜いていくかを自分の決意として書こうとしていたか。

（5） 資料・ワークシート
［ワークシート１］

受験期の悩みアンケート

生徒・無記名アンケート

1　あなたは今どんなことで悩むことがありますか。

2　受験を前にあなたはプレッシャーに対してどのような対策をとっていますか。

3　家族の方から聞いたことを書いてください。
　　「あなたはどのように受験期を乗り越えられましたか」

生徒の悩みアンケートの集計結果

掲示または印刷配付

①　現在の悩み	②　受験期の生徒の対策	③　家族の対策

Ⅶ　将来に向けて

[ワークシート2]

「中学校生活での困難を克服した事例」　（無記名）

○中学校生活でのさまざまな活動の中で，あなたはどのように困難を克服してきたか，その事例を書いてください。

（例）

　わたしは，部活動でレギュラーになれなくて悔しい思いをしてきたが，最後の大会で，毎日休まず参加したことで，出場できることになりました。レギュラーになれないと腐った気持ちになったこともありましたが，こつこつ努力することが大切であり，自分との戦いに勝とうという気持ちになったことが良かったと思います。

[ワークシート3]

「自分を信じて」授業ワークシート

3年＿＿＿組＿＿＿番　氏名＿＿＿＿＿＿＿＿＿＿

1　受験期の友人の悩みで，共感を覚えるのはどのようなことですか。

2　中学校生活で，困難を克服した体験で特に学びたい事例はどのようなことがありますか。

3　自分の悩みを解決する方策を見つけることができましたか。

4　上級学校・職場での生活では，どのような過ごし方をしたら良いか，目標を書きましょう。

5　今の生活の改善を図るために，感想・決意を書きましょう。

6　授業を終えての感想。

VII 将来に向けて

❸10年後のわたしの生活を考えよう

（1） 本実践とキャリア教育
「進路計画の立案と暫定的選択」「肯定的自己理解と自己有用感の獲得」

経済的に自立した生活の難しさを理解させる。そして10年後の生活をより良くするため、さまざまな判断をするとともに、学習や職業に対して正しい選択ができる能力を身に付ける。
【キャリアプランニング能力】【自己理解・自己管理能力】

（2） 本時のねらい
①経済的に自立した生活の難しさを理解させる。
②10年後の生活をより良くするため、さまざまな判断をするとともに、学習や職業に対して正しく選択できる能力を身に付けさせる。

（3） 展開の過程
① 事前の活動と指導

活動内容（活動場面など）	指導・援助の留意点
・一人暮らしをするために必要な費用について家族に聞く。　　　　　　　　　（宿題） ・物の値段や交通費、家賃などについて、広告などから情報を得る。　　　　（宿題）	・各家庭の実際の状況を聞くのではないことを保護者に理解してもらうため、学級通信などを活用する。 ・住む場所はワンルームマンションの場合を例にする。

② 本時の展開

過程	学習活動と内容	指導上の配慮事項と評価 配慮事項（○） キャリア教育の視点から見て特に重要なこと（◎） 評価（☆）
導入	1　本時の目標を知る。 　　10年後に一人暮らしをすることになった場合を想定して、1ヵ月の収入や支出を考えてみる。 2　条件や授業の進め方を知る。 　　生活に必要な費用や税金について考え、知っていることを発表する。	○以下のように条件を揃える。 　①独身。 　②職に就いている。 　③職は限定せず、平均的な収入などを示す。 ○事前アンケート結果を導入に利用する。
展開	本時の活動テーマ　10年後のわたしの生活を考えよう	

展開	3　職業と月収を決める。 　　①資格の必要ない仕事　20万円 　　②資格が必要な仕事　22万円 　　③危険を伴う仕事　24万円 　　④フリーター　15万円 　　※適宜金額は変えていく。 4　税金や年金の掛け金を考える。 5　生活費を考える。 　　水道，電気，ガスなどの費用 6　食費を計算する。 　　ア　朝食　イ　昼食　ウ　夕食 7　住むところと家賃を決める。 　　※交通の便によって5～7万円。 8　自動車やオートバイの費用を考える。 　　ア　駐車場代　イ　保険料 　　ウ　ガソリン代　エ　ローン 9　その他の費用を求める。 　　①医療費　②衣料費　③小遣いなど	○税金，掛け金とも収入の10％。 ○家族に聞いて調べたことをもとに発表させる。 ○ワンルームマンションを例にする。 ○交通機関の定期代は会社から別に支給されることとする。 ○マイナスになった場合は，何かを減額させる。 ◎将来に向けた計画を立てられるようにする。 ☆一人暮らしの難しさを理解しようとしている。 　　　　　　　　　　　　　　［ワークシート］
まとめ	10　先生の話を聞く。	◎他者の考えを知り，その良さを認めることができるようにする。 ☆将来のために，しっかりした生活を送り，考えた選択をしようとしている。 　　　　　　　　　　　　　　［ワークシート］

③　事後の活動と指導

活動内容（活動場面など）	指導・援助の留意点
保護者の感想を「保護者感想用紙」に記入してもらう。	・学級新聞などで取り上げる場合は，本人，保護者の了解を得る。 ・数人の「10年後の生活」や生徒，保護者の感想を学級通信などで取り上げ，学びを深める。

（4）　本時の評価
①経済的に自立した生活の難しさを理解することができたか。
②10年後の生活をより良くするため，さまざまな判断をするとともに，学習や職業に対して正しく選択できる能力を身に付けることができたか。

Ⅶ 将来に向けて

(5) 資料・ワークシート
［ワークシート１］

進路の学習：事前アンケート

　　　　　　　　　　　　　　3年　　　組　　　番　氏名　　　　　　　　　

1　あなたは，何歳くらいで親元を離れて一人暮らしをしたいですか？
　　ア　20歳くらい　　　イ　25歳くらい　　　ウ　30歳くらい
　　エ　35歳くらい　　　オ　40歳くらい以上

> あなたの答え

2　あなたは，どのくらい月収があれば，一人暮らしができると思いますか？
　　ア　10万円くらい　　イ　15万円くらい　　ウ　20万円くらい
　　エ　25万円くらい　　オ　30万円くらい

> あなたの答え

数字で見る進路の学習④

Q 中学生の保護者に聞きました。
将来の生き方や進路について，子どもとどのようなことを話し合っていますか？

A 第1位 「子どもの進路希望やその実現の可能性」
　　　　　　　　　　　　　　　　　　　　　　　　71.6%
　　　　　　　　　　　　　　　　　　　　　　　　（複数回答）

第2位「高等学校など上級学校などの進路に関する情報について」―― 71.3%
第3位「子どもの勉強に対する意欲や態度について」―― 62.9%
第4位「子どもの良さや得意なことと，それをいかした進路選択について」―― 62.8%
第5位「将来，社会の一員として生きていく上での心構えや必要な資質について」―― 46.5%

◇出典：『中学校・高等学校における進路指導に関する総合的実態調査報告書（平成16，17年度文部科学省委託事業）』
　平成18年3月　財団法人日本進路指導協会刊。
　本設問は中学3年生の保護者に「わが子との話し合いの内容」を聞いたもの。

[ワークシート2]

10年後のわたしの生活を考えよう

<u>　3年　　　組　　　番　氏名　　　　　　　　　　</u>

あなたは，今25歳。働き始めて数年が経ちました。親元を離れて，経済的に自立した生活を計画しています。自分の働きで，どんな生活を送れるでしょう？　想像してみましょう。

1　わたしの仕事は，（　　　　　　　　　　　　　）なので，月収は（a　　　　　）万円です。
　　①資格の必要ない職業　　　　　　　月収　20万円
　　②資格が必要な職業　　　　　　　　月収　22万円
　　③危険度や疲労度の高い職業　　　　月収　24万円
　　④フリーター　　　750円×8時間×25日＝15万円

2　税金や健康保険料，年金の掛け金を払おう。
　　税金　＝　所得税　＋　住民税　＝　月収の10％
　　健康保険料　＋　年金の掛け金　＝　月収の10％

3　会社から受け取る手取り給料は？

4　家賃を払おう。
　　①駅から徒歩　5分のワンルーム　　　7万円
　　②駅から徒歩15分のワンルーム　　　6万円
　　③駅からバス10分のワンルーム　　　5万円
　　※　2LDKなら，それぞれ2万円高です。

5　生活費を考えよう。
　　水道代　　　　　　　　（　　　　　）円 ⎫
　　電気代　　　　　　　　（　　　　　）円 ⎪
　　ガス・灯油代　　　　　（　　　　　）円 ⎬　合計（　　　　　　　）円
　　電話代などの通信費　　（　　　　　）円 ⎪
　　食費　　　　　　　　　（　　　　　）円 ⎭

6　残金を求めよう。

7　小遣いや医療費，衣料費，自動車等の維持費，貯金を考えよう。
　　①　医療費　　　（　　　　　）円
　　②　衣料費　　　（　　　　　）円
　　③　小遣い　　　（　　　　　）円
　　④　自動車維持費（　　　　　）円　※駐車場代，保険代，車検代で月2万円
　　⑤　貯　金　　　（　　　　　）円　　オートバイなら，月1万円

8　10年後のあなたの生活は，どうなりそうですか？　感じたことをまとめてみよう。

Ⅶ　将来に向けて

[ワークシート3]

保護者用感想用紙

<u>　　保護者氏名　　　　　　　　　</u>
3年　　　組　　　番　生徒氏名<u>　　　　　　　　</u>

保護者の皆様へ
　進路の学習で，一人暮らしをする時の経済的な自立をテーマに「25歳の自立」という学習を進めました。お子さんのワークシートを見ての感想やアドバイスなどがありましたら，ご記入ください。

1　感想

2　お子さんへのアドバイス（一人暮らしをするときのことなど）

3　お子さんへのアドバイス（一人暮らしをするまでに身に付けることなど）

キャリア教育の視点を取り入れた各教科の指導案（例）

指導案（例）の活用の仕方について

① ここに示した指導案は，各教科のキャリア教育で育成が期待される能力を中心に大要を記述したものです。内容については必要に応じて補足していただき，活用してください。

② 各教科の授業の取組が，基礎的・汎用的能力の育成につながるという視点から活用してください。

③ 各教科指導の中で，キャリア教育の視点を入れやすい指導案を取り上げました。各教科における年間指導計画の中で，無理のないところで，キャリア教育の視点を入れられる単元や教材などを確認し，実践してみてください。

④ 全体構想図における道徳・特別活動・総合的な学習の時間などとの関連は，紙面の都合上，最もおさえていただきたいところを中心にあげました。各学校・学年・学級の実態に応じて，関連付けを考え直してみてください。

⑤ ワークシートには，キャリア教育の視点を取り入れた内容のものもあるので，ぜひ，有効に活用してみてください。

国語科（第1学年）

1　単元名・教材名　　古典との出会い「竹取物語」

2　教材観・指導観
（1）　本単元に至るまでの指導の系統

育成すべき国語の能力 【指導事項】 伝統的な言語文化と国語の特質に関する事項	学習内容	単元・教材名 （実施時期）	学習活動と関連する 他領域等の指導
古文や漢文，近代以降の文語調の文章について，内容の大体を知り，音読することができる。	文語の決まり	『古典のとびら』 「川柳」「説話」 「故事成語(矛盾)」	【話すこと】「発表」 【書くこと】「要約」

（2）　本単元の意図
　本単元は，小学生ならだれもが知っている「かぐや姫」のお話であるが，概要は知っていても原文に触れる機会は少なく，新鮮な気持ちで学ぶことのできる教材である。また，音読練習を中心として楽しく学習を進めることができ，暗唱ができた際の達成感も大きい。今回の学習では，何度も楽しく繰り返して練習することが，基礎的な学力の定着，さらには学習意欲の向上につながることを体感させたい。
　本単元では，「古文の音読」に重点を置き，できるだけ多くの時間を音読練習に当てたい。音読練習を中心とした一斉授業は，学力差を超えて個々の力を伸ばせると考えているためである。明るい雰囲気の中で，何度も繰り返して音読することで，意識させずに古文のもつリズムを身に付けさせ，言葉を覚えさせたい。

3　ねらい
（1）　教科等（題材，単元，単位時間など）のねらい
・古人の生き方，考え方に触れることにより，古典への興味・関心をもたせる。
・歴史的仮名遣い，古文の文体やリズムなどを意識して古文を正確に音読しようとすることができるようにさせる。
・古典の中にある現代との共通点・相違点を見出し，発表できるようにさせる。

（2）　キャリア教育の視点でのねらい
・本単元では資料を探し，第4時に「内容を整理して一覧表にまとめる」活動，第6時に「内容を要約してまとめる」活動を設定することで，課題対応能力を育成することができる。
・第6・7時では「発表内容を班で統一する」という条件を設定し，話し合いや協力の場を多数設けることで相手の反応を見て適切に発表し，人間関係形成・社会形成能力を育成させる。
・個人で発表することで主体的な取組がなされ，自己理解・自己管理能力を育成させることができる。

キャリア教育の視点を取り入れた各教科の指導案（例）

4　本時とキャリア教育

　本単元の第3時から第5時にかけて学習する「5人の求婚者」について調べて発表する活動を通し，自分の考えの根拠を明確にしてまとめ，発表させる。また，班別の発表練習を通して，一人一人の発表を他の班員が聞き，問題点を指摘し合いながら改善を図る活動を行う。

　これらの活動を通して「他者の個性の理解」「他者に働きかける力」「チームワーク」さらに「コミュニケーションスキル」といった『人間関係形成・社会形成能力』の中核となる多くの要素を含む活動となる。また，「課題発見」「評価・改善」という視点で見れば『課題対応能力』に関わる活動になる。

5　全体構想

主な学習活動	時数
○「竹取物語」について概要を知る。 ・資料に基づき，概要を調べ，発表する。 ・古文のリズムや音読，歴史的仮名遣いと発音，古文独特の言葉遣い，語句の意味について知る。 ・「古文」の冒頭にふれる。 ・言葉の意味をつかむ。	2
○かぐや姫の出した課題を知り，5人の求婚者の対応策について調べる。 ・目的に添った資料収集を行う。 ・資料を活用し，発表原稿を作成する。 ・効果的な発表方法や質疑応答の仕方について考える。 ・根拠を明確にしてまとめ，発表を行う。 ・相互評価を通して問題点を指摘し，改善を図る。	3
○「昇天」の原文を読む。 ・古文のリズムや音読，歴史的仮名遣いと発音，古文独特の言葉遣い，語句の意味について深める。 ・かぐや姫の昇天と富士山の名の由来を知る。 ○学習のまとめを行う。	2

⇔ ＜特別活動・学級活動＞
・望ましい人間関係の確立
・自己及び他者の個性の理解と尊重

⇔ ＜道徳＞
・1－(5)自己理解，個性の伸長
・2－(5)寛容，謙虚
・4－(4)集団生活の向上，役割，責任

⇔ ＜総合的な学習の時間＞
・相手や目的に応じて，論理的に表現する。
・目的に応じて手段を選択し，情報を収集する。

●更なる充実のために─他教科における学習との関連─
　社会科と関連をもたせることで，竹取物語が作られた平安時代の歴史・文化など時代背景を読み取り，興味・関心を高めさせる。さらに，観察・実験の考察をお互いに発表，指摘し合う理科の活動との関連をもたせることができる。

6　本時のねらい
（1）効果的な発表の仕方の留意点を知り，問題点を互いに指摘し合う。【話すこと・聞くこと】
（2）聞き手の立場に立った話し方や資料の示し方を意識して練習する。【話すこと・聞くこと】

7　展開の過程（4／7時間）

過程	学習活動と内容	指導上の留意点 配慮事項（○） キャリア教育の視点から見て特に重要なこと（◎） 評価（☆）
導入	1　本時の学習のねらいと活動方法について確認する。	・本時の発表形態。 　班ごとに行い，各自の発表時間は5分程度。 ○効果的な発表の仕方。 　・音量，抑揚・調子，速度，間の取り方，目線・表情 ○予想される質問とその対応。 　・固有名詞の下調べ　・難語句の言い換え 　・正確な資料名の記録
展開	**お互いの発表を通してわかりにくい点を話し合い，解決しよう** 2　班ごとに分かれ，一人ずつ発表練習を行いながら問題点を解決する。 ・発表2分，質疑・応答1分，他者評価2分程度で行う。 ・「よい点，問題点」について指摘し合いメモを取り，それを元に改善を図る。 ・わかりやすい話し方を意識しながら繰り返し練習する。	○不足資料の収集や難語句の意味調べが必要な場合は，図書室やPC室などで授業を行う。 ◎よりよい発表ができるよう，班員が協力し合い，問題点を指摘し合う。 ○指摘し合うことが難しい班には机間指導を行い，他班の状況や先生から見た問題点を提示し，他について考えさせる。 ○予想される質問に即応できるように，資料や意味調べしたものを手元に置くよう助言する。 ○発表時間にも意識を向けさせ，発表内容を精選するよう助言する。 ☆他の班員の発表を聞いて，よい点・問題点を指摘できている。 ○課題を見出させ，練習を重ねて解決できるように指示をする。 ☆聞き手の立場に立った話し方や資料の示し方を意識して練習している。

| まとめ | 3 自己評価。
・発表時の他者評価をもとに，指摘された改善点を解決するとともに，自己評価を行う。 | ◎改善点を理解し，練習を重ねることによって課題が解決することができる。 |

8　本時の評価
（1）効果的な発表の仕方の留意点を知り，問題点を互いに指摘し合うことができたか。
（2）聞き手の立場に立った話し方や資料の示し方を意識して練習することができたか。

9　資料・ワークシート
[ワークシート]

古典との出会い　蓬莱の玉の枝　「竹取物語」から

　　　　　　　　　　　　　　　　　　　　1年　　組　　番　氏名

1　本時の目標を確認しよう。

2　どのような点に注意して発表できればよいだろうか。

3　他者の意見や評価を書こう。

項目	評価	コメントやアドバイスなど
音量	4　3　2　1	
抑揚・調子	4　3　2　1	
速度	4　3　2　1	
間の取り方	4　3　2　1	
目線・表情	4　3　2　1	

4　他者からの指摘後，練習をしてよくなったところはどこだろうか。

社会科（第3学年・公民的分野）

1　単元名　　「わたしたちの生活と経済」

2　単元観・指導観

　本単元は，日々多くの商品に囲まれて生活しているわたしたちが，消費者や生産者としての経済の動きの中でどのように関わっているかを学んでいく単元となっている。その中で消費者として触れる「商品」がどのような経済のシステムや方法によって生産され，発達した流通システムによりわたしたちの手元に届けられるのかについても学んでいく。生産の仕組みについては，"人類最大の発明"ともいえる『株式会社』の仕組みが，わたしたちの生活に大きな影響を与え，『株価』の変化は，さまざまな要因によって，単に国内の要因だけでなく世界経済の影響を受けることに着目させたい。また，普段何気なく手にしている「商品」が，よく見ていくと多くの業種に分けられる「商業」の発達の恩恵を受けていることにも気付かせたい。

　また，本単元では，生徒一人一人が，誰かに援助を求めるのではなく，各自の考えから意思決定や表現をするという課題を設定する。したがって，理解が困難な生徒については，生活班単位で方針をまとめるという視点から，班員のコミュニケーションや，互いに協力しながら授業に参加できるような場面を援助したい。

3　ねらい

（1）教科等（題材，単元，単位時間など）のねらい

- 日々多くの商品に囲まれて生活しているわたしたちが，消費者や生産者として，経済の動きの中で，どのように関わっているかを学ばせる。
- 「商品」がどのような経済のシステムや方法によって生産され，発達した流通システムにより，わたしたちの手元に届けられるのかについて学ばせる。
- 株式会社における『株価』の変化は，さまざまな要因によって，単に国内の要因だけでなく世界経済の影響をも受けることに着目させる。また，流通の仕組みについては，普段何気なく手にしている「商品」が，よく見ていくと多くの業種に分けられる「商業」の発達の恩恵を受けていることにも気付かせる。

（2）キャリア教育の視点でのねらい

- 他の意見を尊重しながら，自分の考えをまとめて発表することで人間関係形成能力を育成させる。
- 企業が「商品」をつくることで社会的役割を果たしていることを職業の意義と結びつけて考えさせる。
- 今までに学習した内容を新しい単元の学習に結びつけて考えることで課題対応能力を育成させる。
- 学習したことを将来の自分に当てはめ，社会の一構成員としての意識をもつことで社会形成能力を育成させる。

キャリア教育の視点を取り入れた各教科の指導案（例）

4 本時とキャリア教育

本時は，株式会社のもととなっている株価の変動の仕組みについて学習し，経済の一端に触れさせたい。また，この単元を通して，特に課題対応能力，キャリアプランニング能力の育成を図っていきたい。

5 全体構想

主な学習活動	時数
○消費と貯蓄 ・消費活動における商品の選択について考える。 ・所得と消費と貯蓄の関係について理解する。	1
○消費者の権利と保護 ・消費者主権と企業の責任について考える。	1
○流通のしくみ ・流通の仕組みや合理化について考える。	1
○生産のしくみ（株式学習ゲームの事前学習） ・企業の役割や社会的責任について知る。	1
○株式学習ゲームのガイダンス （外部指導者による授業）	1
○株式会社のしくみと株式学習ゲーム	1 本時

＜道徳＞
- 2－(6)感謝
- 4－(4)集団生活の向上，役割，責任

＜総合的な学習の時間＞
　職業や自己の将来に関する学習
（問題の解決や探究活動など）

＜特別活動＞適応と成長及び健康安全
- 自己及び他者の個性の理解と尊重
- 社会の一員としての自覚と責任　など

●更なる充実のために―他教科における学習との関連―
　国語の言語活動「A話すこと・聞くこと」を通して，他人の考えや意見を尊重し，自分の考えや意見をまとめられるようにする。また，株価の計算を通して，数学の数量に関する基礎的な概念や原理・法則についての理解を深めさせる。さらに，技術・家庭科の「身近な消費生活と環境」の学習を通して，消費者の基本的な権利や責任について理解を深めさせる。

6 本時のねらい

株価の変動について，情報収集する中で株式学習ゲームに関わり，意見を出し合い，自らの判断について，考えをまとめ，発表する。

7　展開の過程（6／6時間）

過程	学習活動と内容	指導上の配慮事項と評価 配慮事項（○） キャリア教育の視点から見て特に重要なこと（◎） 教科の評価（☆）
導入	1　前時の復習。 　　前時の株価の変動要因にどんなものがあったか確認していく。 ・政府の経済政策。 ・新製品の情報。 ・円高。 ・経済ニュース。 ・季節による商品の売り上げの変化。 ・昨日，今日の国内外のニュース。 ・事件，事故，災害。 2　現在の各班の株式の変動の様子を紹介する。（上がっている株式・下がっている株式）	○生徒の回答から用意したものと一致したものがあればカードで示す。 ◎今までに学習した内容を，新しい学習に結びつけ考えさせる。 【＊「株式学習ゲーム」の目的は，株式自体を学ぶことではなく，まして，株式投資のテクニックを学ぶことでもない。重要なことは，株式の模擬売買を通じて，株価変動の背景となっている現実の経済・社会の動きに生徒たちの目を向けさせることである。（東京証券取引所ホームページより）】 ○前日までの結果から，いくつかの状況を紹介する。
展開	**株価変動の背景となっている経済・社会の動きを知ろう** 3　課題1　［個人の活動］ 　　　授業当日の新聞から情報収集を行う。 ・国内外のさまざまな情報を，新聞を読むことで集めていく。 ・ワークシートの配付。 4　課題2　［班の活動］ 　　　班として今日の売買方針を決める。 ①班がもっている株式の現状を知る。 ②購入可能な金額を知る。 ③昨日の株価の終値を参考に，今日，班が売買する企業の株について，班員全員で相談しながら決定していく。	○授業当日の朝刊を活用し，株価の変動要因に留意させる。 ○最低，一人一企業の売買を行うことを指示する。 ○買い注文の場合は，所持金額に，売り買い両方の注文の場合は，その差引金額に注意させる。（電卓の利用） ◎他の意見を尊重しながら，自分の考えをまとめて発表できている。 ○一人一人に班のバイヤーであることを意識させる。

展開	④班としての方針が決まったら，マークシートに記入する。 ⑤各班2名の発表者を決定する。 ・"発表用フリップ"の配付。 5　課題3［個人の活動］ 　　　自分の集めた情報から，今日注文する株について，企業名と，その企業を選んだ合理的な理由をワークシートに記入する。 ＊発表者は，"発表用フリップ"に記入する。 6　課題4［個人の活動］ 　　　今日の授業のまとめとして，自分の選んだ企業名と，その企業を選んだ合理的な理由を発表する。 ◎各班から2名，全体の前で発表する。フリップは，黒板に掲示していく。	○自分が情報収集して出した結論をワークシートへ記入することで，まとめさせる。 ○理由については，具体的な記述になるように指導する。 ○「安いから」「高いから」などの安易な理由は認めない。 ○発表者の内容についてコメントする。 ◎☆本時における株式の売買の判断にいたるまでの情報収集と自らの考えの決定について，班の中で自分の意見を発表し，また，全体の前で発表しようとしているか。
まとめ	7　企業を決定した過程について互いに評価する。	○今日の取引の結果については，今後，教室などに掲示することを連絡し，生徒の興味・関心を高めさせる。 ◎☆学習したことを将来の自分に当てはめ，社会の一構成員としての意識をもつことができているか。

8　本時の評価

　株価の変動について，情報収集する中で株式学習ゲームに関わり，意見を出し合い，自らの判断について，考えをまとめ，発表することができたか。

9　資料・ワークシート

```
￥株式会社ゲーム　ワークシート￥
●企業名［　　　　　　　　　　　］
●売買数［　　　　　　　　　　　］株
◎この企業に決めた理由



●企業名［　　　　　　　　　　　］
●売買数［　　　　　　　　　　　］株
◎この企業に決めた理由


```

```
＊発表用フリップ＊
・わたしは，『(企業名)　　　　　　　　　　　　　』の株式を，
　（　　　　　　　）株　　　売り・買い（どちらかに○）ました。
　理由は，



　　　　　　　　　　　　　　　　　　　　　　　　　　だからです。

・わたしは，『(企業名)　　　　　　　　　　　　　』の株式を，
　（　　　　　　　）株　　　売り・買い（どちらかに○）ました。
　理由は，



　　　　　　　　　　　　　　　　　　　　　　　　　　だからです。
```

キャリア教育の視点を取り入れた各教科の指導案（例）

数学科（第1学年）

1 題材名　「比例，反比例の利用」

2 題材観・指導観

　小学校算数科では，数量の関係を□，△，a，xなどを用いて式に表しそれらの数を当てはめて調べたり，変化の様子を折れ線グラフで表し変化の特徴を読み取ったり，比例の関係を理解し，これを用いて問題解決したり，反比例の関係について理解したりしてきている。また，具体的な事象における関係についても，課題解決を図ってきている。

　中学校数学科において第1学年では，これらの学習の上に立って，関数関係についての内容を一層豊かにし，具体的な事象の中から伴って変わる二つの数量を取り出して，その変化や対応の仕方に着目し，関数関係の意味を理解できるようにする。

　本時は，日常生活の中にある物を扱う。生活の中にあふれる物の中で，「紙」に注目し，紙の枚数と重さや厚さが比例の関係にあり，たくさんの紙のおおよその枚数を知る手だてとして，数学を活用できることを実感させる。課題解決には生徒に見通しをもたせ，重さや厚さに着目させる。それを式や表，グラフなどを用いて解決することにより，課題対応能力を高める。また，それぞれの解法を代表の生徒に発表させ，比較検討する形を取る。自分が考えた方法をわかりやすく説明すること，他者の方法を尊重すること，また，他者の考えを生かしながら自分の考えをまとめることなどを通し，人間関係形成・社会形成能力を高めていきたい。また，授業の最後に，生活の中で比例が利用されているものを探させ，実社会との関わりとともに，数学の果たしている役割についての理解を深めていきたい。

3 ねらい

（1）教材等（題材，単元，単位時間等）のねらい
- 具体的な事象を表や式，グラフ等を用いて，積極的に考察しようとする。
- 事象の中から比例の関係にあるものを見出すことができる。
- 事象を比例の式，グラフ等を用いて的確に表現したり，効率よく処理したりすることができる。

（2）キャリア教育の視点でのねらい
- 比例が身近な場面で使えることを知り，実生活や実社会における課題解決に数学が果たしている役割について理解させることにより，キャリアプランニング能力が育成される。
- 見通しをもって課題解決に取組むことや，表，式，グラフの相互関係を理解することで，課題対応能力が育成される。
- 他者の考えや立場を理解し，相手の意見を聞いて自分の考えをまとめ，正確に伝えることができ，人間関係形成・社会形成能力が育成される。

4 本時とキャリア教育

　本題材では，紙の枚数という具体的な事象をさまざまな方法で表すことで比例関係に着目させる。

それについて既習事項を用いて取組むことで，課題対応能力を身に付けさせる。また，多様な他者の考えや立場を理解し，相手の意見を聞いたり，取り入れたりしながら自分の考えを正確に伝える力を育てる。

5　全体構想

主な学習活動	時数
○導入	1
○比例する量	3
○座標	1
○比例のグラフ	2
○反比例する量	3
○反比例のグラフ	1
○**比例と反比例の利用**（本時）	2

⇔ <道徳>
2－(5)寛容・謙虚

⇔ <特別活動>
学級活動(3)学業と進路
ア　学ぶことと働くことの意義の理解

⇔ <総合的な学習の時間>
学習方法に関すること
・仮説を立て，検証方法を考え，計画を立案する。
・目的に応じて手段を選択し，情報を処理する。

●更なる充実のために―他教科における学習と関連付けた指導―
　本題材で扱う「表・グラフ」は，理科では「観察，実験の結果を分析して解釈する学習活動」，国語では「資料や機器などを効果的に活用して話すこと」，社会科では「主題図」において扱われる。本題材で表やグラフ，式などを関連付けて考察することで，他教科の学習においてもその考察が活用できると考えられる。

6　本時のねらい
(1) 紙の枚数と重さ・厚さの中から比例の関係を見出すことができる。
(2) 比例を表，式，グラフ等を用いて的確に表現したり，相互の関連を理解し，効率よく処理したりすることができる。
(3) 課題解決において，多様な方法で考えることの良さを実感し，聴き手が理解しやすい説明をすることができる。

キャリア教育の視点を取り入れた各教科の指導案（例）

7　展開の過程（12／13）

過程	学習活動と内容	指導上の配慮事項 配慮事項（○） キャリア教育の視点から見て特に重要なこと（◎） 評価（☆）
導入	1　課題の提示。 2　課題の提示。 ・枚数を予想する。	○写真のような紙1束を用意し，その枚数が500枚であることを示す。 ○同じ質の紙をいくらか（実際は300枚）用意し，生徒に提示する。
展開	比例の関係を利用し，活用しよう 3　課題の把握。 ・見通しをもつ。 ・小グループ（4名）をつくり，話し合いで方法を1つ選択する。 4　課題の解決。 ・重さと枚数の関係に注目。 ・厚さと枚数の関係に注目。 ・実際に数える。 5　解法の発表。 ・重さと枚数の比例で求める方法。 ・厚さと枚数の比例で求める方法。 ・実際に数える方法。	○どのようにして枚数を知ることができるかを考えさせる。 ○「実際に数える」「重さを量る」「厚さを測る」等の反応が予想されるので，重さを量れる計量器，長さを測る定規を用意しておく。 ◎見通しをもって課題解決に取組む。 ☆枚数と重さや厚さの間に，比例の関係を見出すことができる。 ○3つの方法に分けて取組ませる。1つの方法で解決できたら，他の方法での解決を目指させる。 ○厚さを測るグループには，紙と紙の間の空気をできるだけ抜かせる。 ○枚数だけの発表ではなく，どのようにして枚数を知ることができたのかを説明させる。 ○枚数と重さ，枚数と厚さの中に比例の関係があることを強調させる。 ○枚数を数えるときに，人数と数える枚数の間に，

展開		反比例の関係が隠れていることに触れる。 ☆根拠を明らかにして考えを発表することができる。 ◎自分の考えをわかりやすく説明することができる。 ☆説明を聴き，いろいろな方法で求めることができることを理解できる。
	6　練習問題。	○教科書の課題を使い，日常的な事象の中にある比例の関係を利用して課題を解かせる。
まとめ	7　本時のまとめ。 8　自己評価。	○日常生活の中にも比例の関係や反比例の関係が隠れていることに触れる。 ◎学習したことを，将来の生活に生かそうとする態度を育てる。

8　本時の評価

（1）紙の枚数と重さ・厚さの中から比例の関係を見出すことができたか。

（2）比例を式，グラフ等を用いて的確に表現したり，効率よく処理したりすることができたか。

（3）課題解決において，多様な方法で考えることの良さを実感し，聴き手が理解しやすい説明をすることができたか。

キャリア教育の視点を取り入れた各教科の指導案（例）

9 資料・ワークシート
[ワークシート]

比例の関係を利用し，活用しよう　　氏名＿＿＿＿＿＿＿

(1) どのようにして枚数を知ることができるか，自分の考えをまとめてみよう。

(2) どのようにして枚数を知ることができるか，グループで話し合ってまとめよう。

(3) 他のグループの発表をまとめよう。

(4) 今日の授業でわかったことや感想を書こう。

理　科（第2学年・第1分野）

1　単元名　　「電流とその利用」

2　単元観・指導観

　本単元では，電流と電圧，電流の働き，静電気に関する観察，実験を行い，電流や電圧，磁界や静電気などについての基本的な性質を理解させるとともに，日常生活や社会と関連付けながら電流と磁界についての科学的な見方や考え方を養うことが主なねらいである。その際，レポートの作成や発表を適宜行わせ，思考力，表現力などを育成する。

　ここでは，磁界の中を流れる電流が磁界から力を受けることを，観察，実験を通して見出させることをねらいとする。まず，電気ブランコの実験を行い，電流が磁界から力を受けることを見出させる。また，電流の向きや磁界の向きを変えると電流が受ける力の向きが変わることを定性的な実験を通して見出させる。このとき，電流が磁界から力を受けることをモーターの原理と関連付けて考察させる。

　本時ではクリップモーターの製作を通して，電流と磁界について理解を深めることをねらいとする。まず，クリップモーターに流す電流の向きや大きさ，クリップモーターにかかる磁界の向きや強さによってクリップモーターの運動の様子が変わることを，既習事項と関連付けて考察させる。また，製作したクリップモーターに簡易的なプロペラ，糸とおもりをつけるなどして，モーターやモーターを用いた製品の簡単な原理について考えさせる。これらの学習活動を通して，習得した既習事項を活用し，日常生活との関連や，学ぶ意義，有用性を実感できるようにする。

3　ねらい

(1) 教科等（題材，単元，単位時間等）のねらい
・磁界の中を流れる電流が磁界から力を受けることを，観察，実験を通して見出させる。
・電流が磁界から力を受けることをモーターの原理と関連付けて科学的に考察しようとする意欲と態度をもつとともに，クリップモーターの製作を通して電流と磁界について理解を深められるようにする。

(2) キャリア教育の視点でのねらい
・自己の役割を果たし，協力して課題に取組んだり，発表や話し合い等を通じて他者を理解し，自分の考えを正確に伝えたりすることを通して，人間関係形成・社会形成能力の育成を図る。
・学習内容や課題に対し，学ぶ意義を感じ，主体的に取組むことを通して，自己理解・自己管理能力の育成を図る。
・課題を発見し，解決のための計画を立案，実行し，結果を分析，評価する活動を通して，課題対応能力の育成を図る。
・学習内容がさまざまな職業や社会生活，既習事項やその後の学習と関連していることを理解し，学ぶこと・働くことの意義や役割の理解，自身の将来設計，選択等に生かそうとすることを通して，キャリアプランニング能力の育成を図る。

キャリア教育の視点を取り入れた各教科の指導案（例）

4　本時とキャリア教育

　クリップモーターの運動の様子を，既習の科学的な原理や法則を活用して考察できるようにする。また，クリップモーターの製作を通して，既習の科学的な原理や法則について実感を伴った理解を促し，学習内容と日常生活や社会との関連を図る。これらの学習を通し，課題対応能力，キャリアプランニング能力などの諸能力の育成を図る。

5　全体構想

主な学習活動	時数
ア　電流 　○回路と電流・電圧 　○電流・電圧と抵抗 　○電気とそのエネルギー 　○静電気と電流	19
イ　電流と磁界 　○電流が作る磁界 　○磁界中の電流が受ける力 　　・磁石とコイルを用いた実験を行い，磁界中のコイルに電流を流すと力が働くことを見出す。 　　・電流が磁界から力を受けることをモーターの原理や実物のモーターのつくりと関連付けて考える。 　　・クリップモーターの製作を行い，電流と磁界についての理解を深める。（本時） 　　・モーターの仕組みや活用について，技術者の方の話を聞く。 　○電磁誘導と発電	16

⇔　<道徳>
1－(5)自己理解,個性の伸長
自己を見つめ，自己の向上を図るとともに，個性を伸ばして充実した生き方を追求する。

⇔　<特別活動・学級活動>
(3)ア　学ぶことと働くこととの意義の理解
(3)エ　望ましい勤労観・職業観の形成

⇔　<総合的な学習の時間>
職業や自己の将来に関する学習を行い，問題の解決や探究的な活動を通して，自己の生き方を考える。

●更なる充実のために—他教科における学習と関連付けた指導—
　本単元を通したキャリア教育をさらに充実させるために，「科学技術と人間」での学習につなげる指導を行う。また，技術・家庭科「エネルギー変換に関する技術」の学習との関連をもたせて取り扱う。既習事項を活用したり発展させたりするだけでなく，各教科が連携して，その題材等に応じて日常生活や職業とのかかわりの中で学ぶ意義を実感できるようにする。

6　本時のねらい

　クリップモーターを製作し，電流の向きや大きさ，磁界の向きや強さとクリップモーターの運動の様子との関係を，既習事項と関連付けて考察できるようにする。また，磁界の中で電流が受ける力について，日常生活と関連付けて科学的に考察しようとする意欲と態度をもてるようにする。

7　展開の過程（28／35時間）

過程	学習活動と内容	指導上の配慮事項と評価 配慮事項（○） キャリア教育の視点から見て特に重要なこと（◎） 評価（☆）
導入	1　本時の学習課題を確認する。	○既習事項である「磁界の中で電流が力を受けること」と，クリップモーター作りで使用する材料との関連について，簡単に触れておく。
展開	**よく回るクリップモーターを作ろう** 2　クリップモーターを製作する。 ・手順に沿ってクリップモーターを製作する。 ・乾電池や磁石の個数，向きを変えた時のモーターの運動の様子を調べる。 ・モーターの回転の速さ，向きの規則性について，わかったことをワークシートにまとめる。 ・モーターの回転の運動について，既習事項との関連をふまえ，ワークシートにまとめる。 3　クリップモーターを改良する。 ・下記の中から取組んでみたい内容について，取組む。 　Ａ　よりよく回るようにクリップモーターの形状を変えてみる。 　Ｂ　モーターの軸にプロペラをつけ，簡易扇風機を作成する。 　Ｃ　モーターの軸に糸をつけ，モーターの力でおもりを引いてみる。 ・それぞれの内容について，工夫し	○製作が不得意な生徒がいた場合には，教師の机間支援，グループ内での協力などを行い，全員が完成できるようにする。 ○モーターの運動の様子についてわかったこと，既習事項との関連について，グループ内で積極的に話し合える雰囲気になるよう，適切に助言する。 ○グループで話し合ったことをもとに，自分（たち）の言葉でまとめさせる。 ◎モーターの運動のしくみが既習事項と関連していることに気付き，本時の学習に積極的に取組んでいる。 ◎☆クリップモーターを製作し，電流の向きや大きさ，磁界の向きや強さとクリップモーターの運動の様子との関係を，既習事項と関連付けて考察している。　　　　［ワークシート］ ○内容の選択については，各自で選択させたり，グループ内で分担させたりする方法が考えられる。 ○各内容において，可能な生徒については，その生徒の発想に応じ，適宜改良を加えさせてみてもよい。その際，新たに見出したことについて，既習事項と関連付けて考察することができるよう，適切に支援したい。 ◎理科の学習で養う科学的な見方や考え方が日常生活や社会に生かされていることに気付き，本時の学習に積極的に取組んでいる。

		た点，既習事項との関連でいえることをワークシートにまとめる。	☆磁界の中で電流が受ける力について，進んで日常生活と関連付けて科学的に考察しようとしている。　　　　［観察・ワークシート］
まとめ	4	本時の学習を振り返り，わかったことと感想をまとめ，自己評価を行う。	○製作，発見や考察を通して感じたことや日常生活との関連などについて，自由に書けるように助言する。

8　本時の評価

　クリップモーターを製作し，電流の向きや大きさ，磁界の向きや強さとクリップモーターの運動の様子との関係を，既習事項と関連付けて考察できたか。また，磁界の中で電流が受ける力について，日常生活と関連付けて科学的に考察しようとする意欲と態度をもてたか。

9　資料・ワークシート
[ワークシート]

＜実験＞クリップモーターを作ろう

2年＿＿＿組＿＿＿番　氏名＿＿＿＿＿＿＿＿＿＿

目的：

準備するもの：

結果：（1）クリップモーターの運動

	個数を変えると	向きを変えると
乾電池		
磁石		

（2）クリップモーターの改良

活動テーマ：

工夫した点：

考察：（1）クリップモーターの運動
　　　①モーターの回転の速さ，向きには，どんな規則性があるか。

　　　②電気ブランコの実験とクリップモーターの運動において，共通していえることは何か。

　　（2）クリップモーターの改良
　　　①工夫した点について，今まで学習したことからどんなことがいえるか。

感想：＿＿＿＿＿＿＿＿＿＿＿＿＿＿＿＿＿＿
　　　＿＿＿＿＿＿＿＿＿＿＿＿＿＿＿＿＿＿
　　　＿＿＿＿＿＿＿＿＿＿＿＿＿＿＿＿＿＿
　　　＿＿＿＿＿＿＿＿＿＿＿＿＿＿＿＿＿＿
　　　＿＿＿＿＿＿＿＿＿＿＿＿＿＿＿＿＿＿

自己評価：
○クリップモーターの運動のしくみが，今までの学習と関連があることを理解できましたか？
　（できた）　A　　B　　C　（できなかった）
○モーターの原理が日常生活に生かされていることを理解できましたか？
　（できた）　A　　B　　C　（できなかった）

音楽科（第3学年）

1　題材名　　混声合唱の響き「旅立ちの日に」

2　題材観・指導観

　本題材では学習指導要領の内容項目，A表現（1）アの「声部の役割と全体の響きとのかかわりを理解して，表現を工夫しながら合わせて歌うこと。」を目標にしている。

　本教材は卒業式でも広く歌われており，授業での取組の成果を行事に生かすことができる。

　指導に当たっては，1年，2年それぞれの学年においても「旅立ちの日に」を生徒の発達段階に応じた合唱形態で取組むよう指導計画を設定しており，最終学年においてはそれまでの経験を生かし，より豊かな合唱表現ができるよう留意する。

　また，合唱練習では生徒の主体性を伸長できるよう，各学年において次のような発達段階に応じた系統的な指導を行う。

　第1学年……パートリーダーを中心として，教師の助言の下，混声合唱の基本的な技能を身に付ける。

　第2学年……パートリーダーを中心として，生徒が主体となり集団としての目標や課題を設定させ，協力しながら楽曲を完成させる活動を行う。

　第3学年……個々の生徒が主体的に，目標や課題を設定し，集団における自分の役割を理解して活動させるとともに，協力して全体をまとめ上げる活動を行う。

3　ねらい

（1）教科等（題材，単元，単位時間等）のねらい

- 音楽活動の楽しさを体験することを通して，音楽によって生活を明るく豊かなものにし，生涯にわたって音楽に親しんでいく態度を育てる。
- 歌詞の内容や曲想を味わい，曲にふさわしい表現を工夫して歌う。

（2）キャリア教育の視点でのねらい

- 発達段階に応じた取組や表現活動を行わせることで，生徒自身の成長を自覚させる中で，自己理解・自己管理能力の育成を図る。
- 個々の生徒が主体的に課題を設定し，練習を行い，課題を解決していくことによって，課題解決能力の育成を図る。
- パートリーダーの育成を図るとともに，個々の生徒もパートリーダーの役割を理解して学習に取組むことによって，人間関係形成・社会形成能力の育成を図る。

4　本時とキャリア教育

　音楽の授業における歌唱教材は，行事等でも歌われることが多く，本教材も卒業式でも歌われる。

　全学年で同一の教材を設定することにより，生徒の楽曲への思いは積み重なり，各学年の取組において生徒は自己の成長過程を振り返り，自己理解を深めることができる。

また，パートリーダーを中心とした活動ではリーダーの育成を図ることができると同時に，全体がまとまり，協力して合唱することによって，人間関係形成・社会形成能力の育成につながる。

5　全体構想

主な学習活動	時数		
○課題の設定 ・昨年度の卒業式の演奏を聴く ・課題設定の話し合い 　（パートリーダーの活用） ・練習計画の確認	1	⇔	<特別活動・学級活動> ・卒業式に向けての合唱実行委員，指揮，伴奏者の選出 ・特別活動としての目標設定 ・練習計画の作成，実施 　（合同練習などを含む）
○全体練習，パート練習 ・歌詞の内容の理解 ・曲想を生かした表現の工夫 ・パートリーダーを中心としたパート練習	1	⇔	<道徳> 4－(4)役割・責任 4－(7)よりよい校風の樹立
○合唱のまとめ ・楽曲に対する個々の思いをまとめた全体としての表現の工夫 ・パート内での意見交換 ・クラス全体での表現方法の確認 ・まとめの合唱	1	⇔	<特別活動・学校行事> ・卒業証書授与式

●更なる充実のために―他教科における学習と関連付けた指導―
　歌詞の内容の理解を，国語科の学習と関連させることでより深めることができる。
　また，楽曲のイメージ画や全体合唱のポスターを美術科の学習と関連させ行うことで，学年を超えた生徒の人間関係の構築を図るとともに，集団としての取組への意識を高めることができる。

6　本時のねらい

（1）楽曲への興味・関心を高め，意欲的に活動に取組む。
（2）パートリーダーを中心として表現の工夫を行う。
（3）課題解決に向けて，学習したことを生かした合唱を行う。

7　展開の過程（1／3時間）

過程	学習活動と内容	指導上の配慮事項と評価 配慮事項（○） キャリア教育の視点から見て特に重要なこと（◎） 評価（☆）
導入	1　クラス曲を合唱する。 ・合唱に対する気持ちをつくらせる。 ・生徒による指揮・伴奏	○姿勢，口形などに気をつけて歌っている。 ○指揮者に集中している。
展開	**卒業式への気持ちを高め，思いを込めた合唱をしよう** 2　本時の活動の意識付けをする。 ・昨年度学習した「旅立ちの日に」の歌い方についてクラスごとに考える。 3　昨年度の卒業式を振り返る。 ・「旅立ちの日に」を視聴する。 4　パートごとにどのような点に注意して歌うか話し合い活動をする。 ・歌詞の意味について確認する。 5　パートリーダーが発表する。 ・パートでまとめた意見を発表する。	○卒業式に想いが向けられるように語り方を工夫する。 ☆楽曲への興味・関心を高め，意欲的に活動に取組んでいる。 ◎昨年度の反省から今年度の課題を設定させ，目的をもって主体的に課題解決させる。 ☆パートリーダーを中心に積極的に話し合い活動をしている。 ◎発達段階に応じた取組や表現を感じさせることで，生徒自身の成長を感じさせる。
まとめ	6　まとめの合唱をする。 ・学習したことを生かして「旅立ちの日に」を合唱する。 ・生徒による指揮・伴奏。	☆課題解決に向けて，学習したことを生かした表現をしている。

8　本時の評価
（1）楽曲への興味・関心を高め，意欲的に活動に取組むことができたか。
（2）パートリーダーを中心に積極的に話し合い活動ができたか。
（3）課題解決に向けて，学習したことを生かした表現ができたか。

9　資料・ワークシート
[ワークシート]

「旅立ちの日に」　作詞：小嶋登　作曲：坂本浩美

3年＿＿＿組＿＿＿番　氏名＿＿＿＿＿＿＿＿＿＿

1　昨年度,「旅立ちの日に」を歌うときに，どのような点に注意して歌いましたか。

2　昨年度の「旅立ちの日に」を視聴して感じたことは何ですか。

3　歌詞を見て，どのようなことがイメージできますか。

4　今年はどのような点に注意して歌いたいですか。

5　「旅立ちの日に」を作詞，作曲した人にメッセージを残そう。

キャリア教育の視点を取り入れた各教科の指導案（例）

美術科（第2学年）

1　題材名　「手づくりの楽しみ　世界に1つの野菜や果物を育てよう」

2　題材観・指導観

　美術科における学習は既成のものを教えるのでなく，心の内にあるものから出発し，試行錯誤を通して構想を練り上げ，自分の思いをより明確なものにして表現しようとするものである。こうした活動は唯一の正解を求めるものではなくて，十人十色の個性的な活動を期待しており，使う場所や目的を考えて，使うたびに心が楽しくなるような作品制作の機会としたいと考える。また，自由なのびのびとした雰囲気の中で，自分の考え出した世界に1つしかない野菜や果物を創り出す活動として位置付けるものとする。

3　ねらい

（1）教科等（題材）のねらい

- 板書に対応するプリントを用意し，思考・発想する時間をできるだけ多く設定し，アイデアスケッチなどから視覚的に確認できるようにする。
- 生徒個々への働きかけとして，プリント記入，発表の機会を多くし，題材に興味・関心をもたせるようにする。
- 2つのものを結合させるという課題を提示することで，学習内容を明確にするとともに，日頃慣れ親しんだものから発想することで意欲をもたせる。

（2）キャリア教育の視点でのねらい

　試行錯誤をしながら自分の思いを再確認し，自分の表現意図に合う方法を工夫して表現させ，自己理解・自己管理能力の育成を図る。

4　本時とキャリア教育

　2つのものを結合（合体）するという課題を解決しながら，表したい形・色・材料を効果的に活用できるように構想を練ることで，課題対応能力や自分の思いを表現することを通して，自己理解や自己管理能力などの諸能力の育成を図っていきたい。また，制作を通して，自己表現力を培い，作品を完成させることにより，達成感を味わわせたい。

5　全体構想

主な学習活動	時数
○導入 ・制作過程を理解する（参考作品を鑑賞し，自分の思いを明確にする）。	1
○アイデアスケッチをもとに作品の構想を練る（表現意図に応じた形体の追求や自己決定）。	2
○制作Ａ（紙粘土で制作する）。	4
○制作Ｂ（彩色，コーティングする）。	3
○作品を鑑賞する（相互理解や自己評価によって表現の良さを味わう）。	1

＜特別活動＞
（3）ウ　自分自身を振り返り適性や興味などについて確認する。

＜総合的な学習の時間＞
必要な情報を活用しながら，主体的に探求的に課題を解決する力を身につける。

＜道徳＞
1－（5）自己理解，個性の伸長
2－（5）寛容，謙虚

●更なる充実のために―他教科における学習との関連―
　国語の「伝え合う力」活動を通して，鑑賞における意見交換などから自分の考えや見方を広げ，自分の思いを明確にしようとする態度を育成する。

6　本時のねらい

　これまでの経験やアイデアスケッチしたものから発想し，対象をありのままに写すことよりも，それぞれを合成したり，強調したり，変形したりすることで再構成させる。また，自己決定する場面をより多く設定し，自分自身の思いを表現する意欲や態度を養う。

7　本時の展開（1／11時間）

過程	学習活動と内容	指導上の配慮事項と評価 配慮事項（○） キャリア教育の視点から見て特に重要なこと（◎） 評価（☆）
導入	1　参考作品を鑑賞し，作者の表したかったイメージや作品の良さなどについて話し合う。 2　参考作品等から授業内容を確認する。	☆作品に込められた思いに触れ，豊かに発想し，学習のねらいを決めることができる。 ◎制作過程を理解し，今後の活動の見通しを立てることができる。 ◎折れやすい部分を考慮して構想を練ることができる。

	世界に１つの野菜や果物を創作しよう	
展開	3　アイデアスケッチをする。 　　主題を明確にし，アイデアスケッチから自分の思いを明確にしていく。 4　ワークシートの活用。 　　（自己決定の場面） ・基本となる野菜（果物）の形体 ・大きさ ・組み合わせや個数 ・作品の色 ・コーティングの方法（そのままか，つやの出るニス，つやのないニス，和紙を貼り付けるなど） 5　コーティングの方法についても計画する。	☆表現意図に応じた形・組み合わせ・色彩・コーティングの追求，あるいは表面処理・強度を考えて計画し，制作することができる。 ○お互いの考えやアイデアを見せ合い，話し合えることのできる環境づくりに努める。 ○個別のアドバイスを行う。
まとめ	6　お互いのアイデア（作品）を鑑賞する。 ・本時を振り返り，まとめる。 ・次時の授業内容を聞く。 ・ワークシートに記入する。 ・挨拶をする。	◎自他の作品をいろいろな観点から鑑賞したり，発表を聞き，自分の考えとの違いや良さを認め，大切にしたりすることができる。

8　本時の評価

　作品鑑賞やこれまでの自分の経験などから発想し，自分の思いを明確にすることができ，アイデアスケッチで表現することができたか。

9　資料・ワークシート

［ワークシート］

　　　　　　　　　　　　　　　　　2年＿＿＿組＿＿＿番　氏名＿＿＿＿＿＿＿＿＿＿

Q1：あなたの育てようとしている作品が世界で1つの理由を書いてください。
　　（導入〜アイデアスケッチ）

> わたしが育てようとしている作品が世界に1つしかないわけは，

Q2：あなたの育てようとしている作品の形について説明してください。
　　（制作A）

Q3：さて，形がつくりあがったら次は色ぬりです。あなたはどんな色でぬる計画をもっていますか。世界に1つの形の次は世界に1つの色でぬりましょうか……？
　　（制作B）

　ここでもう一度，どんな色でぬるか検討してみましょう。世界に1つしかない色でぬるか，あるいは見本の作品にあるようなコラージュをするか，あるいはもっとびっくりさせる工夫を考えますか。また，今までの計画を見直して，変更することもできます。それでは，あなたの考え（計画）を簡単に下の部分に絵にしてください。必要ならば説明文も入れてください。

キャリア教育の視点を取り入れた各教科の指導案（例）

Q4（授業の終わり頃に書いてもらいます）
：色ぬり（彩色）がはじまって，あなたの作品は順調に育っていますか。次のような観点の中から思い当たるものや感想（先生への質問でも）などを書いてください。（鑑賞）

観点　①確かに世界に1つの野菜や果物になりそうだ……　　②形の点でがんばった……
　　　③色の工夫ができた……　　④アイデアの点でがんばった……　　⑤その他……

保健体育科（第1学年・第2学年）

1　題材名　「体つくり運動」

2　題材観・指導観

　本単元は，体の調子を整えることや仲間と豊かに関わることの楽しさを体験することなどをねらいとした「体ほぐし」，及び体力の向上を直接のねらいとした「体力を高める運動」から構成された単元である。自己の体や心に関心をもち，精神的なストレスの解消や体力を高めるためにいろいろな条件設定のもとに工夫された運動を通して，必要な体力や動きとその高め方を身につけ，心と体を一体として捉え，心身の健康を増進し，体力の向上を図ることをねらいとする。この単元での学習活動を通して，生徒一人一人がより身近なキャリア形成の基盤としての健康問題を，各自の課題として捉えることができ，自己理解・自己管理能力につなげることができるよう，授業を計画した。自ら進んで課題を解決することで，健康に対する興味や関心をより高め，自らの健康を保持増進していこうとする態度の育成を目指す。体つくり運動の学習活動を通して，互いに意見を出し合い，協力していくことでコミュニケーション能力の向上を図り，人間関係育成能力・社会形成能力を高めることにつなげることができる。

3　ねらい

(1) 教科等（題材，単元，単位時間等）のねらい
- 自分の身体や体力に関心をもち，生活場面に応じた課題をもって体力を高める運動に意欲的に取組むことができる。また，学習方法，マナー，仲間との協力，安全に留意して活動できる態度を育てる。
- 体力を高める運動ができる（力強い動き，体の柔らかさ，巧みな動き，動きを持続する能力）。

(2) キャリア教育の視点でのねらい
- ともに学ぶ仲間に対して必要な支援をする。相手に対する励まし・賞賛・アドバイスを積極的に行うことを通して人間関係形成・社会形成能力の育成を図る。
- 自己の体調の変化に気を配り，用具や場所の安全に留意した活動を通して自己理解・自己管理能力の育成を図る。
- 自己の課題に応じて運動を選択し，目標を設定することで課題対応能力の育成を図る。
- 運動を継続して楽しみ，生活化するための方法を見つけることでキャリアプランニング能力の育成を図る。

4　本時とキャリア教育

　一人一人のキャリア形成の基盤としての健康の維持増進のための実践力と体力を高める方法について学習することが中心となる。また，この単元では，自己の体力を分析し，心や体の現在の状況を把握すること（自己理解）がスタートとなる。最終的に生涯にわたって運動に親しむ資質や能力を育てることや，健康の保持増進のための実践力の育成を目指す。体ほぐし運動では友人や自分についての

キャリア教育の視点を取り入れた各教科の指導案（例）

心の状態・体の調子に気付いたり調子を整えたり，友人と交流することで人間関係形成・社会形成能力を育成していく。

また，体つくり運動では，体の柔らかさ・力強さ・巧みさ・動きを持続する能力を高めるために手具や用具を利用したり，ねらいに応じた運動を選び，いろいろな動きを作り出したりする実践によって課題対応能力を育成していく。

5　全体構想

主な学習活動	時数
オリエンテーション ・単元の特性，ねらいを知る。 ・体力や動きを高めることの必要性を知る。 ・自己の体力や心身の実態を知る。 ・自己の課題目標の設定をする。 ・学習の仕方の確認をする。	1
体ほぐしの運動 ・調整，気付き・交流 ・自分や仲間にとってのねらいをもち，楽しく取組む。ダブルダッチ・（できる跳び方で回数に挑戦）（工夫した技に挑戦） 体力を高める運動 ・柔らかさ・力強さ・巧みさ・持続する能力を高める運動それぞれのねらいを理解し，正しく行えるようにする。 ・自己の課題に応じた運動を構成し，体力の向上を図ることができる。（サーキットコース）	8
まとめ ・生活化のための発表会をする。 ・ペアからの評価。 ・自己評価。	1

⇔ <道徳>
1－(2)強い意志
1－(5)自己理解・個性の伸長
2－(5)寛容，謙虚

⇔ <総合的な学習の時間>
健康，体づくり

●更なる充実のために―他教科における学習との関連―
　理科と関連付けて事象を科学的に捉える能力や態度を育てる。また，結果やその検証など考えを出し合い，教え合う部分では，国語の資料を「読むこと」「話すこと・聞くこと」の学習と関連をもたせる。さらに，音楽によるリズム感の育成，心と体を一体化させる効果などを取り入れる。

6　本時のねらい
（1）自分の体の状態や変化に気付き，体を動かす楽しさや心地良さを味わうことができる。
（2）積極的に交流し合うなど進んで運動に取組み，技や道具の使い方を工夫することができる。
（3）体ほぐしの運動の意義とその行い方を理解し，安全に留意して運動することができる。

7　展開の過程（3／10時間）

過程	学習活動と内容	指導上の配慮事項と評価 配慮事項（○） キャリア教育の視点から見て特に重要なこと（◎） 評価（☆）
導入	1　集合し，あいさつを行う。 2　準備運動を行う。 ・集団走・準備運動。 ・補強運動。	◎時間を守って集合し，元気にあいさつをさせる。 ○健康観察を行う。 ○体育委員を中心に準備運動を行う。 ○補強運動は，正確にしかも安全に行っているか確認する。
展開	**運動の意義を理解し，体を動かす楽しさを知ろう** 3　集合し，話を聞く。 ・本時のねらいと学習の流れについて確認する。 4　ダブルダッチに挑戦する。 　（難度　D〜　） 　グループで回数に挑戦する。 ・中に入って連続で跳ぶ。 ・二重跳びで回数に挑戦する。 ・2人で入って回数とびに挑戦する。 5　ダブルダッチのいろいろな技に挑戦する。（難易度D〜） ・2人で跳びながら位置を交換する。 ・中で跳ばせながら回し手の位置を交換する。 ・回し手を飛び越えながら中に	☆仲間と協力して運動に取組もうとしている。 ☆学習のねらいや今日の内容を理解し意欲をもって活動しようとしている。 ○体ほぐしの運動は，自分や仲間の体や心の状態に気付き，調子を整え，仲間との交流を目的とした運動であることを実際に体験してみることで理解させる。 ○ダブルダッチの縄をまわす動作の確認をする。 ◎☆自分の目標を定め，それに向かって意欲的に活動している。 ○リズミカルに連続して行っているか観察し，長く続いているグループを賞賛する。励ましや援助を行う。 ☆仲間と運動を共有し，一緒に楽しみ，仲間と関わることを実感することができたか。 ○タイミング良くリズムに乗って行う。声をかけ

展開	入り跳ぶことができる。 ・ロンダードで入る。	合って呼吸を合わせ，楽しむ。 ◎☆選んだ課題に意欲的に取組み，ねばり強く工夫を重ね，活動することができる。 ☆体の動き方の状態の変化や，体を動かすことの心地良さ，楽しさが体験できる。　［体への気付き］ ☆ペアや仲間と話し合うなどして，積極的に交流し合い，協力して運動を行っている。［仲間との交流］
まとめ	6　整理運動（ペアストレッチ）。 7　まとめをする。 ・学習ノートの整理をする。 ・本時の評価を行う。 8　あいさつ，後かたづけをする。	○記録や評価を行い，本時のまとめをする。（本時のねらいを達成することができたか。） ○次時の目標や目当てをもつことができる。

8　本時の評価

（1）自分の体の状態や変化に気付き，体を動かす楽しさや心地良さを味わうことができたか。

（2）積極的に交流し合うなど，進んで運動に取組み，技や道具の使い方を工夫することができたか。

（3）ほぐしの運動の意義とその行い方を理解し，安全に留意して運動することができたか。

9 資料・ワークシート

[ワークシート]

体つくり運動学習カード　　　　　　年　　　組　　　番　氏名

	月　　日　　時間目	
健康安全チェック	出席　　欠席 見学（　　　　）	体調は 良い　悪い（　　　　　　　）

ねらい1（体ほぐしの運動）

いろいろな体ほぐしの運動を行い自分の体に気付き，体の調子を整えたり仲間との交流を体験する。

本時の目標

記録と評価

体ほぐし運動①

◇今日の学習内容（授業のなかで行った動きや運動）

◇自分の体や動きで気付いたこと・感想など

＜今日のまとめ＞

●体ほぐし運動の自己評価

1	自分の力を精一杯発揮して意欲的に学習できましたか。	5　4　3　2　1
2	体を動かす「楽しさ」や「心地よさ」感じることができましたか。	5　4　3　2　1
3	運動のねらいに応じた動きを工夫することができましたか。	5　4　3　2　1
4	体の調整・心や体をほぐすことができましたか。	5　4　3　2　1
5	仲間と交流しあい楽しく学習ができましたか。	5　4　3　2　1

●今日の授業で気付いたこと感じたこと

キャリア教育の視点を取り入れた各教科の指導案（例）

技術・家庭科（第3学年・技術分野）

1　題材名　　技術分野　B　エネルギー変換に関する技術（1）
「あんどんの制作を通してエネルギー変換とその利用を考えよう」

2　題材観・指導観

　技術・家庭の技術分野の目標として「ものづくりなどの実践的，体験的な学習活動を通して，材料と加工，エネルギー変換，生物育成，及び情報に関する基礎的・基本的な知識及び技術を習得するとともに，技術と社会や環境との関わりについて理解を深め，技術を適切に評価し，活用する能力と態度を育てる」とある。ぜひ，ものづくりの楽しさを実践的，体験的な学習活動を通して培っていきたい。また，「エネルギー変換」では現在の生活を見つめ，エネルギーについての基礎的な知識とエネルギー変換の仕組みについて理解させ，それらを利用した設計・製作，及びこれからの生活におけるエネルギー変換について考えることができる実践力を育成したい。

　キャリア教育との関連では，教育基本法にある「職業と生活との関連を重視し，勤労を重んずる態度」を中学校の段階から養うために，技術・家庭科の役割は非常に大きいものがある。技術・家庭科の目標とキャリア教育の目標が大きく重なっている部分である。そこで，学習内容を実生活での事例や関連する職業などに結びつけることを通してキャリア教育とのつながりをさらに図りたい。この題材は，4つの能力（人間関係形成・社会形成能力，自己理解・自己管理能力，課題対応能力，キャリアプランニング能力）のすべてに関わる題材である。

3　ねらい

（1）教科等（題材，単元，単位時間など）のねらい

- 社会で利用されている機器等において，エネルギーがどのような方法で変換，制御され，利用されているかを知ることができるようにする。
- 電気エネルギーを熱，光，動力などに換える仕組みとともに，電源，負荷，導線，スイッチなどからなる基本的な回路を扱い，電流の流れを制御する仕組みについても知ることができるようにする。

（2）キャリア教育の視点でのねらい

- 問題解決的な学習を通して，生活上の課題を計画的に解決するために必要な課題対応能力の基礎や将来の生活へ主体的に対応できる能力や態度を育む。
- 実践的，体験的な学習活動を通して充実感や成就感を実感させる。
- 集団活動などを通して，メンバーの一員としての自覚や役割をもたせ，協調性や責任感を育む。
- 卒業後の職業教育との関連，将来の職業選択や生き方との関わりなどを理解させる。

4　本時とキャリア教育

　本実践は電気の配線作業での工夫点を発見し，正確で安全な配線作業をさせ，課題対応能力を培い，電球が点灯した時の成就感を味わわせることである。また，班で正確・安全な電気配線の方法につい

て話し合い活動を行ってより良い方法が見つけたり，工具の準備や後片付け，清掃などを班で役割を分担して行ったりすることを通して人間関係形成・社会形成能力の育成も図っている。そして，電気配線を実生活での事例「ショート・たこ足配線」や関連する職業「電気工事など」と技術者の倫理観と関連させて，勤労観，職業観を育むキャリアプランニング能力の育成も視野に入れている。

5　全体構想

主な学習活動	時数
○エネルギー変換とその利用 ・身の回りで利用されるエネルギーの調査。 ・電気エネルギーの調査。 ・電気エネルギーの利用。	2
○エネルギー変換と力の伝達 ・あんどんの製作で，設計・製作の手順の理解。 ・あんどんの製作で，エネルギー変換の方法の理解。	2
○エネルギー変換を利用したものづくり ・けがきをする。 ・加工をする。 ・配線を加工する（本時）。 ・デザインを加工する。	6
○組み立てと仕上げ ・くぎ打ち。 ・やすりがけ。	2

⇔ ＜道徳＞4－（5）
　　勤労の意義と尊さ，奉仕の精神

⇔ ＜特別活動・学級活動＞
（2）ウ　社会の一員としての自覚と責任
（3）ア　学ぶことと働くことの意義の理解
（3）エ　望ましい勤労観，職業観の育成

⇔ ＜総合的な学習の時間＞
自ら課題を見つけ，自ら学び，自ら考え，主体的に判断し，よりよく問題を解決する資質や能力の育成

●更なる充実のために─他教科における学習との関連─
　理科の第1分野（3）「電流とその利用」における電気回路についての観察，実験を通して，電流と電圧との関係及び電流の働き，電流と磁界について初歩的な見方や考え方との関連を図る。

6　本時のねらい
（1）配線に興味をもち，積極的に話し合いに参加できる。
（2）作業上効率の良い手順を確認できる。
（3）正確で安全な配線作業ができ，電球を点灯できる。
（4）作業内容を理解して配線できる。

キャリア教育の視点を取り入れた各教科の指導案（例）

7　展開の過程（8／12時間）

過程	主な学習内容と学習活動	指導上の留意点 配慮事項（○） キャリア教育の視点から見て特に重要なこと（◎） 評価（☆）
導入	1　前時の確認をする。 2　配線作業の手順（工程）と安全面を確認する。	○前時までの作業進度を確認する。 ☆作業上効率の良い手順を確認している。
展開	**配線作業の手順と安全面の注意を守り，電気器具の配線をしよう** 3　安全な配線について考える。 4　配線作業を行う。 　①ビニルコードの端末処理をする。 　②電源プラグにビニルコードをねじ止めする。 5　配線を確認する。 　・安全点検を行う。 　・導通試験を行う。 　・不良箇所の修正と修理を行う。 6　点灯試験を行う。 　・商用電源に接続，点灯試験を行う。	○生徒は配線の経験が少ないので意見が出にくいと思われる。ショートについて調べさせたり，どんな時にショートするのかを考えさせる。 ☆配線に興味をもち，積極的に話し合いに参加している。 ○注意事項を確認する。 　・コードを引き抜かない。 　・コードを踏まない。 　・ほこりと水分をさける。 　・コードを束ねない。 　・心線が切れた場合はやり直しさせる。 ☆作業内容を理解して配線をしている。 ○コードの心線の巻き付け方向に注意させる。 　・ねじの特性に着目させる。 ◎安全点検や導通試験において不良箇所を特定し，修正と修理を行うことができる。 ☆正確で安全な配線作業ができ，電球を点灯できる。

	7　本時の学習内容をまとめる。	○家庭での安全点検を行う。
ま と め		・たこ足配線。
		・コンセントやコードの痛み。
		・ブレーカーなど。
		◎今日の学習を生かし，家庭の電気配線で危険なところがないかチェックすることができる。
	8　電気工事を職業にしている人たちへのメッセージを書く。	◎電気工事を職業にしている人たちのことを想像し，勤労観，職業観を考えることができる。

8　本時の評価

（1）配線に興味をもち，積極的に話し合いに参加しようとしていたか。

（2）作業上効率の良い手順を確認することができたか。

（3）正確で安全な配線作業ができ，電球を点灯することができたか。

（4）作業内容を理解して配線をすることができたか。

9　資料・ワークシート
[ワークシート]

電気器具の配線　　　　　　　3年＿＿＿組＿＿＿番　氏名＿＿＿＿＿＿＿＿＿＿

1　配線作業の手順と安全面を確認しよう。

2　安全な配線ができなかった時は，どんな現象が起きるだろうか。

3　ビニルコードの端末処理をしよう。

　　心線を切らないようにビニルコードの被覆をとるには……

4　電源プラグにビニルコードをねじ止めをしよう。

　　巻く方向は……

5　配線を確認する。

　　（安全点検，導通試験，不良箇所の修正と修理）

6　異常があった場合，原因か特定できたか。また，どのように直したか。

7　電源に接続して，ランプを点灯できたか。（できた・できなかった）

　　ランプが点灯したときの感想を書きましょう。

8　自分の家で電気配線の危険なところを探し，点検を行おう。

9　電気工事を職業にしている人たちへのメッセージを書こう。

技術・家庭科（第3学年・家庭分野）

1 題材名　「幼児と触れ合おう」　家庭分野A家族・家庭と子どもの成長（3）アイウエ

2 題材観・指導観

　本題材は，遊び道具の製作や幼児と触れ合う活動などの実践的・体験的な学習活動を通して，幼児に関心をもち，幼児の心身の発達や遊びの意義などについて理解し，幼児とのかかわり方を工夫できるようにする。また，課題をもって幼児の遊び道具の製作に取組むことを通して，工夫し，実践しようとする意欲と態度を育てることをねらいとしている。

　幼児の心身の発達の特徴では，視聴覚教材や実物資料などを用いて，幼児についてのイメージを抱きやすくする。また，学習活動を通して幼児を支える家族の役割についても十分に理解させる。

　幼児の遊び道具の製作は，「生活の課題と実践」として扱い，計画，実践，評価，改善という一連の学習活動を重視し，問題解決的な学習を進める。実践にあたる遊び道具の製作については，夏季休業を利用し，計画に基づいて製作する時間を十分に確保する。評価については，「検討会議」と位置づけ，幼児と触れ合う活動において同じ年齢を担当するグループ内で話し合いや発表を中心に学習を進め，より良い遊び道具になるように一人一人が改善策を考えられる時間とする。また，改善の場面では，一人一人が改善計画に沿った遊び道具を製作する時間を確保し，十分な試行錯誤をふまえて幼児と触れ合う活動に臨めるようにする。

　幼児と触れ合う活動では，製作した遊び道具を通して幼児の遊びの意義や心身の発達との関わりが理解できるように，実習計画表を活用して，事前に幼児を観察する際の視点を考えさせる。事後学習では，幼児の観察や他の生徒の幼児への関わり方から気付いたことなどをレポートにまとめ，一連の活動を振り返ることを通して理解を深めさせる。

3 ねらい

(1) 教科等（題材，単元，単位時間等）のねらい
・幼児の遊び道具の製作や幼児と触れ合うなどの活動を通して，幼児に関心をもち，幼児の心身の発達や遊びの意義について理解し，幼児との関わり方を工夫できるようにする。

(2) キャリア教育の視点でのねらい
・問題解決的な学習を通して，生活上の課題を計画的に解決するために必要な課題対応能力の基礎や，将来の生活へ主体的に対応できる能力や態度を育む。
・実践的，体験的な学習活動を通して，充実感や成就感を実感させる。
・集団活動などを通して，メンバーの一員としての自覚や責任をもたせ，協調性や責任感を育む。
・卒業後の職業教育との関連，将来の職業選択や生き方との関わりなどを理解させる。

4 本時とキャリア教育

　遊び道具の製作や話し合い活動を通して，幼児への関心と理解を深める大切さに気付くとともに，幼児を支える人々の関わり方について考えさせる。併せて，課題に応じた問題解決的な学習を行わせ

る。本実践を通し，人間関係形成・社会形成能力，課題対応能力等の諸能力の育成を図る。

5　全体構想

主な学習活動	時数
子どもの成長　A（3）ア ・幼児の心身の発達の特徴について理解する。 ・幼児の発達や基本的な生活習慣の形成の重要性と，それを支える家族の役割について理解する。	4
幼児との交流　A（3）イウエ ・幼児にとっての遊びの意義について理解する。 ・幼児の心身の発達に応じた遊び道具の製作計画をたてる。 ・製作計画に基づいた遊び道具を製作する。 ・製作した遊び道具の長所や改善点について，グループで話し合う。（本時） ・話し合いをふまえた改善策を考え，遊び道具を改良する。 ・製作した遊び道具を用いた遊びの計画を立てる。 ・保育所を訪問し，幼児を観察したり，製作した遊び道具を用いて遊んだり，幼児とのかかわり方の工夫を考えたりする。 ・幼児の観察や触れ合う活動について振り返り，遊びの意義についてまとめたり，幼児とのかかわり方の工夫について考えたりする。	9

関連：
- ＜道徳＞　4－（6）家庭生活の充実
- ＜特別活動・学級活動＞　（2）ウ　社会の一員としての自覚と責任　（2）オ　望ましい人間関係の確立
- ＜総合的な学習の時間＞　問題の解決や探究活動に取組むことを通して，自己を理解し，将来の生き方を考える。

●更なる充実のために―他教科における学習と関連付けた指導―
　幼児の成長と生徒自身の成長を結び付けやすくするために，保健体育科（体育理論，心身の機能の発達等）や社会科（わたしたちと現代社会）等の学習内容と関連付けて考えさせる。このような取組を通して，一人一人の生徒の自己理解を深め，家庭や地域の一員であることの認識を深めさせる。

6　本時のねらい
遊び道具の製作の成果と課題についてまとめたり，発表したりすることができる。

7　展開の過程（7／13時間）

過程	学習活動と内容	指導上の配慮事項と評価 配慮事項（○） キャリア教育の視点から見て特に重要なこと（◎） 評価（☆）
導入	1　本時の学習課題を確認する。 2　良い遊び道具の条件を確認する。	○遊び道具の製作への取組を振り返ることで，製作してきたことを賞賛し，検討会議への意欲をもたせる。 ○ねらいに沿った遊び道具に改良することを意識させる。

		検討会議をして，幼児がもっと遊びたくなるおもちゃにしよう	
展開		3　隣の人と2人組になり，製作してきた遊び道具について意見交換をする。 ・製作してきた遊び道具とワークシートをもとに，ペア（隣の人）に遊び方，材料，工夫した点などを説明し，実際に遊んでもらう。 ・付箋によい点，改善点を記入し，交換する。 4　グループ（6人）内で，製作してきた遊び道具について話し合う。 ・ペアで話し合ったことをグループに広げ，同様に話し合い，付箋の交換をする。また，製作してきた遊び道具の長所や改善策を話し合う。 ・話し合ったことをもとに，良かった点と改善したい点をワークシートに記入する。 5　各グループで話し合った内容を発表する。 ・遊び道具の良い点や改善策を発表する。 ・発表を聞く。また，発表を聞きながら，自分の作品についてさらに改善したい点があれば，まとめる。	○製作してきた遊び道具を使って説明したり遊んだりしながら，良さや改善点について検討させる。 ○実際に遊ぶことで，良い点や改善点を明確にさせる。 ○改善点だけでなく，必ず良い点についてもあげるように指示する。 ○話し合いの進まないグループには，良い遊び道具の条件に沿って一つ一つ検討していくよう助言する。 ○グループで話し合ったことをもとに，自分の言葉でまとめさせる。 ○友人の遊び道具も参考にさせる。 ◎遊び道具の製作や話し合いを通して，幼児への関心と理解を深める大切さに気付くとともに，幼児を支える人々の関わり方について考えている。 ◎課題に応じた問題解決のための意見，提案，話し合い，改善をしている。 ○いろいろな遊び方ができるように改善し，生徒や園児の関心を引くための改善をしている生徒に発表をさせ，他の生徒の参考になるようにする。 ○生徒のワークシートをテレビ画面などで全体に紹介し，他の生徒が参考にできるようにする。 ○発表を聞いてさらに改善したい点があったら，ワークシートに書くように指示する。 ☆幼児の遊び道具の製作の成果と課題についてまとめたり，発表したりしている。[ワークシート]
まとめ		6　次時の製作改善について確認する。	○製作改善のための材料の準備を各自がするように指示をする。

8　本時の評価

遊び道具の製作の成果と課題についてまとめたり，発表したりすることができたか。

9　資料・ワークシート
[ワークシート]

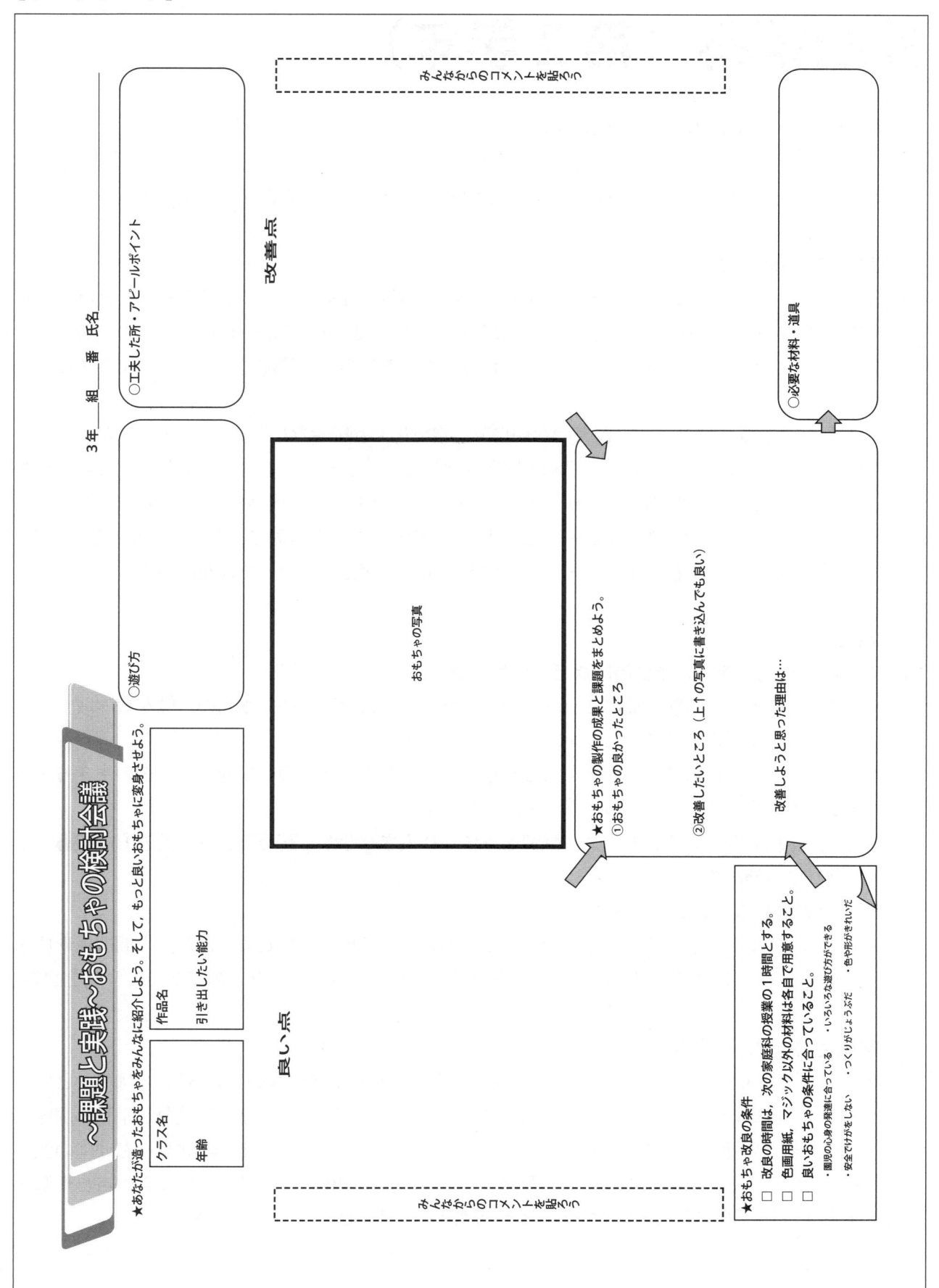

～課題と実践～おもちゃの検討会議

★あなたが造ったおもちゃをみんなに紹介しよう。そして、もっと良いおもちゃに変身させよう。

クラス名	作品名
年齢	引き出したい能力

3年　　組　　番　氏名

○遊び方

○工夫した所・アピールポイント

みんなのコメントを貼ろう

おもちゃの写真

改善点

良い点

みんなのコメントを貼ろう

★おもちゃの製作の成果と課題をまとめよう。
①おもちゃの良かったところ

②改善したいところ（上↑の写真に書き込んでも良い）

改善しようと思った理由は…

○必要な材料・道具

★おもちゃ改良の条件
- 改良の時間は、次の家庭科の授業の1時間とする。
- 色画用紙、マジック以外の材料は各自で用意すること。
- 良いおもちゃの条件に合っていること。
  ・園児の心身の発達に合っている　・いろいろな遊び方ができる
  ・安全でけがをしない　・つくりがじょうぶだ　・色や形がきれいだ

外国語科（第2学年）

1　題材名　　Try to Be the Only One
　　　　　　　（NEW HORIZON English Course-2）
　～盲目のテノール歌手，新垣勉さんの生い立ちから，自分自身の生き方を考えよう！～

2　題材観・指導観

　英語はコミュニケーションを図るための1つの手段である。従って，英語を活用することは，必然的に人間関係形成・社会形成能力を高めることになり，ひいては，自己理解・自己管理能力につながっていく。また，扱う題材によっては，キャリア教育におけるその他の諸能力の育成にも関与するものである。

　本題材は，「オンリーワン（かけがえのない自分，自分にしかできない生き方）」とは何か，生きることの意味とは，沖縄の歴史，戦争と平和の問題など豊かな内容を含んでいる。そして，この題材を通して，新垣勉さんの人生の軌跡と彼のモットーから，彼がその言葉に込めた本当の意味を読み取り，それについて深く考えさせたい。言語材料的には，本文を通して，新垣勉さんの人生をたどりながら，さまざまな出会いを通して彼の生き方・考え方がどのように変化していったかを読み取らせたい。

3　ねらい

（1）教科等（題材，単元，単位時間など）のねらい
- 新垣勉さんの人生の軌跡と彼のモットーから，彼がその言葉に込めた本当の意味を読み取り，それについて深く考えさせる。
- 本文を通して，新垣勉さんの人生をたどりながら，さまざまな出会いを通して，彼の生き方・考え方がどのように変化していったかを読み取らせる。
- 本文の内容理解を深めるとともに，感情をうまく移入させながら読めるよう，読み方の指導（表現活動）にも努める。

（2）キャリア教育の視点でのねらい
- 新垣勉さんの生い立ちから，自分自身の生き方や考え方を再構築させる。また，人間関係形成・社会形成能力，自己理解・自己管理能力，キャリアプランニング能力などの諸能力の育成を図る。

4　本時とキャリア教育

　本時では，「オンリーワン（かけがえのない自分，自分にしかでき得ない生き方）」とは何かという視点から，自分自身の生き方や考え方を再構築させたい。そして，沖縄の歴史，戦争と平和の問題にもふれ，社会的な見地からもこの題材を扱いたい。さらに，「さとうきび畑」の歌からも沖縄の歴史について考えを深めさせたい。また，この題材を通して，人間関係形成・社会形成能力，自己理解・自己管理能力，キャリアプランニング能力などの諸能力の育成を図っていきたい。

キャリア教育の視点を取り入れた各教科の指導案（例）

5　全体構想

主な学習活動	時数
○ある少年の不幸な生い立ちを理解する。	1
○少年の名前は，新垣勉。教会で出会った牧師に初めて，彼の理解者を見出す。 （内容理解のためのQ＆A：ワークシート）	1
○牧師のもとで新しい人生をスタートした新垣勉さん。牧師になるために一生懸命勉強し，歌の勉強も続けた。そして，両親に対する憎しみも薄らいでいった。 （心情理解）	1
○新垣勉のモットー。「さとうきび畑」にこめられた沖縄の明るさと悲しみについて知る。 （内容理解のためのQ＆A：ワークシート）	1
○まとめ（内容理解の整理および発展学習：ワークシート：英文にて感想記入）	1 本時

⇔ ＜道徳＞
3－（3）人間の気高さ

⇔ ＜総合的な学習の時間＞
職業や自己の将来に関する学習
（職場体験学習など）

⇔ ＜特別活動＞学業と進路
・望ましい勤労観・職業観の形成
・主体的な進路選択と将来設計
など

●更なる充実のために—他教科における学習との関連—
　国語の「読むこと」を通して，文章に表れているものの見方や考え方を捉え，自分のものの見方や考え方を広げようとする態度の育成や，音楽での音楽の特徴をその背景となる文化や歴史と関連付けて，幅広く主体的に鑑賞する能力（歌詞の理解）の育成などとの関連を重視することが大切である。

6　本時のねらい

　新垣勉さんの人生を再認識し，他者との意見交換のもと，自分の生き方を再構築させるとともに，感じたことを英文で記入させる。

7　展開の過程（5／5時間）

過程	学習活動と内容	指導上の配慮事項と評価 配慮事項（○） キャリア教育の視点から見て特に重要なこと（◎） 評価（☆）
導入	1　あいさつ　Q＆Aをする。 ・元気よくあいさつを行う。 ・質問事項に対して，適切に答えさせる。	○準備ができていて，集中した規律ある雰囲気をつくる。

	2　Review Readingをする。 ・声出しをかねて本文を音読させる。	○正しい姿勢で，集中した雰囲気をつくり，音読させる。 ☆正しい強勢，イントネーション，区切りなどを用いて，音読できるか。（正確な音読） ☆場面や心情に応じた音読ができるか。（適切な音読）
展開	**新垣勉さんの生い立ちから，自分自身の生き方を考えよう**	
展開	3　「さとうきび畑」を聴く。 ・歌を聴いた後，ワークシートの質問に答える。	○歌の背景を説明し，集中して聞かせる。 ○集中した雰囲気の中で，しっかりと考え，記入させる。
展開	4　意見交換（情報の共有化）をする。 ・お互いの考えに対して，意見交換を行わせる。	○集中した雰囲気の中で，しっかりとお互いの意見を交換させる。 ◎自他の理解を深めるとともに，自分自身の生き方を真剣に見つめ直させる。
展開	5　ワークシートの続きを行う。 ・新垣勉さんの生い立ちやモットーから学んだことや感じたことについて書かせる。	○集中した雰囲気の中で，しっかりと考え，記入させる。
展開	6　意見交換（情報の共有化）をする。 ・お互いの考えに対して，意見交換を行わせる。	○集中した雰囲気の中で，しっかりとお互いの意見を交換させる。 ◎自他の理解を深めるとともに，自分自身の生き方を真剣に見つめ直させる。
まとめ	7　ワークシートに感想を英文で記入する。 ・教科書の本文の内容に関する質問をする。	○集中した雰囲気の中で，しっかりと考え，記入させる。 ○机間指導を行い，しっかり記入できているか確認する。 ☆文法や英語の表記方法に従い，正しく書くことができるか。（正確な筆記） ☆文のつながりや構成を考えた文章を書くことができるか。（適切な筆記）
まとめ	8　次の授業確認及びあいさつをする。 ・次の授業の確認をする。 　（次の授業の冒頭にて感想文の発表を行う） ・元気よくあいさつを行う。	○集中した，規律ある雰囲気をつくる。

キャリア教育の視点を取り入れた各教科の指導案（例）

8　本時の評価

新垣勉さんの人生を再認識し，他者との意見交換のもと，自分の生き方を再構築させるとともに，感じたことを英文で記入させることができたか。

9　資料・ワークシート
［ワークシート］

2年____組____番　氏名_____

1　「さとうきび畑」の歌から，"sadness of Okinawa"が，何を意味するのかを考えよう。

2　新垣勉さんの生い立ちやモットーから学んだことや感じたことを書いてみよう。

3　全体の感想を今まで習った英文を活用して，記入してみよう。

編集のことば

このたび、「学級活動を核とした中学校キャリア教育」が発行されますことは、埼玉県中学校進路指導研究会にとって、この上ない喜びです。

本書は、今まで本会が刊行してきた進路指導テキストや、県内で積み重ねてきた多くの事例をもとに、実際に検証授業を行い、全ての先生方がすぐにキャリア教育の実践にとりかかれるよう編集をいたしました。

キャリア教育は「一人一人の社会的・職業的自立に向け、必要な基盤となる能力や態度を育てることを通して、キャリア発達を促す教育」とされています。本会では、かねてより「進路指導は生き方の指導」であるという基本的な考え方を受け継いできました。この考えは、人は生涯を通して自己実現を図るものであり、その基盤となる様々な力や態度を培う場面の中核がキャリア教育にあるという思いに立つものです。

今、世界的な規模の経済混乱と、社会構造の変化を受け、求められる人材像は変化してきています。これからは、グローバルなコミュニケーション能力や問題解決能力と創造力に加えて、「自主行動力」や「やり遂げようとする意思」が強く求められると言われています。児童生徒の実態を見ても、そのことは実感できると思われます。これらの能力は、地域や企業との連携による体験型学習や、自己の特色や適性などについて友人と相互に学び合う等の問題解決型学習が、計画的に設定できるキャリア教育の中でこそ培うことが可能であると考えています。本書が、子ども達が自分自身を知り、自ら夢をデザインして、その実現のために粘り強く自分を磨こうとする姿勢を育む学習に少しでも役立つことができれば幸いです。

結びに、研究推進にあたって熱心な御指導をいただきました文部科学省初等中等局児童生徒課藤田晃之先生、また、編集、校正と並々ならぬ御尽力をいただいた実業之日本社の皆様に厚く御礼申し上げるとともに、作成に当たられた会長、専門委員長をはじめとする専門委員皆様の御苦労に衷心より敬意を表します。

埼玉県中学校進路指導研究会　顧問　西山　通夫

本書は、埼玉県中学校進路指導研究会の専門部が専門委員長を中心に、「未来に向けてたくましく生きるための力を育てるキャリア教育の推進～学校の教育活動全体を通して～」を研究主題とし、"キャリア教育実践事例"を集め、実業之日本社のご尽力により「学級活動を核とした中学校キャリア教育」として冊子にまとめたものです。

今日、産業や経済の構造的変化や雇用形態の多様化など進路を巡る環境は大きく変化しており、若年雇用の深刻な状況が続いています。

社会の変化に対応するため、平成24年度から全面実施された「中学校学習指導要領」では、総則の中に配慮すべき事項として、「生徒が自らの生き方を考え主体的に進路を選択することができるよう、学校の教育活動全体を通じ、計画的、組織的な進路指導を行うこと」を挙げています。各学校では、キャリア教育の視点から教育課程を見直し、豊かな体験活動を積極的に取り入れたり、異校種間の連携を図るなどして、一層の基礎的・汎用的能力の育成に努める必要があります。

本研究会専門部では、平成18年度紀要の視点である、「新しい時代の生徒を育てる中学校キャリア教育」の実践研究を基盤にしながら、生徒が将来社会的・職業的に自立するという視点で見直すこととしました。

その結果、キャリア教育を、『社会的・職業的に自立するために必要な能力や態度等を育て、学校の学びと社会の接続を円滑に行うための教育』と捉え、配慮すべき内容として次の点を重視しました。
1　学校教育と社会とのつながりを理解させ、学習意欲を向上させること
2　個に応じた支援を行うことでキャリア発達を促すこと

また、進路指導を「生き方の指導」としての立場に立ち、学級活動を中心に学校教育全体を通して行うことが大切であると考えました。

本書はこうした考えを基にし、キャリア発達を促す教育が多くの学校で実践できることを期待し刊行したものです。取り上げた内容は、
○各教科におけるキャリア教育の例
○学級活動1時間ごとの指導例
○生徒用の資料やワークシート類
を主な内容としています。

単元ごとにキャリア発達を意識したテーマやねらいを設定し、題材の相互関連が一目でわかるように工夫しました。また、家庭・地域社会との連携、事前事後の活動、評価方法などわかりやすいように掲載しました。

比較的短い時間で編集作業に当たったため、十分吟味されていない点があると思いますが、キャリア教育に携わる多くの関係者に活用されお役に立てば幸甚です。

終わりに、研究推進に当たり熱心にご指導いただきました文部科学省初等中等教育局児童生徒課藤田晃之先生はじめ多くの先生方に心から感謝申し上げます。

埼玉県中学校進路指導研究会　会長　山崎　泰宏

「学級活動を核とした中学校キャリア教育」
埼玉県中学校進路指導研究会　編集委員一覧

<会　長>

上尾市立上尾中学校　　校長　　山﨑　泰宏

<事務局長>

上尾市立上尾中学校　　教頭　　福田　哲

<専門委員長>

越谷市立北陽中学校　　教諭　　名取　敬

<副専門委員長>

越谷市立光陽中学校　　教諭　　牛島健一（第1学年）
東松山市立北中学校　　教諭　　田口光一（第2学年）
鴻巣市立鴻巣西中学校　教諭　　篠崎正男（第3学年）

<専門委員・研究推進委員>

幸手市立東中学校　　　教諭　　青木裕継（第1学年）
八潮市立八條中学校　　教諭　　飯山　智（第1学年）
久喜市立栗橋西中学校　教諭　　大豆生田礼子（第1学年）
春日部市立武里中学校　教諭　　小林　剛（第1学年）
三郷市立瑞穂中学校　　教諭　　鈴木香織（第1学年）
越谷市立千間台中学校　教諭　　高嶋力也（第1学年）
三郷市立早稲田中学校　教諭　　永沼利彦（第1学年）
春日部市立緑中学校　　教諭　　野辺茂樹（第1学年）
三郷市立瑞穂中学校　　教諭　　前田豊美（第1学年）

朝霞市立第五中学校　　主幹教諭　内田　隆（第2学年）
川越市立大東西中学校　教諭　　内村　滋（第2学年）
東秩父村立東秩父中学校　教諭　小笠原彰（第2学年）

鳩山町立鳩山中学校　　教諭　　柿沼幸雄（第2学年）
日高市立高麗中学校　　教諭　　坂本　毅（第2学年）
川越市立高階中学校　　教諭　　清水晴樹（第2学年）
ふじみ野市立大井中学校　教諭　鈴木健太郎（第2学年）
所沢市立小手指中学校　教諭　　当麻喜明（第2学年）
埼玉県立伊奈学園中学校　教諭　三上正明（第2学年）

行田市立西中学校　　　教諭　　大橋功二夫（第3学年）
熊谷市立富士見中学校　教諭　　菊地滝太郎（第3学年）
上尾市立東中学校　　　教諭　　諏訪太介（第3学年）
加須市立北川辺中学校　主幹教諭　田村健一（第3学年）
上尾市立西中学校　　　教諭　　濁川厚子（第3学年）
行田市立行田中学校　　教諭　　福島和男（第3学年）
さいたま市立田島中学校　主幹教諭　深山清隆（第3学年）

<編集協力者>

蓮田市教育委員会　学校教育部長　西山通夫
鴻巣市立鴻巣北中学校　校長　　小林三智雄
入間市立東金子小学校　校長　　藤川喜久男
上尾市立瓦葺中学校　　校長　　矢嶋廣明
川口市立神根中学校　　校長　　鈴木日出彦
上尾市立上尾中学校　　教頭　　福田　哲
ふじみ野市立大井中学校　教頭　堀川博基
鴻巣市立鴻巣北中学校　教頭　　小川隆二
飯能市立飯能西中学校　教諭　　鴨下義幸
越谷市立光陽中学校　　教諭　　泉佳代子
熊谷市立富士見中学校　教諭　　吉野富美夫
加須市立大利根中学校　教諭　　齋藤千秋

※所属は平成23年度

学級活動を核とした中学校キャリア教育

2012年6月26日　初版第1刷発行

編　者	埼玉県中学校進路指導研究会
編集責任者	山﨑　泰宏
発 行 者	村山　秀夫
発 行 所	実業之日本社

〒104-8233　東京都中央区京橋3-7-5　京橋スクエア

電話［編集］03-3535-5414
　　　［販売］03-3535-4441
　　　［実業之日本社ホームページ］http://www.j-n.co.jp/
印刷・製本　大日本印刷株式会社

©Jitsugyo no Nihon-sha,Ltd 2012, Printed in Japan
ISBN978-4-408-41663-2（教育図書）

落丁本・乱丁本は発行所でお取り替えします。
小社のプライバシーポリシー（個人情報の取り扱い）は上記ホームページをご覧ください。
本書の一部あるいは全部を無断で複写・複製（コピー、スキャン、デジタル化等）・転載することは、法律で認められた場合を除き、禁じられています。
また、購入者以外の第三者による本書のいかなる電子複製も一切認められていません。